Die Orgeln im St. Petri Dom zu Bremen

Die Orgeln im St. Petri Dom zu Bremen

Ein Beitrag zur Orgelgeschichte Norddeutschlands
mit einem Geleitwort von Karsten Bahnson

herausgegeben von Uwe Pape

Pape

Frontispiz: Die Arp-Schnitger-Orgel im St. Petri Dom, um 1825

Gedruckt mit freundlicher Unterstützung von
• Nikolaus H. Schilling Stiftung
• Bremen Marketing GmbH.
Graphische Gestaltung und Herstellung: Atelier Fischer, Berlin
Satz: Detlef Jech Typeservice, Berlin
Lithographien: Bildpunkt GmbH, Berlin
Druck: Druckhaus Köthen GmbH, Köthen
Buchbinderische Verarbeitung: Kunst- und Verlagsbuchbinderei GmbH, Leipzig

ISBN 3-921140-56-0

© Pape Verlag Berlin, 2002, Printed in Germany

Inhaltsverzeichnis

Geleitwort Karsten Bahnson — 6

Winfried Topp
Chronik der Bremer Domorgeln bis 1849 — 9

Wolfram Hackel
Die Schulze-Orgel im St. Petri Dom zu Bremen — 39

Uwe Pape
Die Orgel von Wilhelm Sauer im St. Petri Dom — 63

Christian Scheffler
Die Restaurierung der Sauer-Orgel — 77

Uwe Pape
Die Silbermann-Orgel aus Etzdorf — 111

Uwe Pape
Die Bach-Orgeln im St. Petri Dom zu Bremen — 125

Uwe Pape
Weitere Orgeln im St. Petri Dom zu Bremen –
Die Wegscheider-Orgel im Hohen Chor — 133

Hans Joachim Falkenberg
Die Orgel im Glockensaal in Bremen — 141

Ingrid Weibezahn
Die Glocken des St. Petri Doms in Bremen — 153

Bildnachweis — 174

Personenregister — 175

Ortsregister — 178

Zum Geleit

In den acht Jahren zwischen 1994 und 2002 hat sich die Orgellandschaft am St. Petri Dom zu Bremen grundlegend geändert. Zu Beginn wurde die Wiederherstellung der Silbermann-Orgel in der Westkrypta durchgeführt, 1997 konnte die große Restaurierung der Sauer-Orgel auf dem Westchor beendet werden, und 2002 wurde auf dem Hohen Chor im Osten eine Wegscheider-Orgel geweiht. 2002 wurde zudem die van-Vulpen-Orgel im Nordschiff grundlegend durchgesehen, und in der Ostkrypta steht seit 2001 eine Klop-Orgel aus Privatbesitz als Dauerleihgabe. Damit können die Prediger und Musiker in allen Räumen und an allen Plätzen auf wunderbare Instrumente zurückgreifen und dort, wo Gottesdienste gefeiert werden, den Gemeindegesang begleiten oder Konzerte durchführen.

Die vorliegende Monographie dokumentiert die Geschichte der Orgeln in und um den St. Petri Dom. Zu ihnen gehören die früheren Domorgeln, die jetzigen Orgeln und die Orgeln in der Glocke und in der Kapelle am Osterdeich. Ein eigenes Kapitel ist zudem den Glocken gewidmet.

Den Autoren stand zwar das Domarchiv zur Verfügung, in den politischen Wirren der vergangenen Jahrhunderte ging aber vieles unwiederbringlich verloren, was in ruhigen Epochen in jedem Archiv als vorhanden vorausgesetzt worden wäre. So danke ich insbesondere denen, die zeitaufwendige Recherchen durchgeführt und das Werk mit eigenen Forschungen und Beiträgen bereichert haben.

Die vielen Jahre der Vorbereitungen werden in unsere Geschichte eingehen und den Beteiligten als denkwürdig in Erinnerung bleiben. Der Aufwand war immens. Aber heute schon zeigt sich, dass die Arbeit nicht vergeblich war: Man kann sie hören und sehen. Dankbar stelle ich fest, dass die St. Petri Domgemeinde und die Bremische Evangelische Kirche mit all ihren vielen Institutionen ihre starke Lebenskraft bewies, und die Arbeiten zu einem guten Ende geführt werden konnten.

In beispielloser Art und Weise konnten wir Chancen wahrnehmen, an die wir vor 1989 nie gedacht hätten. Über die Kontakte des Dresdener Orgelbaumeisters Kristian Wegscheider erwarben wir in Sachsen drei Register, die vor 100 Jahren unserer Silbermann-Orgel entnommen worden waren. Wir führten diese Silbermann-Relikte mit dem Bremer Bestand zusammen und entschlossen uns, die Orgel auf die mitteltönige Stimmung zurückzuführen, um so eine Fehlentwicklung der Vergangenheit zu berichten. In Christian Scheffler fanden wir einen Fachmann, der sich in Frankfurt an der Oder auf Sauer-Orgeln spezialisiert hatte und mit seinem Wissen das Ziel wies. Nach fruchtbaren Diskussionen wurde ein Konzept entwickelt, nach dem es ihm und dem Holzbildhauer Thomas Jäger gelang, die Sauer-Orgel in einen Zustand zurückzuversetzen, der dem Namen seines Erbauers wieder zur Ehre gereicht. Die Zusammenarbeit mit den vielen, insbesondere jungen Handwerkern aus den neuen Bundesländern kann beim Umfang dieser Arbeiten schon zum damaligen Zeitpunkt als vorbildlich und beispielgebend angesehen werden.

In den Prospektfuß der Sauer-Orgel ließen wir zum Abschluß der Arbeiten eine Luther-Rose ein. Luther hatte die Rose für sein Petschaft farbig entwickelt und die Farbensymbolik selbst gedeutet:

Ein schwarzes Kreuz zur Erinnerung daran, daß der Glaube an den Gekreuzigten uns selig macht
…in rotem Herz, das seine Farbe behält, nicht tötet, sondern lebendig macht
…auf weißer Rose als Zeichen, daß der Glaube Friede, Trost und Freude bringt
…in himmelblauem Feld als Anfang der Hoffnung himmlischer zukünftiger Freuden
…von einem goldenen Ring gemacht, damit die Seligkeit im Himmel auf ewig währet und kein Ende hat.

Eines der ersten Symbole evangelisch-lutherischen Christentums zeigt so auch bei diesen Arbeiten die tiefe Verbundenheit aller, die daran mitgewirkt haben.

Das vorliegende Werk ist für den Orgelfreund, -liebhaber und -fachmann gedacht. Allen, die mitgewirkt haben, danke ich von Herzen. Zu besonderem Dank bin ich dem Spiritus Rector, Herrn Dr. Uwe Pape, verpflichtet, der über viele Jahre mit nie ermüdendem Fleiß diese Monographie über die Orgeln am St. Petri Dom in Bremen zu Ende geführt hat, sowie denen, die finanziell die Herausgabe einer domeigenen Orgelkunde ermöglicht haben.

Dr. Karsten Bahnson
Bauherr der St. Petri Domgemeinde zu Bremen

Winfried Topp
Chronik der Bremer Domorgeln bis 1849

Nach der Christianisierung der Sachsen schuf Karl der Grosse nicht nur in den neu gegründeten Bistümern die materielle Voraussetzung für das Kirchenwesen, sondern gab auch Anweisungen über Leben und Wirken der Kleriker heraus. Im einzelnen *„regelte er Sonntags-Heiligungen, schuf Gottesdienst-Ordnungen, ordnete den gregorianischen Gesang an, die Kindertaufe bis zum 1. Lebensjahr, die Seelsorge an Kranken und Verbrechern, verlangte Kenntnis vom Vaterunser und vom Glaubensbekenntnis bei jedem, vom Klerus aber gründliches Bibelstudium und das kanonische Leben."*[1] Zur Durchführung seines Bildungsprogrammes wurden in Bremen Domschule und Domkloster eingerichtet.

Von der frühen Musikpraxis in Bremen zeugt eine Willehad-Antiphon um 1000 n. Chr. aus dem Vicelinus Codex.[2] Während in diesem Dokument die Tonhöhen nur andeutungsweise fixiert wurden (Neumen), konnte diese alte vage Notation durch die Verwendung von vier Linien und Schlüsseln überwunden werden. Seit 1035 war es durch die Benutzung dieses neuartigen Systems möglich, mehrstimmig notierte Musik (Organum, Discantus) zu singen und zu spielen. Der Bremer Erzbischof Hermann (1022 – 1035) berief einen Schüler des Guido von Arezzo, auf den die Notenschriftreform zurückgeht, als Lehrer an die hiesige Domschule. Dieser „Guidonist" führte hier die neue Methode ein und förderte das Singen, wie Adam von Bremen in seiner Chronik berichtet.[3]

Die ältesten Chronisten Bremens geben leider keine näheren Hinweise über die Verwendung von Instrumenten bei den von Priestern und Knaben vorgetragenen liturgischen Gesängen. Da aber seit der karolingischen Epoche der gottesdienstliche Einsatz von Flöten, Blechblasinstrumenten, Zimbeln und Harfen vielfach belegt ist, wird diese Praxis auch in Bremen gepflegt worden sein. Durch ein Geschenk des byzantinischen Kaisers Konstantin an den fränkischen Hof fand die Orgel im Jahre 757 Eingang in Mitteleuropa. Karl der Grosse ließ dieses Instrument für die Dome zu *Aachen* und *Metz* nachbauen. Noch im 1. Jahrtausend erhielten z. B. die Dome in *Köln*, *Magdeburg* und *Halberstadt* Pfeifenorgeln.

Obwohl im Mittelalter spezifische Hinweise über den Einsatz von Orgeln nur spärlich überliefert sind, steht zweifellos fest, dass um 1200 die Mitwirkung der Orgel, zumindest im Wechsel mit dem Chor, in den Domen zu Bremen und Hamburg üblich war. In einer bereits 1244 vom Bremer Erzbischof verfassten „Dienstanweisung" an die Kantoren ist bestimmt worden, dass die Aufsicht auch über die Orgeln zum Aufgabenbereich des cantors loci gehört.[4] Für den *Hamburger Dom* wurden die liturgischen Funktionen der Orgel in den 1336 erschienenen sog. „Consuetudines" (Statuten) fest um-

1 Dietsch, Walter: Der Dom St. Petri zu Bremen – Geschichte und Kunst, Bremen, 1978, S. 10.

2 Artikel „Bremen" in MGG, S. 136.

3 Dietsch, AaO, S. 68.

4 Edler, Arnfried: Historische Einführung [in den Orgelbau in Niedersachsen]. In: Vogel, Harald: Orgeln in Niedersachsen, Bremen, 1997, S. 20

Idealisierte Darstellung der Domorgel, 18. Jahrhundert.

5 Bremer Urkundenbuch, Bd. II, Nr. 621, Bd. III, Nr. 90 und Nr. 223.

Bremen, Dom-Museum, Engel mit Portativ

6 Praetorius, Michael: Syntagma musicum, Teil II, De Organographia, Wolfenbüttel, 1619, S. 97 ff.

7 Bormann, Karl: Die gotische Orgel zu Halberstadt, Berlin, 1966, S.17.

Bücken, Chorgestühl, Engel mit Portativ

8 Renner, Johann: Chronika der Stadt Bremen, Teil I, fol. 449.

9 Piersig, Fritz: Kleine bremische Orgelkunde. In: Die neue Bach-Orgel im St. Petri-Dom Bremen", S.17.

10 StA Hannover, Akte Celle, Br. 22, Nr. 279 II, S. 156.

11 Kaufmann, Walter: Beiträge zu einer Orgeltopographie Norddeutschlands. In: Osnabrücker Mitteilungen, Bd. 67, S. 214

rissen. In den Bremer Urkundenbüchern sind ab 1350 wiederholt Dotationen zu Gunsten der Orgeln des Doms und der St. Ansgarii-Kirche erwähnt.[5]

Dass das Instrument Orgel auch in den ländlichen Gebieten Norddeutschlands schon Jahrhunderte vor der Reformation bekannt war, beweist die Darstellung eines Portativs aus der Zeit um 1330 auf einer Wange des Chorgestühls der Stiftskirche in *Bücken*. Auch das Bremer Dom-Museum besitzt ein Relief, auf dem Pfeifen und Tasten einer tragbaren Kleinorgel deutlich erkennbar sind. Bei diesem Exponat handelt es sich um die in Bremen noch vorhandene älteste Abbildung einer Orgel.

Beschreibungen oder gar Zeichnungen von mittelalterlichen Orgeln, die in dieser Region aufgestellt waren und die sicherlich einen erheblich größeren Umfang aufwiesen, sind leider nicht vorhanden. Durch die Schilderung der frühgotischen Instrumente von *Halberstadt* und *Magdeburg* lässt sich aber ein genaues Bild über die Frühzeit des Orgelbaus gewinnen.[6] Das äußere Erscheinungsbild der großen Domorgel in *Halberstadt*, die ihren Standort vermutlich auf der Westempore hatte, ist von Karl Bormann nachgezeichnet.[7] Der Prospekt der Westorgel des Bremer Doms könnte ähnliche Strukturen aufgewiesen haben. Die Halberstädter Domorgel besaß bereits 3 Manuale und Pedal. Die Tastatur der beiden oberen Manuale wies 24 Tasten auf (H bis a^1), während das untere Klavier die Funktion eines Bassmanuals, eingerichtet mit 12 Tasten (Kontra H, chromatisch bis H) übernahm. Das Pedal war an das unterste Manual fest angekoppelt und entsprach im Umfang und in der Tasteneinteilung der Manual-Klaviatur. Bormann hat ausgerechnet, dass das gotische Werk von 1361 immerhin schon mit 1192 Pfeifen besetzt war.

Im 16. Jahrhundert sind einige wenige Nachrichten über den gottesdienstlichen Einsatz der Orgel im Bremer Dom überliefert. Anlässlich des 1503 erfolgten feierlichen Einzugs des Kardinals Raimund von Gurk in die Bischofskirche, begleitet von dem Erzbischof Johann Rode und Herzog Christoph von Braunschweig-Wolfenbüttel, wurde auf der Orgel das Te Deum laudamus gespielt.[8] Wenige Jahre später (1508) wird auch der Name des Organisten, Hinrich vom Berge, genannt.[9]

Die erste konkrete Angabe über einen Orgelneubau im Bremer Dom ist in einer Akte des Staatsarchivs Hannover erhalten.[10] Dort ist vermerkt: „Anno 1528 ist das große Orgelwerk im Thumb [zu Bremen] angefangen." Wie aus späteren Manuskripten hervorgeht, handelte es sich bei diesem Neubau um eine mehrmanualige Orgel mit Rückpositiv. Auch die relativ große Balganlage (6 Bälge) lässt darauf schließen, dass das Instrument entsprechend der Größe des Domes stattliche Dimensionen aufwies. Wie aus der Werkliste der Gebr. Slegel ersichtlich ist, führten die beiden Niederländer 1569 Reparaturen an dem „großen Orgelwerk" aus.[11] Trotz der von 1561 bis 1638 währenden Schließung des Doms fanden zumindest für das Domkapitel weitere Gottesdienste statt. Bei außerordentlichen Anlässen, z. B. beim Einzug des Bischofs Georg in den Bremer Dom im Jahre 1566, wird der Ablauf des inzwischen lutherisch geprägten Gottesdienstes mit dem Einsatz der Orgel erwähnt.[12]

Vermutlich wirkte hier als Organist Steffen Kirchdorff d. Ältere (gest. 1610).[13] Zum Nachfolger wurde der Sohn Albino berufen, der bis zum Ausscheiden aus seinem Dienst im Jahre 1650 auch einige Jahre das Organistenamt in der Kirche Unser Lieben Frauen versah. Von den weiteren Aktivitäten der Domorganisten wird berichtet, dass sie sich sonntags auf ihrem Instrument hören ließen, um damit die Besucher zu erfreuen.[14] Ein frühes Beispiel einer musikalischen Meditation? Als größte Kirche Bremens mußte die Kathedrale bei solennen Anlässen auch weiterhin den Rahmen abgeben. So 1580 beim Besuch des Erzbischofs Heinrich III.[15] Der bremische Geschichtsschreiber vergisst dabei nicht, die Mitwirkung eines Chores und der Orgel zu erwähnen und berichtet ebenfalls über den Ablauf der neuen Liturgie, die bei der Einführung der Reformation die Römische Messe abgelöst hatte.

Dass die Kathedrale bei repräsentativen Anlässen auch im 17. Jahrhundert nicht ungenutzt blieb, geht aus einer Schilderung über den 1637 erfolgten Einzug des neuen Erzbischofs Friedrich in die Stadt hervor: *„Am folgenden Mittwoch, dem 22.3. um 6 Uhr früh hat man im Dom wieder die Glocken geläutet. Danach ist Ihre Fürstliche Gnaden zwischen 8 und 9 Uhr in Prozession von ihrem Quartier über die Domsheide auf den kleinen Domshof geritten, begab sich durch die Tür des langen Turms in den Dom [...] Durch die Kirche ist die Prozession auf den Hochaltar gegangen [...] Darauf wurde mit der Orgel und dem Kantor auf dem Westchor musiziert [...] Danach hat Ihrer Fürstlichen Gnaden Hofprediger zu Bremervörde, Andreas Myselius, vor dem großen Altar auf dem hohen Chor das Gloria in Excelsis gesungen. Hierauf wurden von „Allein Gott in der Höh" die zwei ersten Strophen musiziert und von der ganzen Gemeinde mitgesungen; dazwischen wurde eine Motette musiziert, dann die beiden übrigen Verse des Psalms gesungen. Darauf ist vorgenannter Hofprediger auf die Kanzel gestiegen und hat eine schöne Predigt getan, die zwei Stunden dauerte [...]. Nach der Predigt ist wiederum musiziert worden."*[16]

In den seit 1613 teilweise überlieferten Rechnungen des Doms finden sich gelegentlich Ausgabeeintragungen zu Gunsten der Orgel. So wurden für die Unterhaltung des Instruments, speziell für die Bälge, jährlich wiederkehrende kleine Beträge eingetragen: so z.B. für *„Bälge uff der Orgel zu schmieren."*[17] Otten Rhoruff nahm 1621 eine größere Instandsetzung der Bälge und der Windladen vor, die 8 Rthlr. kostete.[18] Zwei Jahre später mußten diese wichtigen Teile noch einmal überholt werden, wofür an Otto Hagemann (ein Bremer Handwerker?) 1 Reichsthaler und 4 Groschen ausgezahlt

Versuch einer Rekonstruktione der Domorgel von Halberstadt von 1361 nach ihrer Wiederherstellung 1495

12 StA Stade, Rep. 5b, Fach 22, Nr. 1.

13 Rosteck, Oliver: Bremische Musikgeschichte von der Reformation bis zur Mitte des 18. Jahrhunderts, Lilienthal, 1999, S. 272 – 274.

14 Wellmann, Friedrich: Der bremische Domkantor Dr. Wilhelm Christian Müller. Ein Beitrag zur Musik- und Kulturgeschichte Bremens. In: Bremisches Jahrbuch, Bd. 25, 1914, S. 33.

15 Schwarzwälder, Herbert: Bremen im 17. Jahrhundert, S. 76/77.

16 wie Anm. 15.

17 StA Stade, Rep 5b, Fach 49, Nr. 7.

18 Wie Anm. 17.

19 StA Stade, Rep 5b, Fach 49, Nr. 7, Bd. II

20 StA Stade, Rep. 5b, Fach 32, Nr. 96.

21 StA Stade, Rep. 5a, Fach 31, Nr. 1.

22 StA Stade, Rep. 5a, Fach 316, Nr. 1.S. 54.

23 Duntze, Johann Hermann: Geschichte der freien Stadt Bremen, 4 Bände, Bremen, 1851, Band III, S. 59.

24 Rosteck, AaO, S. 274 – 275.

Der Domturm nach dem Brande von 1656

25 StA Bremen, 2-ad T. 3. a. 11. Nr. 2. 30, Bd. I.

wurden. Ab 1627 war für die Pflege der inzwischen in Bremen sesshafte Orgelbauer JOHANNES SIBORCH zuständig. Seine Tätigkeit an der Domorgel wird sich auf Jahresstimmungen und auf die Behebung kleiner Schäden beschränkt haben.[19]

Schon in der Mitte des 17. Jahrhunderts muss der Zustand des alten Orgelwerks so unbefriedigend gewesen sein, dass 1645 der Struktuar ANDREAS VON MANDELSLO die Absicht bekundete, „ein weitläufiges kostbahres Orgelwerk zu errichten."[20]. Wenige Jahre später wiederholte v. Mandelslo seine Vorlage *„wegen nothwendiger einrichtung einer neuen guten Orgel, dergleichen neuen Altars auf dem hohen Chor."*[21]. Das Domkapitel blieb in Sachen Orgelbau weiterhin inaktiv. Noch einmal wandte sich der rührige Bauherr in einer am 18.10.1655 datierten Eingabe an die Obrigkeit: *„ Als wirdt demnach vunterthänig anheimb gestellet, wie es mit solchen vacirenden Benefico* [Freiwerdung der Vicarie SS Philippi et Jakobi] *und deßen Intraden zu halten. Ob [...] hiesiger Kirchenstructur, oder zu Erbauung, oder zum wenigst reparation der bekannten sehr alten Dissonierenden Thumbs Orgell angewendet werden sollen."*[22]. Wäre bei dem ein Jahr später erfolgten Brand des Kirchturms auch die Orgel beschädigt worden, hätten die Verantwortlichen das Orgelproblem nicht länger auf die lange Bank schieben können.[23]

Domorganist JOHANN SCHEELE[24] bemühte sich, das altersschwache Werk wenigstens spielfähig zu erhalten. Da der Zustand des Instrumentes aber immer besorgniserregender wurde, meldete er 1681 dem Konsistorium: *„Die Orgel in der Königl. Kirchen St. Petri ist älter halber so gar schlecht beschaffen, daß sie weder in der Musique noch sonst mehr nützlich ist, bevor ab weile die Blaaßbälge und das rückpositiv von den Ratzen zernaget und die claviers zu schwer zu spielen, denn hero bey vormahligen Dom-Capituli Zeiten schon Anstalt zur neuen Orgel und Erkauffung der Materialien, an Holtz, Zinnen, Bley gemacht, auch ein gewißer Abriß davon zu Papier gebracht,* [Unterlagen über dieses projektierte Instrument sind offenbar nicht mehr vorhanden] *ja, noch vor Acht Jahren, bey letzter Kirchen- und Schul-Visitation für höchst nöthig erachtet worden, daß solches Werk angefangen und perfectioniret würde, maaßen des Herrn Consistorial-Raths M. Jacobi Hackmanns zu Stade abgestattete Relation davon weitern Zeugnis geben kann. Wann man dann der gewißen Hoffnung gehabt, es solte sothaner Orgelbau Gott zu Ehren, und besagter Haupt-Kirchen zu sonderbahren Nutz, vor sich gehen, oder zum wenigstens das alte Werk, da möglich, repariret werden, welches auch vielleicht seinen effect erreichet hätte, falls die jüngst hin erlebte Kriegstroubles nachgeblieben wehren; So habe ich auf vornehmen Persohnen guthbefunden inzwischen anderthalbhundert Rthlr. zinßbahr aufgenommen, und ein Positiv mit zwey Claviers und Pedal, dafür verfertigen laßen, umb sich deßen auf bemeldten Nothfall zu bedienen; gestalt. ich auch selbiges seithero in der Kirche alle Sonn- und Festtage kundtlich gebraucht [...]"*[25]. Zuvor stand schon für Wochengottesdienste ein einmanualiges Positiv zur Verfügung, das der Generalsuperintendent LÜDEMANN 1665 dem Dom geschenkt hatte. In der Stiftungsurkunde[26] ist die Disposition angegeben: Gedact 4′, Octava 2′, Waldtflöthe 2′, Nashat quinta 3′, Cymbel, Scharfe quinta und Krumbhorn 8′. In dem Dokument ist vermerkt, dass dieses Positiv anstelle des bisher benutzten Regals nunmehr nicht nur an den drei großen Festtagen, „*sondern auch zu andern Zeiten jedes mal kan und soll gebrauchet werden.*" Für die Bedienung des neuen Instruments wurde eigens ein Positivschläger angestellt. Dieser Posten war bei den „*anfahenden*" Organisten wegen des damit verbundenen Salärs sehr begehrt, er wurde erst nach Abschaffung der Kleinorgel am Ende des 18. Jahrhunderts eingespart. Als Kalkanten fungierten an dem Positiv Knaben des St. Petri-Waisenhauses, während die Bedienung der Bälge der Hauptorgel von zwei eigens dafür angestellten Bälgetretern betrieben wurde. Ihre bescheidenen Behausungen, die schon im 17. Jahrhundert vorhanden waren, befanden sich in der Sandstraße an der Nordseite des Altarraums.[27]

Während der Domorganist Scheele sein Privatinstrument um 1690 wieder zurücknahm, gehörte das Lüdemannsche Positiv wenigstens noch bis 1708 zum Dominventar.[28]

Der Einsatz der Kleinorgeln anstelle des schließlich versagenden alten Instruments konnte nicht darüber hinwegtäuschen, dass die wenigen Register der Positive nicht im entferntesten ausreichen, das weite Kirchenschiff zu beschallen. So nahm sich 1683 auch der Struktuar SARNINGHAUSEN der völlig unbefriedigenden Orgelangelegenheit an und apellierte nochmals an den Vertreter der Regierung: „*Ew. Exellentz [...] ist schon weitläuffiges anführen sattsam bekannt weßgestalt die in hiesigen Könl. Haupt-Kirchen sich befindende Orgell in einem solchen schlechten Zustand, daß auch schon bey der Thumbherren Zeiten daran gedacht worden, wie dieselbe entweder wieder renovieret, oder gar von Neuem gemacht werden könnte, weilen aber absonderlich zu einer gantz neuwen Orgell große Mittel, so anitzo der Structur mangeln, erfordert werden. In deßen gleichwoll die hohe Nohtwendigkeit erfordert, daß das Werk in einem solchen Stand werde erhalten, damit man sich dessen bey verrichtetem Gottesdienst noch bedienen könne; So hat das bey der Kirchen bestellter Organist, Johann Scheele, über sich genommen, sothane Orgell einmal recht zu visitieren, deren Mängel zu observieren, vnd zu versuchen, ob sie nicht könnte in einem solchen Stande wieder gebrauchet werden, daß sie vollenkommens wieder zugebrauchen stünde; wie Er nun bereits darüber eine ziemliche Zeit zugebracht, den Staub zwischen den Pfeiffen aufgefeget, vnd waß er sonsten wieder reparieren können, verfertiget, so hat sich befunden, daß wen vorerst vier Neuwe Blasebalgen, denn die Alten gar keinen Wind mehr halten, und die Trompete, wovon die Pfeiffen mehrenteils weg, wieder gemachet würden, die Orgell vollkommen wieder im gange gebracht vnd woll Hundert [!] und mehr Jahr Beständigkeit bleiben könnte.*"[29]

Noch im selben Jahr wurde mit dem HENRICH BARTRUM, „*Orgel-*

26 StA Stade, Rep. 5a, Fach 319, Nr. 63.

Erik Dahlberg, Ansicht des Bremer Marktplatzes, Zeichnung vom 9. Juli 1667. (Ausschnitt)
Vom Südturm des Domes ist nur noch eine abbröckelnde Mauer zu erkennen, der Nordturm wurde nach dem Brand mit einem Notdach versehen.

27 Dietsch, AaO, S. 237.

28 StA Bremen, 2-ad T. 3. a. 11. Nr. 2, 30, Bd. II.

29 StA Bremen, 7, 156, Nachlaß Fritz Piersig.

bauer alhier in Bremen" [was diesen aus Springe stammenden Meister in die Hansestadt führte, konnte bisher nicht festgestellt werden] ein Vertrag über die Lieferung von sechs neuen Bälgen abgeschlossen.[30] Es wurde vereinbart, dass die Bälge aus Eichenholz gefertigt und 9 Fuß lang und 6 Fuß breit sein sollten. Als Lohn verlangte Bartrum die Summe von 90 Rthlr. Organist Scheele wünschte sich darüber hinaus noch die Ergänzung der fehlenden Trompeten-Becher im Manual. Ob die Obrigkeit diesem Anliegen entsprochen hat, geht aus den Unterlagen nicht hervor.

Die Erneuerung der Windversorgung wird sicherlich dazu geführt haben, die Hauptorgel wieder einzusetzen. Da aber die Mechanik und große Teile des Pfeifenwerks abgenutzt waren, führte die Teilreparatur des Orgelbauers Bartrumb, entgegen der Annahme der Bediensteten des Doms, leider nicht zu einem technisch und klanglich einwandfrei funktionierenden Werk.

Der Neubau durch Arp Schnitger

Die Planung zu einem Neubau trat 1690 in ein konkretes Stadium. In diesem Jahr wandten sich Bauherr Sarninghausen und die Geistlichen des Bremer Doms an den schon damals berühmten Orgelbauer Arp Schnitger mit der Bitte, Vorschläge zum Neubau einer Orgel abzugeben. Schnitger reagierte mit mehreren Entwürfen. Bei seinem ersten Anschlag ging der Meister von dem Bau einer mit 40 Stimmen besetzten Orgel aus, *„die auf das genauste kosten soll 4.000 Rthlr."* [31] Für die Windversorgung sah er 8 Bälge mit den Maßen 9´ lang und 4 ½´ breit vor. Die drei Manualklaviere sollten 45 Tasten (Kurze Oktave im Bass) und das Pedal 25 Tasten (ohne Cs und Ds) erhalten. Ferner verlangte der Orgelmacher die kostenlose Überlassung der alten Domorgel.

Schnitgers Alternativvorschlag sah ein erheblich größeres Werk mit 52 Registern vor. Nach Aufzählung sämtlicher Stimmen fügte er folgende Einzelheiten hinzu: *„Summa 52 Stimmen, dazu müßen 12 Belgen sein, jeglich 10 Fuß lang 5 Fuß breit. Von guhten trocken Eichen Holtz, alle windt Laden und Canale von dem besten Wagenschoß, die Matterialen zum Pfeiffen müßen so beschaffen sein, daß Erstlich die Prinzipalen von klahren Zin, und daß Inwendige auf 1000 Pfd. Bley 300 Pfd. Zin versetzet die Prob halten kan, die Clavire von Groß C, D, DIS, E, F. FIS etc. bis c‴. In allen 48 Claves daß Pedahl von groß C, CIS, D, DIS bis d´ 27 Claves dazu muß eine Coppel gemacht werden, daß man daß Manual und Brust Positiv kan zu gleich spielen, ferner müssen alle angehenge und Fehdern von Mißing gemacht werden, wan zu solchem Orgelbau der Orgelmacher alle Materialen verschaffet und alles Ehrlich verfertiget, will es nach genauren überlegung Kosten 6.800 Rthlr. Dazu verschaffete die Kirche daß Fundament nebenst dem Gehäuße mit Zierathen und Eyßen Zeug und einen Orth Nahe an der Kirchen da solche arbeit kan verfertiget werden, und weil dazu 4 Jahre Zeit ge-*

---

30 StA Stade, Rep. 5a, Fach 308, Nr. 84.

31 StA Stade, Rep. 5a, Fach 309, Nr. 137; Piersig, Fritz: Kleine Bremische Orgelkunde. In: Die neue Bach-Orgel im St. Petri-Dom Bremen, S. 24.

hören, da das obige geldt Nach und Nach bezahlet wird, jedoch daß biß zur Liefferung wan alles aufrichtig befunden worden 1. 200 Rthlr. bestehen bleiben.

Bremen den 21. October Anno 1690
Arp Schnitker Orgelmacher"[32]

32 StA Bremen, 2-T. 3. b. 4. a.

Bevor die Behörde in Stade ihr endgültiges Einverständnis zum Bau einer neuen Orgel gab, hatte die Dombauverwaltung noch einige Hindernisse auszuräumen. So entstanden Schwierigkeiten bei der Beschaffung des nötigen Bauholzes zur Errichtung der großen Orgelbühne. Als es gelungen war, 20 Bäume aus den Klosterwaldungen von Osterholz und Lilienthal „zu beschaffen", konnten die Handwerker mit dem Bau des Orgellectors beginnen Die hohen Kosten – allein das Bauholz verschlang 100 Rthlr. – die im Zusammenhang mit dem Bau der Westempore standen, mussten aus dem Etat für die neue Orgel bestritten werden. Schnitger sicherte der Gemeinde ein weitgehendes finanzielles Entgegenkommen zu. Als das Konsistorium erfuhr, dass durch die neue Orgelempore zusätzlich 150 Plätze für Gemeindeglieder gewonnen würden, stimmten die Kirchenräte dem neuen Orgelbau zu.

Das Innere des Doms. Blick nach Westen mit der Schnitger-Orgel

15

Der am 5. Mai 1693 mit Arp Schnitger vereinbarte Kontrakt lautet:
*Copia des Contracts von der Orgel in der Dohm Kirche
in Bremen* [32a]

32a Domarchiv Bremen, B. 2. e. l. Nr. l.

Auch darin zu sehen waß nach und nach bezahlet ist, und waß der Orgelmacher Arp Schnitger noch zu fordern hat von derselbigen Orgel „[…] Zu wißen sey hiemit, daß heute untengesetzten Dato zwischen Tit. Tit. des Königl. Schwedischen Etats-Rath und Ministro zu Bremen H. Christoph Hinrich von Weißenfels, so dan dem Königl. Schwedischen bey der Kirchen St. Petri hieselbst verordneten Superintendenten H. D: Jacobo Hieronimo Lochnern denen HH. Pastoribus H. Mag. Johanni Knütelio und H. Cajo Wilhado Ströhmern, wie auch dem p. t. Structuario H. Daniel Sarninghausen Nahmens itzt gedachter Kirchen St. Petri in beysein der p. t. Diaconorum besagter Kirche benandtlich H. Johann Rode, Junior. H. Herman Dwerhagen, H. Jobst Hinrich Balcke H. Johann Jobst Vogel und H. Hinrich Schröder wie auch H. Albert Meyer an einen und H. Arp Schnitger vornehmen und berühmten Orgelbauer auß Hamburg am andern theil nachfolgender Contract geschlossen und vollzogen, hat besagter Orgelbauer vor woll ernanten H. Etats Rath, Superintendenti, Pastoribus, Structuario und Diaconis folgende Disposition des neuen Orgelwercks überreichet, so in acht und viertzig Stimmen bestehet, wie folget

Eigentliche verzeichnüße des Orgelwercks zu St. Petri in Bremen bestehenden in XLVIII stimmen nach der besten arths Arbeit.

Im Manual als das mittelste Clavier

1.	Principal	16 Fuß	klar Zin
2.	Gedact	16 Fuß	
3.	Octav	8 Fuß	
4.	Spitz Floit	8 Fuß	
5.	Octav	4 Fuß	
6.	Rohrfloit	4 Fuß	
7.	Rausch Pfeiff	3 fach	
8.	Super Octav	2 Fuß	
9.	Flach Floit	2 Fuß	
10.	Mixtur 5. 6. 7. fach		
11.	Trommet	16 Fuß	
12.	Dulcian	8 Fuß	

Im Ober Positiv

1.	Principal	8 Fuß	klar Zin
2.	Quinta dena	16 Fuß	
3.	Gedact sehr lieblich von Holtz	8 Fuß	
4.	Octav	4 Fuß	
5.	Floit	4 Fuß	
6.	Walt Floit	2 Fuß	
7.	Tertian	2 fach	
8.	Quinta	1½ Fuß	
9.	Holl Floit	8 Fuß	
10.	Scharf 4. 5. 6. fach		
11.	Vox Humana	8 Fuß	
12.	Trecht Regal	8 Fuß	

NB In diesem Clavir und zwar durch alle Stimmen soll groß FIS und GIS gemacht werden.

Im Brust Positiv als das oberste Clavir

1.	Principal	8 Fuß	klar Zin
2.	Quinta dena	8 Fuß	
3.	Octav	4 Fuß	
4.	Spitz Floit	4 Fuß	
5.	Nahsat	3 Fuß	
6.	Sexquiat 2 fach		
7.	Gembs Horn	2 Fuß	
8.	Octav	2 Fuß	
9.	Scharff 4. 5. 6 fach		
10.	Cimbel 3 fach		
11.	Dulcian	16 Fuß	
12.	Trommet	8 Fuß	

Im Pedal

1.	Principal	16 Fuß	klar Zin
2.	Sub Baß	16 Fuß	
3.	Octav	8 Fuß	
4.	Octav	4 Fuß	
5.	Rauschpfeiff 2 fach		
6.	Nachthorn	2 Fuß	
7.	Mixtur 5. 6. fach		
8.	Posaunen	32 Fuß	
9.	Posaunen	16 Fuß	
10.	Trommet	8 Fuß	
11.	Trommet	4 Fuß	
12.	Cornet	2 Fuß	

Summa 48 Stimmen

Zu diesem Werck kommen 10 Balge von trocknen Eichenholtz 10 Fuß lang 5 Fuß breit, dan 4 Sperrventil zwey Tremulanten gute Windladen, worauf vormeldten stimmen zu stehen kommen von den besten wagenschoß schöne Registratur und abstractur, alle angehenge und stemfedern von Meßingdraht die principalen alle von schönen Zinnen woll außgepolliert, daß inwendige Pfeiffwerck soll so beschaffen sein, daß auf 1000 Pf. bley 300 Pf. Zin versetzet die prob halten, die drey Claviren so von Buchsbaum und schwartz Ebenholtz gemacht werden von groß C biß klein c‴ unten im kurtzen octav, in allen 45 Clavis dazu werden sie mit einer Coppel gemacht daß das Manual und Brust Positiv dan zugleich gespielet werden, das Pedal komt von C biß d´ mit FIS und GIS in allen 25 Clavis, welche Dispsition von eingangs ernandten HH. Etats Rath Superintendenten Pastoribus und Structuario in beysein der HH. Diaconorum beliebet auch daneben ein a b r i ß dieses gantzen Wecks und darunter mit begriffen Tischer, bildhauer und Schmiede Arbeit samt Eisen werck von dem Orgelbauer überliefert und unterschrieben worden, alß geredet und gelobet obgenandter H. Schnitker solches Werck gut, tüchtig untadelhaft binnen 4 Jahren von bevorstehenden Pfingsten dieses 1693 Jahres anzurechnen durch göttliche Hülffe an Orgelbauer, Tischler, Bildhauer und schmiede Arbeit, auch allen Eisenwerck item der Gallerey vor dem Music Chor, welches alles Er allein über sich nehmen will auch die Materialien und alle zubehör auf seine Kosten ein kaufen und verschaffet, außgenommen das Fundament und den Boden worauf die Orgel zu stehen kommt, welches die Kirche St. Petri und von derentwegen hie oben ernandten Contrahentes von bereits gesamleten Orgel- oder Structur geldern ehisten anschaffen und verfertigen wollen:/ fertig zu liefern. Dahin gegen geloben und versprechen mehr wohlernandte HH. Contrahentes nomine der Kirche St. Petri, ihm, H. Schnitker vor solches gantze werck worunter die Tischler Bildhauer und Schmiede Arbeit, auch alle Materialien und alles Eisen wercks mit begriffen ins gesambt
Sechs Tausend Vierhundert Rthlr.
jeden zu 72 Gr. an hiesiger gang und gebiger Müntze und daneben und über deme die inmehrgedachter Kirche jetzo vorhandene alte Orgel sambt allen zu behör, wormit H. Schnitker frey zu disponiren hat, also und dergestalt, daß er so fort nach eingelangter Königl. Regierungs ratification zum Handgelde 816 Rthlr. in abschlag der veraccordirten 6400 Rthlr. nebenst einer Discretion für die Reise baar zu empfangen hat, so dan alles daßjenige, waß bey denen gewöhnlichen Quartal Collecten auf Pfingsten, Michaelis, Weihnachten und Ostern in der Kirche St. Petri die p.t. Diaconi von der Gemeine Jährl. samlen, jedes mahl, wen es gesamlet ist weiter in abschlag gegen Quitung zu erheben haben soll, waß demnach nach verlauf der veraccordirten vier Jahre wan das Orgelwerck fertig und untadelhaft geliefert worden, dem H. Schnitker an der versprochenen Summa der 6400 Rthlr. noch restiren würde, solches versprochenen HH. Contrahentes nomine der Kirchen auß denen in folgenden Jahren Jährlich einkommenden Quartal-Collecten samt 3 procent Jährl. intresse nach advenant des zur Zeit übrig gebliebenen nach-

standes, ihm, H Schnitker oder dessen Erben zu zahlen wird, damit so lange zu continuieren, biß die völlige Summa der veraccordirten 6400 Rthlr. erleget und abgetragen seyen wird. Im fall auch welches, ob Gott will, auch nicht zu hoffen, daß H. Arp Schnitker binnen solchen vier Jahren, und ehe das werck zur völligen perfection gebracht mit Tode abgehen sollte, sollen seine Erben schuldig seyn mit allen vermögen dahin zu trachten, daß obiger Disposition gemäß, daß Orgelwerck zu gehöriger Zeit absolvirt und der Kirchen geliefert werden.

Welches alles fest und unverbrüchlich zu halten renuncyren und entsagen beyderseits HH. Contrahenten allen und jeden exceptionen, als des Betruges, überredung Scheinhandlung, übereilung, verletzung über klein und groß und allen anderen behelfen so bereits erdacht oder künftig durch Menschen Sinn erdacht werden möchten, auch der Regal daß ohne vorhergegangenen sonder bahren ein allgemeiner Verzicht nicht gelte; Promittieren auch nomine der Kirchen HH. Contrahentes den H. Schnitger zu verfertigung dieses Orgelwercks in dem Königl. Waysen Hause hieselbst unten die Diele, und oben zwey stuben deren eine mit dem Camin, frey ohne entgelt, diese vier Jahre einzuräumen, auch wehrender solcher Zeit für seine zum Orgelbau gehörige Materialien von der Accies und Consumption freyheit zu verschaffen und dan über dieses alles der hochpreißlichen Königl. Regierung in den Hertzogthümern Bremen und Verden gnädige und [ ] confirmation mit unterth. fleiß zuwege zu bringen. Zu uhrkund und biß auf ratification der hochpreißl. Königl. Regierung haben nomine der Kirche eingangs ermannte HH Contrahentes so dan H. Arp Schnitger dieses eigenhändig unterschrieben und mit ihren Pitschaften bekräftiget, so geschehen Bremen d. 5 May Ao 1600 Neuntzig drey

    C. H. Weißenfels   *J. H. Lochner*
    [L. S.]   [L. S.]
    M. J. Knütel   *D. Sarninghausen*
    [L. S.]   [L. S.]
    Arp Schnitger Orgelmacher
    [L. S.]"

Am 26. Mai 1693 ratifizierte die Stader Regierung den oben abgedruckten Vertrag.

Bei dem nun gültigen dritten Dispositionsentwurf wird deutlich, dass die neue Domorgel in klanglicher Hinsicht zu den aufwendigsten Instrumenten Schnitgers zählen sollte: Alle vier Teilwerke besaßen Pleno-Register von der 16′ oder 8′-Basis bis zur Klangkrone. Auch die Weitchorgruppe war in den Manualen bis zum 2-Fuß-Register vertreten. Schnitgers Vorliebe für Zungenstimmen wird auch hier durch die Disponierung der 12 Lingualstimmen dokumentiert (Schnitger fügte während des Baues die Pedalregister Dulcian 16′ und Flöte 4′ hinzu). Übrigens berücksichtigte er für die Domorgel und für alle übrigen Instrumente der Altstadt-

Magdeburg, St. Johannis, 1689 – 95

33 Fock, Gustav: Arp Schnitger und seine Schule, Kassel, 1974, S. 87.

33a In dem ersten Obergeschoß des Nordturms befinden sich zwei überlebensgroße aus Holz geschnitzte Figuren. Es ist durchaus denkbar – die auf den noch vorhandenen Darstellungen der Barockorgel sichtbaren großen Außenschnitzwerke erhärten diese Vermutung – daß es sich um Ornamente des Schnitger-Instruments handelt, die beim Abbau dieser Orgel um 1848 zusammen mit Teilen des Barockaltars im Turmgewölbe abgestellt wurden.

34 StA Bremen, 2-T. 3. B. 4. a.

kirchen die von ihm entworfene neue Art des Trichterregals. Die aus reinem Zinn hergestellten und blank polierten Praestanten (Principal 16′ im Manual und die Principale 8′ im Ober- und Brustpositiv sowie die Prospektpfeifen des Pedals) waren von dem Erbauer in dieser Größe bewusst geplant, um eine große Wirkung sowohl im akustischen als auch im optischen Bereich zu erzielen. Schon GUSTAV FOCK hat auf die Ähnlichkeit der äußeren Anlage mit dem Schnitger-Prospekt der St. Johannis-Kirche in Magdeburg hingewiesen.[33] Die drei übereinander geschichteten Manualwerke füllten den Westchor bis zum Gewölbe aus. Die wertvollen Zinnpfeifen waren in einem Prospekt mit dreizehn Achsen untergebracht. Entsprechend den Gepflogenheiten der berühmten SCHERER-Dynastie aus Hamburg hat Schnitger die Prospektpfeifen in Spitz- und Rundtürmen, die durch Flachfelder verbunden waren, wirkungsvoll gegliedert. Nicht zuletzt haben zum pompösen Erscheinungsbild der Bremer Domorgel auch mehrere Figuren beigetragen, die neben dem Gehäuse des Oberpositivs, unterhalb der Pedaltürme und auf dem Gesims des Brustpositivs plaziert waren. In den vorhandenen Unterlagen fehlt leider der Name des Bildhauers. Die Vermutung liegt aber nahe, dass der Bremer Bildschnitzer JOHANN MENTZ, der etwa gleichzeitig die ornamentale Gestaltung der Stephani-Orgel ausführte, die holzgeschnitzten Teile der Domorgel angefertigt hat.[33a]

Wenn auch der Schnitgersche Abriß nicht mehr vorhanden ist, so gibt es doch mehrere Darstellungen, die eine Vorstellung von der größten Barockorgel Bremens vermitteln.

Anläßlich der feierlichen Einweihung der neuen Orgel verfaßte der Subkantor am Gymnasium, NICOLAUS BÄHR, ein Lobgedicht, das in 51 Strophen Schnitgers Arbeit verherrlicht.[34] Bevor Bähr jedes Register beschreibt, würdigt er die bisherigen Höhepunkte in dem Lebenswerk des Meisters:

Auszug aus

    Glücklicher Zuruf/
    Als die/durch den Kunst bewehrten Meister/
    Hrn. ARP SCHNITGER
    In vierer Jahre Frist/ erbaute neue Orgel/
    In der Königl. Thumb-Kirchen zu Bremen/
    Am 20. Maji 1698 gelieffert ward/
    Abgestattet von N. Bähr.

1. Es soll mein Ried
   Ein Orgel-Lied
   In kurtze Reim einschränken/
   Dem Bremer Tuhm
   Und Meisters Ruhm
   Zum steten Angedenken

9. Sanct Niclas thut
   Sich kund und guth
   Mit 68 Stimmen/
   Sanct Jacobs Staat
   Nur 60 hat/
   Die zum Gewölbe klimen.

2. Es sind nun gar
   Wol viertzig Jahr/
   Da man wolt' Orgel bauen/

   Offt hielt man Rath/
   Nie gab die That
   Ein neues Werck zu schauen.
3. Es war kein Geld
   Zum Bau bestellt
   Die Orgel anzuschlagen/
   Kein Hertze war/
   Wie zum Altar/
   Ein Quentlin beyzutragen.
4. Bis einer kahm
   Der sichs annahm
   Das Werck zu vollenführen/
   Herrn Schnittgers Hand
   Hielt vesten Stand/
   Ihm kont' es auch gebühren.

5. Er griff es an
   Gleich wie en Mann
   Und rechter Orgelmeister/
   Er fand auch Gunst
   Durch seine Kunst
   Den Trieb der hohen Geister.
6. Tritt einer auf
   Zum Wette-Lauff
   Ein Kunst-Werck aufzubauen/
   So weiß man diß
   Mehr als gewiß/
   Daß ihm auch sey zu trauen.
7. Diß Lob hat Er
   Von längsten her
   An manchen Ort erhalten/

   Er hat den Preiß/
   Wie mancher weiß/
   Bey Jungen und bey Alten.
8. Das Hamburg kan
   Ja diesem Mann
   Ein gut Gezeugniß geben:
   Zwey Orgel-Werck
   Zum Augen-Märck
   Daselbsten sich erheben.

10. Die Burg und Stadt
    Der Mägde Pfadt/
    Die an der Elbe schwimmen/
    An Sanct Johan/
    Die stimmet an
    Mit 62 Stimmen.
11. Das Grönning-Land
    Auch 40 fand/
    Das Bremen 50 wählet
    In Peters Thum
    Zu seinem Ruhm/
    Sanct Stephan 40 zählet.
12. Der Muscowit
    Gibt ihm Credit/
    Muß seine Proben loben/
    Was man gesehn
    Vor Augen stehn/
    Hat Meisters Ruhm erhoben.
13. Der Britten Gunst
    Von seiner Kunst
    Mit Holland weiß zu sagen:
    Die kleinen Werck/
    Märck/Leser! märck/
    Auff 50 sich betragen!
14. Germania
    Hispania,
    Die kennen diesen Herren/
    Den seine Hand
    Und Kunst bekandt
    Gemacht hat an die Steren.
15. Er hat mit Glück
    Sein Meister Stück
    Auch hier ans Licht gegeben/
    Daß ihm der Thum
    Mit grossem Ruhm
    Wird an die Veste heben.
16. Es ist nunmehr
    Zu Gottes Ehr
    Die Orgel fertig worden/
    Durch Meisters Hand
    Die Ruhm-bekandt
    In Ost-West-Süd und Norden......

Interessanterweise hat Magister Bähr auf diesem Plakat, das in vielen Exemplaren in der Stadt aushing, auch die genaue Anordnung der Registerzüge am Spieltisch zum Abdruck bringen lassen. Schnitgers Registeranordnung sah demnach wie folgt aus:
"Abriß der 56 Register dieser Orgel/wie dieselben in 4 Reihen mit ihren gezeichneten Stimmen/zur Rechten und zur Lincken gerade gegen einander über stehen."

Linke Seite
Tremulant. Quintadén 16fues. Octav 4f. Sexquialt. Gemshorn 2f. Cymbel. Trommet 8f.
Dulcian 8 f. Mixtur. Superoctav 2f. Rohrfloit 4f. Spitzfloit 8f. Gedackt 16f. Principal 16f.
Tremulant. Holtzfloit 8f. Quintadén 8f. Spitzfloit 4f. Tertian. Scharff. Vox humana.
Floit 4f. Nachthorn 2f. Sub-Bass 16f. Octav 8f. Posaun 32f. Dulcian 16f. Posaun 16f.

Rechte Seite
Brust-Ventil. Dulcian 16f. Gedackt 8f. Nasat 3f. Mixtur Octav 2f. Principal 8f.
Pedal-Ventil. Manual-Ventil. Octav 8f. Octav 4f. Rauschpfeiff. Flachfloit 2f. Trommet 16f.
Ober-Posit-Ventil. Trecht-Regal 8f. Quinta 1 u.h.f. Waldfl. 2f. Oct. 4f. Gedact 8f. Princip. 8f.
Principal 16f. Mixtur. Rauschpfeiff. Octav 4f. Trommet 8f. Trommet 4f. Cornet 2f.

Zu den noch vorhandenen Archivalien zählt auch der Abnahmebericht[35] der Examinatoren Johann Scheele, Vincent Lübeck, Stade, und J. Wichardt, Oldenburg. Nach viertägiger Prüfung gaben sie am 20. Mai nachstehende Beurteilung ab:

35 StA Bremen, 2-T. 3. b. 4. a.

"Nachdem wir zu Endes benandte von dem Tit: Tit: Tit: HH: Estats Rath von Weißenfelß, HH. Superintendenten D. Lochner, und HH Structarius Dan: Sarninghausen, und sämptl. HH. Diaconen gefodert worden, umb die in Königl. Thumbkirchen von HH. Arp Schnitger Orgelmacher in Hamburg neuerbaute Orgel, fleißig zu besehen und gründlich zu examineren ob selbige dem von Hochpreißlicher Königl. Regierung Confirmirten Contract gemäß von d. E. aufrichtig verfertiget sey. Alß sind wir im Nahmen Gottes den 16ten May an solche Arbeit getreten und dabey biß unten gesetzten Dato verharret, alles genau und fleißig untersuchet, da dan befunden worden, daß dieß schöne Werck in allen stücken als Erstl. die drey Clavier mit ihren verkoppelungen, Pedal, Windladen, abstracturen, Registraturen Belgen, Windröhren und alles Pfeiffwerck mit sonderbahren fleiß, sorgfalt und Curiosität getreu und redlich von guten Materialien, verfertiget, nicht weniger sind alle stimmen nach der besten Mannier von Lieblichkeit und sonderlicher gravität dergestalt geintoniret und gestimmet so gut als wir noch niehmals an keinem Orte gefunden. Es sind zwar einige Kleinigkeiten wegen veränderung des Gewitters observiret, welche theilß alsofort Corrigiret und daß übrige leicht kan abgeholfen werden, daß also selbe Orgel nicht allein dem Contract gemäß verfertiget, sondern über 2 Belgen, 2 gantze Stimmen Pfeiffen, ferner in 24 Stimmen alß im Manual u. Brustwerck groß FIS u. GIS im Pedal durch die 14 Stimmen daß groß DIS mehr befunden, wodurch

Das Innere des Doms. Blick nach Westen mit der Schnitger Orgel, um 1825

dieß schöne Werck umb ein großes ist verbessert worden, und können wir solches mit grund der Warheit auff unser gewißen bezeugen, daß vorgemeldter H. Schnitger alles getan, auffrichtig u. mit großen Ruhm diese vortreffliche Arbeit verfertiget. Damit nun dieses herliche Werck in gutem Stande Conserviret und erhalten werde, wird höchstnötig sein, daß es hinten alwo die Belgen liegen von dem Fundamentboden, biß an das gewölbe, wie auch die Belgen oben zugekleidet werden, damit die Feuchtigkeit von der Orgel, und der Schall sich beßer in der Kirchen wende. Gleich wie nun I: Tit.: I sämptl. HH. Contrahenten unser allerseits Hochgeneigte Herrn und große Gönner auff Hochermeldter Königl. Regierungs Consens hierinnen ein hochlöbliches Werck verrichtet, welches auff die Nachkommen gereichen wird. Nach dem sie solchen herrlichen Bau befordert haben. Alß wünschen wir hertzl. daß der große Gott, deme dieses Köstl. Werck eintzig und allein zu Ehren aufferbauet, die gantze Kirche und Volkreiche Gemeine in seinen gewaltigen schutz und Schirm ferner alle Zeit nehmen wolle, damit seines Hochheiligen Nahmens Ruhm stetig darin erschallen u. dero sämptl. HH: Interessierten, unsterblicher Nahme bey behalten werden möge, dieselbe dem Schutz deß Allerhöchsten, unß aber dero beharrlichen Gunst und gewogenheit befehlende sind und verbleiben wir allezeit.
Unser Hochgeneigten Herren Dienstgehorsamste
Bremen, d. 20. May Ao 1698
Johann Scheele   Vincent Lübeck   Johann Wichardt"

Am 22. 4. 1699 reichte Schnitger noch eine Nachforderung über 275 Rthlr. ein. Er stellte folgende Mehrleistung in Rechnung[36]:

36 StA Bremen, ad T. 3. a. 11. Thiermannsche Sammlung.

„Erstlich im Pedal zwey neue Stimmen alß Dulcian 16 fuß
und floit 4 fuß   50 Rthlr.
nebenst die Registraturen und Zubehör in die zwey Clavier
als Manual und Brustwerck durch alle 24 Stimmen Groß FIS
und GIS gemacht   davor 75 Rthlr.
Im Pedal durch alle Stimmen daß große DIS   60 Rthl.
Ferner ist das gantze Werck verbessert, die Clavire in
langer Octav von Elfenbein und Ebenholtz, mit einer
schönen Pulpeth, und da 10 Belgen sein solten habe 12 gemacht.
Auch von Anfang biß ende einen Belgen Treter zahlen müßen,
davor rechne mir insgesampt   90 Rrhlr.

                                                        Summa 275 Rthlr.
                                                        Arp Schnitger Orgelmacher"

Die von Schnitger in der Zeit von 1694 bis 1712 eigenhändig unterschriebenen 53 (!) Quittungen[37] beweisen hinlänglich das sehr großzügige Entgegenkommen des Meisters gegenüber der Domverwaltung in Bezug auf die Bezahlung des vereinbarten Kaufpreises.

37 StA Bremen, 2-ad T. 3. b. 4. a.

Da die in Bremen erschienenen Beiträge zum Schnitger-Jubiläum nicht deutlich erkennen ließen, in welch hohem Maße der Meister den Orgelbau in der Hansestadt und im Nachbargebiet geprägt hat, soll an dieser Stelle der Versuch unternommen werden, Schnitgers Bedeutung als Erbauer neuer Orgelwerke und Konservierer vorhandener Instrumente auf Grund der neusten Forschungsergebnisse einzuordnen und zu würdigen.

Schnitgers sonstige Tätigkeit in Bremen und im Umland

Schon zwei Jahre nach dem Tod seines Lehrmeisters und Onkels Berendt Huss stellte der junge Unternehmer 1678 in der *Scharmbecker* Willehadi-Kirche ein kleines Instrument auf, das nur über 6½ Register verfügte.[38] In der Folgezeit war Schnitger vornehmlich in *Stade* und *Hamburg* mit repräsentativen Neubauten beschäftigt. Mit der Vollendung der Hamburger Nicolai-Orgel (1682–87), damals mit 67 Stimmen das größte Instrument der Welt, erregte Schnitger die Bewunderung der Fachleute. Sehr bald breitete sich seine Geschäftsverbindung über die niederdeutsche Küstenregion bis nach Holland aus.

Wenn auch die Metropole an der Elbe, in der er seit 1682 Wohnung und Werkstatt besaß, besonders reich mit den Erzeugnissen seiner Kunst beliefert wurde, so sind Schnitgers Beziehungen zur Hansestadt Bremen, was seine zahlreichen Orgelbauten wie auch sein Privatleben betrifft, ebenfalls sehr eng gewesen. Die Rechnungen der Stadtkirchen dokumentieren Schnitgers Wirksamkeit ab 1690 bis zu seinem Todesjahr im Juli 1719. Während der Bautätigkeit an der neuen Domorgel (1695–1698) waren seine Gesellen unter der maßgeblichen Beteiligung seines Bremer Vertreters Gregorius Struve gleichzeitig mit der Fertigung neuer Instrumente in der Stephani-Kirche, in *Achim* und in *Dedesdorf* beschäftigt. Erstaunlich ist die Tatsache, dass um 1695 noch weitere Mitarbeiter beim Bau großer mehrmanualiger Werke in *Groningen*, *Magdeburg* und *Stettin* eingesetzt werden konnten.

Im Anschluss an die Fertigstellung der stattlichen Orgeln im Bremer Dom und der Stephani-Kirche winkten für Schnitger weitere Aufträge in der Hansestadt: Umbau der Orgel in *Unser Lieben Frauen* und Lieferung mehrerer Hausorgeln. Erst unlängst konnte ein bisher unbekanntes Instrument dieses Orgelbauers, bestimmt für die *Remberti-Kirche* (1709), entdeckt werden.[39] Im gleichen Jahr erneuerte der Meister die Windladen, Mechanik, Klaviaturen sowie die Hälfte des Pfeifenmaterials der *Martini-Orgel.* Schnitgers letzte Aktivitäten in der Stadt an der Weser erfolgten noch kurz vor seinem Tod mit dem Neubau für die *St. Pauli-Kirche* und dem Umbau der Orgel in *St. Ansgarii.*

Die Fürsorge des Meisters für die abgelieferten Instrumente wird besonders deutlich bei der Wartung der *Stephani-Orgel* durch den

38 StA Stade, Rep. 83, Nr. 1065.

39 StA Bremen, 2-T.6.L.22.d.4, Kirchenrechnung St. Remberti.

Lobgedicht von Nikolaus Bähr, 1698

40 StA Bremen, 2.T.4.a.4.L.1. „Kirche und Rep. St. Stephani 1534–1894" (Neubau-Vertrag mit Arp Schnitger vom 30. 8. 1695).

Erbauer. Die Kirchenrechnungen dieser Gemeinde weisen aus, dass der Meister in der Zeit von 1698 bis 1718 fast jährlich die Jahresstimmung vorgenommen hat. In dem vor wenigen Jahren im Bremer Staatsarchiv aufgefundenen Kontrakt der Gemeinde mit Schnitger ist nicht nur die originale Disposition aufgeführt, es sind auch vom Unterzeichneten detailliert die aus dem alten Werk übernommenen Pfeifenreihen angegeben.[40] Somit ist es jetzt erstmalig möglich, den Klangaufbau der 1587 vollendeten Renaissance-Orgel zu bestimmen. Wie aus dem Vertrag hervorgeht, konnte Schnitger die Strukturen der alten Orgel nicht beibehalten, da das projektierte neue Instrument wegen der Erweiterung der Klaviaturen und der erheblich vermehrten Pfeifen ein wesentlich größeres Gehäuse benötigte. Das äußere Erscheinungsbild dieses mit 42 Registern ausgestatteten Instruments, gegliedert in Oberwerk, Hauptwerk, Unterwerk bzw. Brustwerk und flankierenden Pedaltürmen, muß der gleichzeitig entstandenen Domorgel entsprochen haben.

In der Zeit der beiden Bremer Großbauten befanden sich die Arbeits- und Wohnräume der Orgelbauer im Gebäude des *St. Petri-Waisenhauses*. Orgelteile, die für Neubauten in der Bremer Umgebung bestimmt waren (z.B. für *Achim*), sind in diesem Domizil ebenfalls entstanden. Als Dank für das von der Domgemeinde zur Verfügung gestellte Quartier muß wohl die Überlassung einer Kleinorgel für den Andachtsraum des *Waisenhauses* angesehen werden. [40a] Sehr wahrscheinlich gehen Teile des Barockprospektes der jetzigen Chororgel in *St. Ansgarii* auf dieses Schnitgersche Positiv zurück. [40b]

Als ständiger Bevollmächtigter des häufig geschäftlich abwesenden Meisters fungierte, besonders in finanziellen Angelegenheiten, Schnitgers Landsmann TÖNNIS SIEBEN, der hinter dem St. Stephani-Kirchhof wohnte und wahrscheinlich eine Gastwirtschaft betrieb.

Dass sich der viel gefragte Orgelbauer nicht nur geschäftlich mit Bremen verbunden wußte, geht aus der am 27. November 1712 (nicht 1713!) im Bremer Dom erfolgten Trauung mit seiner zweiten Frau hervor. Die entsprechende Eintragung im Copulationsregister des Doms lautet: „*Arp Schnitger aus Hamburg – Anna Elisabeth Kochen des Seel. Gerh. Kochen gewesener Organist in der Grafschaft Oldenburg zu Abbehausen Tochter.*"[41]

An dieser Stelle soll noch hervorgehoben werden, dass Schnitgers Ruhm nicht allein auf der erstaunlich hohen Zahl seiner über 170 registrierten Arbeiten beruht, sondern auch in der Qualität der Instrumente begründet ist. Dazu zählen die in seiner Zeit unübertroffene Ökonomie seiner Registerzusammensetzung (lückenloser Aufbau der Prinzipale in den einzelnen Werken, Besetzung möglichst aller Teilwerke mit Weitchor, Aliquotstimmen und Zungenregistern), hohe Verschmelzungsfähigkeit der Prinzipalpfeifen mit den Rohrwerken und die unterschiedliche Mensurierung und Intonation der Flötenregister. Hinsichtlich der Prospektgestaltung übernahm Schnitger die von der Hamburger Orgelbauerfamilie Scherer entwickelten Strukturen, jedes Werk erhielt ein eigenes Gehäuse, das durch eine sinnvolle Anordnung eine günstige Klangabstrahlung gewährte. Dass auch die von Schnitger beim Orgelbau benutzen Materialien von bester Qualität waren, geht beispielsweise aus dem Angebot des Verdener Orgelbauers PETER TAPPE an die Gemeinde *Ritterhude* hervor. Tappe pries 1840 eine alte Schleiflade der Lunsener Schnitger-Orgel „*wie neu*" an! [42]

40a StA Bremen, 2-T. 6 q. 3a

40b Mitteilung v. G. Erdmann vom 28. 3. 1962

41 Trauregister des Bremer Doms, 1712, Nr. 11.

42 PfA Ritterhude, Rep. 513.1, Vertrag mit P. Tappe vom 12. 5. 1840.

Während in Bremen die Exponate seiner Kunst und die seiner Schüler und Enkelschüler (ERASMUS BIELFELDT) untergegangen sind, haben sich unweit Bremens, in *Ganderkesee, Dedesdorf* und *Grasberg,* Instrumente aus seiner Werkstatt erhalten.

Im Gegensatz zu den regelmäßig vorgenommenen Inspektionen der Stephani-Orgel blieb das Instrument im Dom, vermutlich wegen der angespannten finanziellen Lage, zunächst ohne fachmännische Betreuung. Dass sich der Meister bei seinen häufigen Reisen durch Bremen aber auch um den Zustand des kostbaren Werkes gekümmert hat, beweist ein am 18. 10. 1714 datiertes Schreiben[43] an den Dombaumeister:

„[...] *Nach dehme ich zu Endes bemelter hier angekommen und in den Predigten in der Doms Kirchen gangen und gesehen. das übel verfahren mit der guhten Orgel in selber Kirchen, nemblich, das ein jeder wer nur will hinauflauff, theils nicht als menschen, sondern als Vieh, dadurch die Orgel schüttert, und unmöglich kan in guhten Stande bleiben, zudehm das Werck bey die 18 Jahr gestanden und niemals Renoviret worden, da doch ein Neues werck mehr aufsicht nötig als ein altes, man kan solches bey allen Neuen gebauten abnehmen, wan sie noch so guht erbauet, müßen sie doch Jährlich unterhalten werden. Ich verwundere mich nicht wenig das der Sähl: Organist mit seinen Sohn, das werck so lange haben können in guhten Stande erhalten, und biß hierher conserviren, wan es nun an dehm, das mehrgedachte Orgel, muß generoviret, und gründtlich in allen theilen corrigiret werden, so ist zuvor höchst nötig, daß das viele auflauffen und Trampeln auf den wercke abgeschafft werde, damit es künftig in guthen Stande bleiben könne, solches habe vor nötig erachtet, dem Königlichen Herrn Baumeister anzuzeigen.*"

Die Domverwaltung reagierte auf diesen warnenden Brief des Orgelbaumeisters und gab dem Organisten die Anweisung, die Tür zu der Orgelempore abzuschließen, um so Beschädigungen an der Orgel zu verhindern.

REPARATUREN IM 18. JAHRHUNDERT

Schon 1709 beklagte sich Organist SCHEELE[44], dass die Orgel großen Schaden leide „*wegen der großen dahinter befindlichen Fenster nach dem Markte zu wegen des einfallenden Windes und Regens*", verursacht durch mutwillige Straßenjungen, die die Fenster eingeworfen hatten. Die Witterungseinflüsse, die durch die schadhafte Rosette hinter der Orgel hervorgerufen wurden, sowie das Auftreten gewisser Verschleißerscheinungen in der Mechanik, verlangten in den zwanziger Jahren des 18. Jahrhunderts eine Instandsetzung durch einen Fachmann. Auch meinte der Organist, eine Veränderung und Umstimmung von 4 Stimmen fordern zu müssen. Diesem Verlangen kam der Bremer Orgelbauer GREGORIUS STRUVE nach, der dafür 26 Rthlr. in Rechnung stellte[45].

43 StA Bremen, 2-T. 3. b. 4. a., Nr. 63.

44 StA Stade, Rep. 5a, Fach 313, Nr. 96.

45 StA Bremen, 6, 27, I.

Da die Maßnahmen Struves offenbar nicht ausreichen, die inzwischen eingetretenen Mängel zu beheben, forderte der Etats-Rath von Weißenfels den hannoverschen Orgelbauer CHRISTIAN VATER auf, einen Anschlag zur Reparatur der Bremer Domorgel einzureichen. Vater war ein früherer Mitarbeiter Schnitgers, der unter anderem bei der Reparatur in der Bremer *Liebfrauen-Kirche* mitgewirkt hat. Das jüngst aufgefundene, 1697 begonnene Arbeitsbuch Vaters[46] bezeugt seine gute Kenntnis der Orgelbauszene Bremens. In seinem Schreiben[47] an die Verantwortlichen des Doms heißt es:

„Weilen auff Ordre Ihro Hochwohlgeb. des Herrn Stats-Rath Von Weissenfeld die Orgel in der Königl. Großbritannischen Thums Kirche Zu Bremen besichtiget, so finde
1) daß das inwendige Pfeiffwerck insgesamt von denen windladen muß abgenommen, die Windladen von einander geschroben, vom Staube gereiniget, und wieder in guten Stand gebracht. Da auch in denen Windladen verschiedene Pompeten in Abgang Kommen, woselbst es nöthig, neue gemacht werden,
2) Die Registratur und Abstractur muß auch mit Fleiß durchgesehen, und weil wegen des weitläuffigen regierwercks verschiedenes abgenutzet, so muß solches mit Fleiß corrigiret werden.
3) das Pfeiffwerck muß mit Fleiß vom Staube gereiniget, die Stimmen zur Ansprache gebracht und durchgehends in gute und egale Stimmung wieder gesetzet werden. Wenn ich nun vor mich und meine Leute die Reise Kosten stehen, auch selbst beköstigen, item quatier, feurung und lichte bezahlen, und die Orgel in guten Stand wieder lieffern soll, so wird es Zum wenigsten 100 Thlr. Kosten. wobey ich jedoch aus bedinge, einen freyen Handlanger oder Balgentreter, wie durch wenn etwan an Höltzern Forms zur Posaune 32 fuß etwas fehlen solte, daß solches angeschaffet wird. Hannover d. 7. 7bris 1723 Christian Vater, Orgelbauer"

46 Stadtarchiv Hannover, Akte Vater, Baethmann, Altendorf.
47 StA Bremen 6, 21-IV. b. 5 fol. 73.

Älteste Darstellung, die die Proportionen der Dom-Orgel weitgehend maßstabsgetreu wiedergibt.

Bevor Vater seinen stattlichen Neubau in der ev. Kirche zu *Melle* begann, führte er die Bremer Arbeit aus. Man entschädigte ihn nicht nur mit der angesetzten Summe, sondern überließ ihm kostenlos das Register Vox humana des Oberwerks. Dieses „Geschenk" fand, verständlicherweise, nicht die Billigung der Stader Regierung. (Es ist leider nicht mehr zu klären, ob die Schnitgersche Zungenstimme in der 1724 erbauten Meller Orgel wiederverwendet wurde.)

Der inzwischen in Bremen sesshaft gewordene Orgelbauer ERASMUS BIELFELDT, der sich schon 1729 mit einem Neubau in Bremen-Horn gut eingefuhrt hatte, legte am 19.10.1734 einen Reparaturkostenanschlag vor. Gleichzeitig holte die Domverwaltung weitere Angebote von DIETRICH CHRISTOPH GLOGER, einem früheren Gesellen Bielfeldts, und von REINER CASPARY ein. Auch ein Sohn des Erbauers, JOHANN GEORG SCHNITGER aus Zwolle/NL, gab 1734 einen Voranschlag ab, der unter anderem die Überholung der Bälge, Windladen, Koppeln, Stabilisierung der tiefen Pedalpfeifen und Neuintonation der Posaune 32′ vorsah.[48]

48 StA Bremen, 2- ad T.3.b.4.a, S. 78.

Am 30.9.1735 unterzeichnete die Dombauverwaltung einen Reparatur-Vetrag mit dem Altonaer Orgelbauer REINER CASPARY. In diesem Schreiben wurde festgelegt:

1. Reinigung aller Pfeifen und Neubelederung der Windladen.
2. Leichtere Betätigung der Registerzüge.
3. Egalisierung der Manualtasten.
4. Instandsetzung der *„durch die Dünne des Metals"* schadhaften oder verbeulten Pfeifen, ebenso auch Reparatur der von Salpeter befallenen Register.
5. Verbesserung der Verkoppelung und Anfertigung einer neuen Koppel.
6. Überholung der Wellenbretter und Abstractur (Ersatz des *„verschlißenen Meßingenen Draht."*
7. Neubelederung aller Bälge, um das *„bisherige tremulieren zu verhindern."*
8. Stabilisierung der großen Principal-Pfeifen durch neue Aufhängevorrichtungen.
9. *„Die sogenante Barpfeiffe in eine liebliche Vocem humanam zu verändern."*
10. Einjährige Garantie *„wegen des Leimens an den Ventilen."*

Für diese Instandsetzung versprach der Struktuarius Renner, dem Orgelbauer Caspary 800 Rthlr. auszuhändigen[49].

49 Domarchiv Bremen, Orgelakte.

Die Behebung aller Schäden durch den Altonaer Orgelbauer wird 1736 durch die Organisten HENRICUS GÜNTHER TEGELER (St. Stephani) und HERMANN HARMES (Unser Lieben Frauen) bestätigt. Skeptischer äußerte sich der neu angestellte Domorganist CARSTEN GRAVE zu seiner reparierten Orgel und wies darauf hin, dass durch das Fehlen von Sperrventilen in den beiden untersten

Pedalladen *„das Heulen nicht nachlaßen"* und die schwergängige Tractur *„wegen Größe, Höhe und Länge der Abstracten nicht beseitigt ist."*[50]

Die Dombauverwaltung hielt zusätzlich eine Reparatur, die mit 100 Rthlr. berechnet war, für erforderlich, da auch das „Pfeifenwerk vom Staube, Dampfe (?) und Salpeter verdorben und angegriffen ist." Weitere Schäden zeigten sich später bei den Windladen, Bälgen und Klaviaturen. Mit der Abstellung der nicht einwandfreien Orgelteile wurde 1756 der Glückstädter Orgelbauer MATTHIAS SCHREIBER beauftragt.[51] Zu dem Vorschlag Schreibers, die Orgel in gleichschwebender Temperatur zu stimmen, gab der konservativ eingestellte Grave eine bemerkenswerte Beurteilung[52] ab:

„Eine reine stimmung ist höchstnothwendig, und zwar nach der alten Praetorianischen Temperatur, so wie diese Orgel gestanden; die neue Temperatur ist wohl besser, allein solches kann man dem orgelbauer nicht praetendriren, denn es würde ihm gar zu viel Mühe geben, zudem müßte das Pfeiffwerck abgeschnitten werden, wodurch unsere Orgel ihre Kraft verlieren und wohl gäntzlich verdorben würde. Die neue Temperatur ist wohl in der Music besser, weil aber die Music vor unsere Orgel nur ein nebenwerck ist, und sie hauptsächlich zum Choral bey der Gemeine dienen muß, so ist die Praetoranische Temperatur gut, obgleich ein starker Wolff im gis und dis sich hören läßt, welches er nicht vermögend ist, herauszubringen."

In einem ausführlichen Zustandsbericht des im Bremer Gebiet (*Arbergen, Thedinghausen, Lunsen*) tätigen Orgelbauers JOHANN ANDREAS ZUBERBIER aus dem Jahre 1766 kommt deutlich zum Ausdruck, dass die alte Stimmung nicht mehr zeitgemäß war. *„Die größte Schönheit welche bisher diesem großen Wercke gefehlet, besteht darin, daß selbiges nach der alten Temperatur gestimmet ist, welche Stimmung unterschiedene Modus gantz unbrauchbar macht, und eine gräßliche Harmonie hören laßen."* Zuberbier verspricht, eine solche Stimmung und Temperatur in das Werck zu legen, dass *„man aus allen 24 Dur und Moll Töhnen auf eine angemessene Art Spielen und Modulieren kann."* Zuberbiers Vorschlag kam noch nicht zur Ausführung[53].

Im nächsten Jahrzehnt war ein weiterer Aufschub einer größeren Instandsetzung nicht ratsam. Eine Reihe von Orgelbauern wurden aufgefordert, Vorschläge zur Verbesserung der Domorgel abzugeben. Am dringlichsten schien die Stabilisierung der Posaune 32′ zu sein. Dieser Teilauftrag ging an MARCUS HINRICH PETERSEN. Dessen Schüler, der damals in *Otterstedt* wohnhafte JOHANN FRIEDRICH WENTHIN, der dem Organisten Grave durch eine hervorragend geleistete Arbeit in *Uthlede*[54] aufgefallen war, zählte zu den weiteren Bewerbern. Der zeitweilig in Bremen wohnhafte JOHANN FRIEDRICH GRÄBNER und dessen Schwiegervater JOHANN GEORG STEIN aus Lüneburg änderten die mehrfach monierte mitteltönige Stimmung und brachten die Schnitger-Orgel in

50 StA Bremen, ad T. 3. b. 4. a. folio 96.

51 Fock, AaO, S. 89.

52 Fock, AaO, S. 89.

53 StA Bremen, 6,27, VI, k. 2.

54 StA Stade, Rep. 83, Nr. 753

gleichschwebende Temperatur.⁵⁵ Ob diese beiden Orgelbauer auch die erforderliche Generalreinigung und Ausbesserung der nicht intakten Teile vornahmen, konnte nicht festgestellt werden. Noch vor Ablauf des 18. Jahrhunderts überholte der Stader Orgelbauer GEORG WILHELM WILHELMY mit seinem später in Bremen stationierten Mitarbeiter JOHANN WOLFGANG WITZMANN das Instrument im Dom. Er erhielt dafür ein Entgeld in Höhe von 250 Rthlrn.⁵⁶ Inzwischen hatte sich in Bremen ein Uhrmacher namens JOHANN CHRISTOPH MARTINS etabliert, der im ganzen Stadtgebiet Stimmungen und kleine Reparaturen an den Pfeifenorgeln durchführte. Allerdings wurden die von ihm an der Domorgel erledigten Arbeiten von dem Orgelbauer Wilhelmy kritisiert.

Bis zu seinem Tod 1809 kümmerte sich der Orgelbauer Witzmann um das inzwischen über hundertjährige Instrument. In seinem 1803 vorgelegten Reparaturplan⁵⁷ ist zu lesen: „[…] *seit 14 Jahren kenne ich diese Orgel und seit 5 Jahren habe ich die Aufsicht.*" Im einzelnen hält er die Instandsetzung der 12 Bälge für erforderlich. Er moniert die gesunkenen Pfeifen der Posaune 32′, die „*a Stück 250 Pfund wiegen.*" Er will den ausgespielten Elfenbeinbelag erneuern und die Kehlen der 12 Lingualstimmen neu beledern und diese neu intonieren. Vermutlich beschränkten sich aber Witzmanns Arbeiten auf die Balgreparatur, denn 1808 wiederholte der Orgelbauer in einem Kostenanschlag die notwendige Instandsetzung der Zungenregister.⁵⁸

Bevor die Orgel einschneidend verändert wurde, gab es noch mehrere sehr positive Beurteilungen des Schnitgerschen Großwerkes. So bezeichnete der berühmte Orgelvirtuose ABBÉ VOGLER anlässlich eines 1790 im Bremer Dom gegebenen Orgelkonzerts das Instrument als eines der besten im Lande. Überwiegend zustimmend fällt auch die vom Domkantor CHRISTIAN WILHELM MÜLLER verfasste Beschreibung⁵⁹ der vorhandenen Orgel aus: „[…] *Die Domorgel hat 3 Manuale, kein Rückpositiv, 5000 Pfeifen in 50 Registern, Posaune 32′, eine schöne Rohrflöte, ein treffliches hoboenartiges Gemshorn und ein prächtig ansprechender Prinzipal 16′. Die Vox humana ist nicht wertvoll* [Diese Stimme ging nicht mehr auf Schnitger zurück, sondern war eine Anfertigung des Orgelbauers Caspary]. *Die übrigen Stimmen sind gewöhnlich. Das Werk hat eine donnernde Fülle und Kraft sowie einen durchschneidenden Diskant.*"

---

55 Fock, AaO, S. 89.

56 StA Bremen, 6, 27 I u. 23.

57 StA Bremen, 2-T..3.b.4.a.

58 StA Bremen, 2-T..3.b.4.a.

59 Müller, Christian Wilhelm: Versuch einer Geschichte der musikalischen Kultur in Bremen. In: Hanseatisches Magazin, 1800, Band III, S. 166 – 168.

Der Umbau durch Otto Biesterfeldt

Schon in der zweiten Hälfte des 18. Jahhunderts war im Orgelbau eine allmähliche Abkehr von barocken Bau- und Klangprinzipien zu beobachten. Diese Wandlung ging mit der allgemeinen Musikentwicklung einher. Der 1813 berufene WILHELM FRIEDRICH RIEM, ein Experte im Orgelbausektor, ließ bald den Wunsch erkennen, durch gezielte Maßnahmen im klanglichen Bereich die Wiedergabe frühromantischer Kompositionen zu ermöglichen.[60]

Am 11. April 1826 kam der Bremer Orgelbauer OTTO BIESTERFELDT den Intentionen des Domorganisten nach und schlug in 26 Punkten eine grundlegende Umgestaltung der Barockorgel vor[61]:

„1, *Müßen alle 12 Belge von ihren Lagern herunter genommen und dieselben neu mit Leder versehen neue ausfall Venti[l]e gemacht weil die alten nicht schließen und ein Balg den andern den Wind stiehlt und das Lager muß verlegt werden, weil zu den großen Pfeifen nicht Raum genug da ist*   50 Rth.

2, *Die Wind Carnäle theils neu theils Repariert und belehdert*   10 Rtlr.

3, *3 neue Claviere zum Manual Brust u[n]d Positiv die untern Tasten Weis die obern schwartz*   30 Rtlr.

4, *nebst einen Noten Kasten mit Notenpult von Mahagony Holtz*   14 Rtlr.

5, *ein Pedal Clavier von eichen Holtz*   8 Rtlr.

6, *Die gantze Orgel muß auseinander genommen und vom Staube gereiniget werden die semmtlichen Pfeifen müßen aufs neue Rondiert und die beschädigten in Ordnung gemacht und die fehlenden durch neue ersetzt werden*   35 Rtlr.

7, *Die Windladen welche in allen 8te sind müßen neu abgerichtet und neu belehdert werden und neue Pulpeten oder Windbeutel haben weil das alte Leder mürbe geworden und viele nicht mehr winddichte sind – a stück 7 Rthlr.*   56 Rtlr.

8, *Im Pedal fehlen noch einige Hauptstimmen die zur verstärkung und verschönerung des Tons nothwendig sind als Gros Untersatz 32 fuss Von Ostseischen Holtz (Kiefernholz)*   75 Rtlr.
Violone 16 fuss desgleichen   70 Rtlr.
dto 8 fuss desgleichen   36 Rtlr.
und eine offene Quinta 6 fuss von Metall   40 Rtlr.

9. *hierzu 2 neue Laden von Eichen Holtz*   55 Rtlr.
Conducten von Metall zur Windverführung   15 Rtlr.
und zum Pedal ein neues Regierwerck als Wellen von Eichen Holtz Drahtwerk von Messing   20 Rtlr.

10, *Posaune 32 fuss und dto 16 fuss müßen die Mundstücke neu belehdert und neue Krücken mit schrauben gemacht werden.*   30 Rtlr.

60 Blum, Klaus: Musikfreunde und Musici – Musikleben in Bremen seit der Aufklärung, Tutzing, 1975, S. 75–81.

61 Domarchiv Bremen, Akte B. 2. e. 1, Nr. 2, 11. 4. 1826.

11, Der Dulzian 16 fuss wird mit neue [durchschlagende/
gestrichen] Zungen und neue Krücken mit schrauben
gemacht werden   45 Rtlr.
12, Trompete 8 u. 4 fuss die Mundstücken neu belehdert
neue Krücken mit schrauben   27 Rtlr.
13, Das Manual muß das Gedackt 16 fusz zum Bordun
16 fusz umgearbeitet werden die Große Octave Holtz
das übrige Metall   16 Rtlr.
14, eine Rorquinte 6 fuß muß neu von Metall gemacht
werden   50 Rtlr.
15, (eine neuc Trompete 4 fus/gestrichen)
16, Trompet 16 u dto 8 fuss müssen die Mundstücke neu
belehdert neue Krücken mit schrauben gemacht werden   34 Rtlr.
17, [Im Brustwerk muß noch eine flöthe Dus 4 fuß von
Metall neu gemacht werden   35 Rtlr. /gestrichen]
18, Dulzian 16 fuß muß mit durchschlagenden Zungen
und muß zum Fagott umgearbeitet und Krücken mit
Schrauben gemacht werden   50 Rtlr.
19, dito [Clarinette/ergänzt] 8 fuß müssen die Mundstücke
neu belehdert und neue Krücken mit schrauben
gemacht werden   16 Rtlr.
20, Cornett 3fach von c´ bis hinauf   30 Rtlr.
21, Trichterregal u Voxhumana müßen neue Krücken mit
Schrauben haben und Trichterregal die Mundstücke
neu belehdert werden   30 Rtlr.
22, Die ganze Abstraktur müßen die Eisen und Meßingwinkeln
und Wellenarmen neues Meßing drahtwerk haben weil
das alte durch den vielen gebrauch und die lenge der
Zeit meist abgerieben hat.   35 Rtlr.
23, In das Manual Brust u Positiv fehlt das große Cis Dis
und steht in der Stimmung ½ Ton zu hoch muß also eine
Pfeife von unten raufgerückt werden das es einen ½ Ton
tiefer wird, C wird Cis D wird Dis E wird F und so
weiter nun fehlt C D E die größten in einer jeden stimme
welche der 36 sind macht also 108 Pfeifen
24, Im Pedal fehlt Cis allein und eine raufgerückt sind 2 Pfeifen
durch alle Stimmen welche 10 sind also 20 im allen
– 128 a 5 Rtlr.   640 Rtlr.
25, zu diesen Pfeifen 5 neue Windladen von Eichen Holtz
mit Lager   50 Rtlr.
und das Regierwerk Wellen Winkelhaken Abstrackten
und Drahtwerk und was dazu gehört   10 Rtlr.
26, Das gantze werck neu zu Intonieren und nach der
gleichschwebenden Temperatur zu stimmen   90 Rtlr.
Summa Louisdor   1711 Rtlr.

Auch muß mir während der Zeit das gestimmt wird ein Calcant oder Balgentreter unentgeltlich von der Kirche gehalten werden. ferner ist noch zu bemerken die Materialien die dazu gebraucht werden als Holtz Leder Leim Zin Bley Eisen Messing wird von mir geliefert übrigens verspreche ich alles gut und dauerhaft zu machen

Bremen   *Otto Biesterfeldt*
d. 11. April   *Orgelbauer*
Anno 1826

[Nachsatz] *Außerdem sind noch die Töne der dreigestichenen Octave von cis''' bis f''' hinzugekommen* [fremde Handschrift]

In dem am 29. 5. 1826 unterschriebenen Vertrag wird die Forderung erhoben, die Orgel bis zum 11. Sonntag nach Trinitatis soweit herzustellen, dass damit Gemeindechoräle begleitet werden können. Bei Nichteinhaltung dieses Termins droht ihm eine Geldstrafe von 50 Rthlr.

Zusätzlich hat der Orgelbauer in diesem Fall ein Aeolodikon oder eine Kleinorgel kostenlos zu liefern.

Nach Fertigstellung dieser gravierenden Umbaumaßnahmen, die das ursprüngliche Klangbild der Schnitger-Orgel in hohem Maße

Zeichnung von Otto Biesterfeldt, 1823

II. Manual (C–f³)			*I. Ober-Positiv (C–f³)*			*III. Brust-Positiv (C–f³)*		
1.	Principal	16 fuß	1.	Principal	8 fuß	1.	Prinzipal	8 fuß
2.	Bourdon	16 fuß	2.	Gedackt	8 fuß	2.	Quintatön	16 fuß
3.	Octave	8 fuß	3.	Quintatön	8 fuß	3.	Gedact	8 fuß
4.	Spitzflöte	8 fuß	4.	Holzflöte	8 fuß	4.	Octav	4 fuß
5.	Quinte	6 fuß	5.	Spitzflöte	4 fuß	5.	Nassat	3 fuß
6.	Octave	4 fuß	6.	Octave	4 fuß	6.	Octav	2 fuß
7.	Rohrflöte	4 fuß	7.	Waldflöte	2 fuß	7.	Gemshorn	2 fuß
8.	Superoctave	2 fuß	8.	Quinte	1 ½ fuß	8.	Sexquialter 3fach	
9.	Mixtur 5fach		9.	Tertian		9.	Mixtur 5fach	
10.	Rauschpfeife		10.	Cornet 3fach		10.	Cimbel	
11.	Trompet	16 fuß	11.	Oboe	8 fuß	11.	Fagott	16 fuß
12.	Trompet	8 fuß	12.	Trichterregal	8 fuß	12.	Clarinet	8 fuß

IV. Pedal (C–d¹)						
1.	Principal	16 fuß	9.	Posaune	32 fuß	
2.	Subbaß	16 fuß	10.	Posaune	16 fuß	
3.	Octav	8 fuß	11.	Fagott	16 fuß	
4.	Violencell	8 fuß	12.	Trompete	8 fuß	
5.	Quinte	6 fuß	13.	Trompet	4 fuß	
6.	Bauerflöte	4 fuß	14.	Untersatz	32 fuß	
7.	Octave	4 fuß	15.	Violon	16 fuß	
8.	Rauschpfeife					

Bei den unterstrichenen Registern handelt es sich um Pfeifenreihen, die entweder von Biesterfeldt gänzlich neu gebaut oder umgearbeitet worden sind.

„Hierbey sind an Nebenregistern, 4 Ventile 3 Koppelzüge, 1 Calcanten Glocke und 1 Windverlaßer."
(und 2 Tremmulanten)

62 Domarchiv Bremen, Akte B. 2. e. 1, Nr. 2, 1. 9. 1828.

verwischten, beauftragte die Dombauverwaltung den Bassumer Stiftsorganisten A. H. PETRI mit der Prüfung und Abnahme.[62] Sein Übergabe-Protokoll beschreibt ausführlich sämtliche von Biesterfeldt vorgenommenen Änderungen.

Zunächst führt er noch einmal die Schnitgersche, inzwischen leicht veränderte Disposition an. Danach folgt das neu geschaffene Klangbild:

Der Orgelrevisor bestätigt weiter den Einbau von 3 neuen Manualen, die Anbringung von Stimmschrauben bei sämtlichen Lingualstimmen und die Lieferung von 2 neuen Pedal-Windladen. In einer Mängelliste notiert Petri eine Reihe von „*Unstimmigkeiten*", die beweisen, dass der Bassumer Stiftsorganist die Neuintonation des klingenden Materials sorgfältig geprüft hat. Der Orgelbauer versprach, die Beanstandungen unter der Aufsicht von Herrn Riem in wenigen Tagen abzustellen. Der Verfasser des Testats bemerkt über die Erniedrigung der Tonhöhe: „*Die vorige Orgel war von Arp Schnitker in Chorton gesetzt; da aber das Accompagnement einer Orgel im Chorton viele Schwierigkeiten zu Vereinigung mit mehreren blasenden Instrumenten zu Kirchen-Musiken macht, so ist die jetzige reparirte Orgel von Biesterfeld in Kammer-Ton gestimmt; nämlich dadurch, daß die C-Pfeiffen auf den Platz des D, Cis auf Dis und so alle Pfeiffen der 3 Handklaviere und des Pedals auf allen 8 Windladen um 2 Löcher hinaufgerückt, um für die neuen hinzugekommenen Pfeiffen des großen C und Cis in allen Registern Platz zu erhalten. Die alte Orgel reichte aber nur bis c'''. Die jetzige ist von Biesterfeld in allen 36 Registern bis f''' contractmäßig verbessert und vermehrt.*"

Ferner hebt Petri die vorgenommene *„Verstärkung und Verbesserung"* des Pedals durch den Einbau von 4 ganz neuen Registern hervor und kommt zu dem Fazit: *„Der Orgelbauer Biesterfeld hat also durch die jetzige Verbeßerung der Doms-Orgel bewiesen, daß er so wohl mit Aufrichtigkeit als auch Geschicklichkeit den Orgelbau verstehet."*
Bei aller Würdigung der geleisteten Arbeit kam Petri jedoch nicht umhin, auf gewisse, durch die aufwendige Reparatur nicht behobene Mängel hinzuweisen. Die Ansprache der Pedalpfeifen in der großen Octave war schon früher als zu schwach bezeichnet worden. Durch die Vermehrung der Pedalregister (Untersatz 32′, Violon 16′ usw.) war der Windbedarf erheblich gestiegen, trotzdem hatte der Orgelbauer eine Anpassung an den erhöhten Windverbrauch unterlassen.
Dieser Übelstand und der Wunsch des Organisten, Musik der klassischen oder frühromantischen Epoche darzustellen, führten 1849 zum endgültigen Abriß des vielgerühmten Werkes aus der Hochblüte des norddeutschen Orgelbaus. In diesem Jahr wurde die schon stark veränderte Schnitger-Orgel durch einen Neubau der Thüringer Firma Johann Friedrich Schulze ersetzt. Die Domverwaltung erhielt für die Überlassung der alten Orgelteile die bescheidene Summe von 300 Rthlr. In den Akten konnte allerdings nicht festgestellt werden, ob das Metall der alten Schnitger-Orgel, wie im Falle der Verdener Domorgel, zum Einschmelzen nach Paulinzella geschickt wurde.

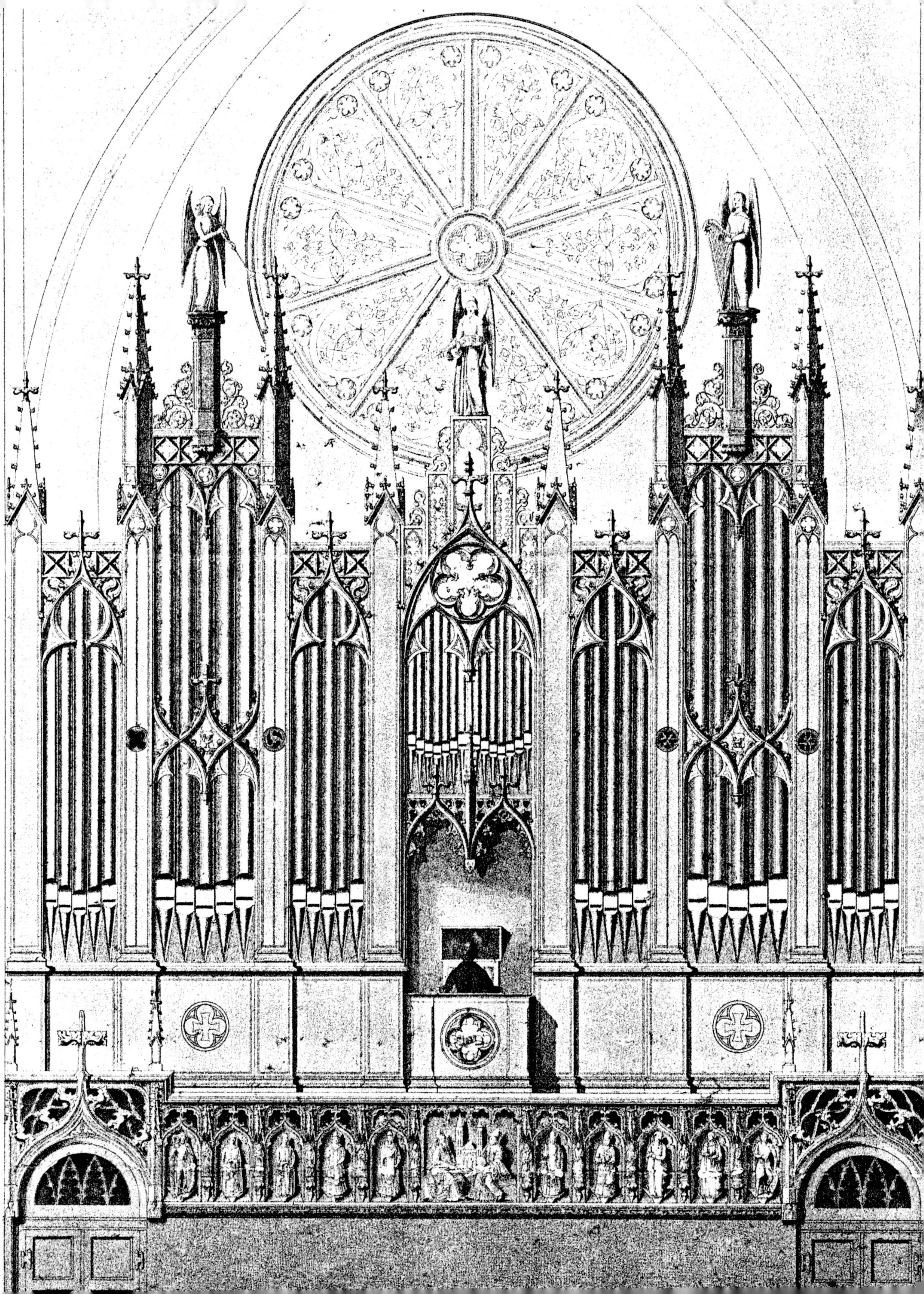

Wolfram Hackel
Die Schulze-Orgel im St. Petri Dom zu Bremen

Die Anfänge des Orgelneubaus 1849/50

Durch den Umbau der Orgel Arp Schnitgers durch Otto Biesterfeldt in den Jahren 1827 und 1828 verminderte sich die Leistungsfähigkeit der Windversorgung erheblich: Bälge und Kanäle wurden nach der Erweiterung des Pedals nicht neu dimensioniert, vielmehr musste das zuvor ohnehin schwache Windsystem nun zusätzlich vier „Windfresser" im Pedal sowie einige umgebaute Stimmen in den Manualen versorgen.[1]

In der ersten Hälfte des 19. Jahrhunderts gab es nur wenige Orgelbauer in Deutschland, die einer romantisch ausgerichteten Umgestaltung historischer Orgeln oder dem Neubau großer romantischer Instrumente gewachsen waren. Neben dem progressiven Eberhard Friedrich Walcker aus Ludwigsburg und dem eher konservativen Carl August Buchholz aus Berlin muss vor allem Johann Friedrich Schulze aus Paulinzella genannt werden. Eine grundtönig gestaltete Klangvorstellung mit 16′- und zahlreichen 8′-Registern in den Manualen sowie entsprechend vielen 32′- und 16′-Stimmen im Pedal erfordert eine völlig neu geplante Windversorgung: Die alten Keilbälge stellten die Orgelbauer vor Probleme, die durch Ausbessern, Umbauen und Erweitern nicht zu lösen waren. Der Orgelbau verdankt Johann Friedrich Schulze ein völlig neues Konzept für einen bewusst grundtönig orientierten Klangcharakter: Magazin- und Ausgleichsbälge versorgen über geräumige Kanäle hinreichend weit bemessene Windladen. Dieser neue Orgeltyp und Schulzes Zusammenarbeit mit dem Theoretiker Johann Gottlob Töpfer in Weimar hatte eine überdurchschnittliche Aufwärtsentwicklung der Thüringer Werkstatt zur Folge.

Die Suche nach einem geeigneten Orgelbauer, der einen Neubau ohne die Mängel einer umgebauten Barockorgel liefern könnte, machte man sich in Bremen nicht leicht. 1847 unternahmen Pastor Heinrich Ludwig Gustav Nieter[2] zusammen mit C. Schabbehard eine Orgelreise, über die ein Bericht erhalten ist.[3]

Nieter und Schabbehard besuchten Orgeln in *Hamburg, Wismar, Berlin, Halle, Leipzig, Dresden, Halberstadt* und *Braunschweig*, um den aktuellen Stand der Orgelbaukunst näher kennenzulernen. Im Vordergrund des Interesses standen zweifelsohne mehrere Instrumente von Johann Friedrich Schulze, der wohl für einen Neubau in Bremen in die engere Wahl gezogen werden sollte, zumal Pastor Nieter aus Halberstadt kam und damit J. F. Schulze und die dort von ihm gebaute Domorgel (1838) kannte.

Der Reisebericht lässt deutlich erkennen, dass der Klang der Orgeln des 18. Jahrhunderts nicht mehr überzeugte. Die Orgeln Schulzes fanden den ungeteilten Beifall der beiden Reisenden.

1 StA Bremen, 2-T.3.b.7.c.2.b, Jg. 1827, S. 26; Domarchiv Bremen, B.2.e.I, Nr. 2.

2. In der Bremischen Biographie des 19. Jahrhunderts ist auf S. 357 über Nieter zu lesen: „Nieter, Heinrich Ludwig Gustav, geb. den 5. Juni 1806 wurde von Halberstadt kommend, am 11. Januar 1846 als Bremischer Domprediger eingeführt. Durch mächtige, geistvolle Reden, durch seine sympathische und energische Persönlichkeit hat er nachhaltig Gewicht in seiner Gemeinde [...]
Er starb am 9. Mai 1868 [...] N. hat noch in der Zeit der patriotischen und kirchlichen Reaktion einem neuen kirchl. Liberalismus in Bremen die Wege bahnen helfen."

3 StA Hannover-Pattensen, Rep. 113, L.3649; Hackel, Wolfram; Topp, Winfried: Ein Orgelreisebericht aus dem Jahre 1847, Ars Organi, 1993, 41. Jg., Heft 4, S. 201–210; siehe Anhang zu diesem Artikel.

Die neue Orgel von Johann Friedrich Schulze, 1849. Lithographie um 1850.

Dagegen blieben die Orgeln von Johann Gottfried Hildebrandt in *Hamburg, St. Michaelis*, ebenso wie die *Dresdner* Orgeln ohne Eindruck. Damit wurde die Entscheidung vorbereitet, den Orgelneubau an Johann Friedrich Schulze, Paulinzella, zu vergeben.

Johann Friedrich Schulze – Leben und Bedeutung

Johann Friedrich Schulze (27. 1. 1793–9. 1. 1858) wurde in Milbitz als Sohn des Orgelbauers Andreas Schulze (23. 9. 1753–22. 4. 1806) geboren. Großvater und Urgroßvater sind ebenfalls als Orgelbauer nachweisbar. Früh Waise geworden, erlernte er den Orgelbau bei Johann Benjamin Witzmann (29. 1. 1782–7. 2. 1814) in Stadtilm. Nach dessen frühem Tod vollendet er die gemeinsam begonnene Orgel in *Traßdorf* und macht sich mit 23 Jahren vermutlich in der väterlichen Werkstatt in Milbitz selbständig. Schon im Kirchbucheintrag zu seiner Eheschließung 1820 wird er als berühmter Orgelbauer bezeichnet.[4]

Um 1825 verlegte Schulze seine Werkstatt nach *Paulinzella*. Ein weites Betätigungsfeld fand er in und um *Mühlhausen*. Der dortige Musikdirektor B. Fr. Beutler berichtet in seinem Tagebuch 1822 von einem Gespräch mit J. F. Schulze über die Ideen von Abbé Vogler. Schulze entwickelte eine Reihe eigener Ideen und setzte diese um. Damit steht Schulze als einer der bedeutendsten Orgelbauer des 19. Jahrhunderts am Beginn einer neuen Entwicklung des Orgelbaus, den er maßgeblich beeinflusste.

Schulze führte zahlreiche Neuerungen ein, so dass er in der Mitte des 19. Jahrhunderts neben Walcker in der Fachwelt als der produktivste und zugleich progressivste Orgelbauer Deutschlands angesehen wurde. Zu den Besonderheiten seiner Bauweise zählten:
– stumme Prospekte mit Zinkpfeifen, teilweise nur mit Schnitzwerk in der Front und ohne Pfeifen (mit Stoff hinterspannt),
– eine vom Prospekt unabhängige Aufstellung der Register,
– grundtönig orientierte Dispositionen mit zuweilen Bordun 32´ ab g⁰ in einem Manualwerk,
– Bau von durchschlagenden Zungenstimmen, u.a. Posaune 32´ im Pedal,
– Verwendung von Holz für den Pfeifenbau bis 4´-Länge,
– Intonation auf offenem Pfeifenfuß,
– Strahlenmechaniken ohne Wellenbretter,
– Anordnung der Registerzüge quer zur Spielmechanik,
– eine konkave Anordnung der parallel liegenden Pedaltasten,
– die Verwendung von Magazin- und Ausgleichsbälgen mit dem Ziel einer guten und stabilen Windversorgung.

Wesentlich für die Popularität Schulzes ist aber auch der Auftrag für den 1825 durchgeführten Umbau der Trampeli-Orgel in der Stadtkirche *Weimar* und das Zusammentreffen mit Johann Gottlob Töpfer. Mit Sicherheit haben sich der Praktiker Schulze und

4 PfA Milbitz, Singen, Stadtilm, Kirchenbücher.

der Theoretiker Töpfer gegenseitig beeinflusst: später ist vielfach in der Literatur von der Schulze-Töpfer'schen Bauweise die Rede. Die in der Tradition Gottfried Silbermanns 1812–1815 von Friedrich Wilhelm Trampeli vollendete Orgel soll vor allem Windprobleme gehabt haben. Vermutlich war aber der Wandel im Klangempfinden für den Umbau entscheidend. Berühmte Organisten waren zudem Gäste von J. G. Töpfer und lernten damit das Werk Schulzes kennen.

So erhielt Schulze eine ganze Reihe auch großer Aufträge. Für die Zeit des Umbaus der Orgel im *Dom* zu *Halberstadt* stellte er eine Interimsorgel mit 15 Registern auf, die erstaunlicherweise den großen Raum füllte und anschließend nach *Stettin, Schlosskirche*, verkauft wurde.[5] Diese Orgel lernte Carl Löwe schätzen. In der Folge erhielt Schulze eine größere Zahl von Neubauaufträgen für Pommern.

Der Neubau der Domorgel in Bremen

Auf Grund des Berichtes von Nieter und Schabbehard nimmt es nicht Wunder, dass man sich in Bremen für J. F. Schulze entschied, der am 6.8.1847 den Neubauauftrag für den Dom erhielt. Wie auch an anderen Orten stellte Schulze eine Interimsorgel zur Verfügung.[6] Dieses 1849 gelieferte Instrument hatte 20 Register auf zwei Manualen und Pedal:

Hauptmanual	C–f³	
Bordun	32′	ab g⁰
Bordun	16′	
Prinzipal	8′	
Hohlflöte	8′	
Lieblich Gedackt	8′	
Gambe	8′	
Octave	4′	
Quinte	3′	
Mixtur 5fach		
Obermanual	C–f³	
Geigen Prinzipal	8′	
Salicional	8′	
Flöte	8′	
Liebl. Gedackt	8′	
Liebl. Gedackt	16′	
Geigen Prinzipal	4′	
Flöte	4′	
Pedal	C–d¹	
Subbaß	16′	
Violon	8′	
Gedackt Baß	8′	
Posaune	16′	

Manualkoppel, Pedalkoppel, konkaves Pedal.

---

5 Urania, Jg. 22, 1865, S. 61–62: Zwei Orgelwerke von J. Fr. Schulze in Paulinzelle. S. auch in Baake, Fußnote 31.

6 StA Bremen, T.3.b.t.c.2.c (Rechnungsbuch 1847). Pape, Uwe; Topp, Winfried: Orgeln und Orgelbauer in Bremen, Berlin 1998, S. 133.

Nach der Abnahme der großen Orgel wurde das Instrument nach *Geestendorf* (*Bremerhaven-Geestemünde*) verkauft (siehe auch den folgenden Abschnitt).

Der Kontrakt für die große Orgel sah die Übernahme von 12 Registern der alten Orgel vor. Schulze verwendete aber umgearbeitet nur 3 Register. Auch weicht die vereinbarte Disposition etwas von der letztendlich ausgeführten ab. Organist THEODOR FRIESE, Wismar, geht in seinem Prüfungsbericht auf die während der Baus geänderten Ausführungen teilweise ein. Er begründete diese Änderungen, ebenso eine z. T. geänderte Materialwahl einzelner Register. Man hat den Eindruck, dass sich Schulze mit seinen Ansichten durchzusetzen wusste.

Die neue Orgel hatte nach Fertigstellung folgende Disposition:

Hauptwerk	C–f³	
Principal	16′	ab c⁰, c⁰–h⁰ Holz, Rest Zinn
Bordun	32′	ab g⁰, Holz
Bordun	16′	Tannenholz
Principal	8′	C–H Holz, Rest Zinn
Gambe	8′	C–H aus Prinicpal 8′, Rest Zinn
Gedact	8′	C–H aus Hohlflöte, Holz, eine Oktave Zinn
Hohlflöte	8′	Holz
Quinte	6′	Holz, zwei Oktaven Zinn
Octave	4′	Zinn
Flöte	4′	Holz
Quinte	3′ +	Octave 2′, Zinn
Cornett 3fach		ab c⁰ Zinn
Mixtur 5fach	2′	Zinn
Cymbel 3fach	2′	Zinn
Trompete	16′	durchschlagende Zungen
Trompete	8′	durchschlagende Zungen
Brustwerk	C–f³	
Principal	8′	C–H Holz, Rest Zinn
Bordun	32′	ab g⁰, Holz
Bordun	16′	Holz
Salicional	8′	C–H Holz, Rest Zinn
Flöte	8′	Holz
Gedact	8′	C–H aus Flöte, Holz, eine Oktave Zinn
Octave	4′	Zinn
Spitzflöte	4′	Zinn
Quinte	3′ +	Octave 2′, Zinn
Mixtur 5fach		Zinn
Scharf 3fach	2′	Zinn
Physharmonika	8′	durchschlagend
Oberwerk	C–f³	(Schwellwerk)
Geigenprincipal	8′	C–H Holz, Rest Zinn
Lieblich Gedact	16′	Holz
Terpodion	8′	C–H Holz, Rest Zinn, enge scharfe Gambe
Harmonica	8′	Holz
Lieblich Gedact	8′	Holz, eine Oktave Zinn
Flauto traverso	8′	Holz, rund, gebohrt

Theodor Friese, Organist an St. Marien.

Flageoletto	8′	Buxbaum, gebohrt
Geigenprinzipal	4′	Zinn
Flauto traverso	4′	Holz, gebohrt
Zartflöte	4′	Zinn
Quinte	3′	+ Octave 2′, Zinn
Scharf 3fach	2′	Zinn
Aeoline	8′	durchschlagend
Pedal	C–d¹	
Principal	32′	Holz
Quintenbass	24′	Holz, gedeckt
Majorbass	16′	Holz, aus dem Untersatz 32′ der alten Orgel
Principalbass	16′	Holz
Violon	16′	Holz
Subbass	16′	Holz
Quinte	12′	Holz, gedeckt
Flötenbass	8′	Holz, aus dem alten Violon 8′
Octavbass	8′	Holz
Gedactbass	8′	Holz
Violoncello	8′	Holz
Octave	4′	Zinn
Mixtur 5fach		Zinn
Posaune	32′	durchschlagend
Posaune	16′	durchschlagend
Riem	16′	Zungen aus Holz
Trompete	8′	durchschlagend

Koppel: BW-HW, OW-HW, HW-Pedal, BW-Pedal, Sperrventile, Calkantenklingel, Schwelltritt für das Oberwerk.[7]

Die von THEODOR FRIESE veröffentlichte Disposition hat, wie der Abnahmebericht und auch die von HEINRICH ENCKHAUSEN aufgezeichnete Beschreibung erkennen lassen, 59 (16+12+14+17) Register.[8] Wangemann zitiert auf S. 473 eine Disposition mit 60 (17+13+13+17) Registern.[9] Die Disposition bei Liesche umfasst 61 (17+13+14+17) Stimmen.[10] Abgesehen von abweichenden Registernamen ergeben sich die Differenzen durch die Zusammenfassung von Quinte 3′ + Octave 2′ in den verschiedenen Manualwerken zu einem Register. Die Disposition im Abnahmegutachten von FRIESE und die von JOHANN CHRISTIAN KÜCK, Stade, anschließend aufgelisteten Abweichungen vom Vertrag geben die ausgeführte Disposition zuverlässig wieder.[11] Die stets unterschiedliche Schreibweise der Registernamen wurde allerdings den bei Schulze üblichen Gepflogenheiten angepasst.

Im Bremer Domarchiv sind zwei Prospektzeichnungen erhalten, eine von Schulze und eine vermutlich vom Dombaumeister WETZEL aus Bremen. Der Entwurf von Schulze ist an den seitlich abgehenden Registerzügen und der geschweiften Pedalklaviatur erkennbar, der Riss von Wetzel an den Klaviaturen ohne Obertasten und an dem Spieltisch ohne Registerzüge. Beide Entwürfe wurden nicht ausgeführt. Es muss Verhandlungen über die endgültige Form gegeben haben, denn am 17.1.1848 wurde eine Vereinbarung

[7] Neue Zeitschrift für Musik, Jg. 31, 1849, S. 153–155, 165–166.

[8] Friese, Theodor, Neue Zeitschrift für Musik, 31 (1849), S. 153–155, 165–166; Enckhausen, Friedrich: Aus einer Dispositionssammlung um 1850. In: Furtwängler, Wilhelm: Mitteilungen der Zungenstimmenfabrik Giesecke & Sohn, Göttingen, Göttingen 1946, S. 21–37, hier S. 35.

[9] Wangemann, Otto Geschichte der Orgel und der Orgelbaukunst von den ersten Anfängen bis zur Gegenwart. Demmin 1880, S. 473; Hopkins, E. J.; Rimbault, Edward: The organ, its history and construction. London 1855, S. 378–379;.

[10] Liesche, Richard: Zur Geschichte der großen Domorgel [in Bremen]. In: Liesche, Richard (Hrsg.): Die Orgeln im Bremer Dom. Bremen 1939, S. 17–27, hier S. 20–23.

[11] Domarchiv Bremen, B.2.e.1, Nr. 3, Schriftstück ohne Datum.

Prospektentwurf von Johann Friedrich Schulze, 1847.

12 Domarchiv Bremen, Orgelakte.

H. Jimmerthal.
Organist der St. Marien Kirche

unterschrieben, in der Schulze die Anfertigung des Prospektes mit Prospektpfeifen übertragen wurde. Am 10. 3. 1849 erhielt G. STEINHÄUSER den Auftrag zur Anfertigung von „drei eichene[n] Figuren auf dem Prospect der Orgel."

Am 6. 5. 1849 wurde die fertige Orgel durch THEODOR FRIESE, Wismar, abgenommen.[12] Für J. F. Schulze war es die bis dahin größte Orgel und damit ein Prestigeobjekt. Man schien aber im Laufe der Zeit mit der Ausführung der Traktur und der Zungenstimmen nicht voll zufrieden gewesen zu sein, denn am 9. 9. 1854 unterbreitete Schulze einen Umbau-Vorschlag, der den Einbau einer pneumatischen Maschine und den Umbau von 4 Zungenstimmen vorsah. Nach Fertigstellung der großen Orgel in der Lübecker St. Marien-Kirche (IV+P/80) holte man beim Lübecker Organisten HERMANN JIMMERTHAL Rat, der die Vorschläge Schulzes bestätigte. Das Instrument soll nach seinem Zeugnis „fast erdrückend" gewesen sein. Am 24. 11. 1854 erweiterte Schulze seinen Umbau-Plan. Zusätzlich sollten auch die Pedalzungen geändert und der Schwelltritt für das 3. Manual mit einer pneumatischen Einrichtung ergänzt werden.

Prospektentwurf von Dombaumeister Wetzel, um 1847.

1855 wurde der Umbau ausgeführt. Trompete 8′ erhielt aufschlagende Zungen, andere wiederum weniger Wind, wodurch das häufige Brechen der Zungen verhindert werden sollte. Gleichzeitig wurde zur Erleichterung des Spiels eine Barkermaschine eingebaut und die Schwelleinrichtung verändert. 1871 führte die Werkstatt Schulze eine gründliche Reinigung durch und fügte neue Stimmen ein. Genaueres ist nicht bekannt.

Die Pflege des Instrumentes lag bis 1870 in den Händen des Bremer Orgelbauers Johann Dietrich Focke, Stiefsohn von Otto Biesterfeldt und seit 1843 dessen Nachfolger. Nach Fockes Tod lag die Betreuung in den Händen von J. H. Rohdenburg, Lilienthal, J. V. Osburg, Syke, N. H. J. Götzel, Bremen, und schließlich bei der Firma P. Furtwängler & Hammer in Hannover.

Wenige Jahre nach dem Neubau durch Schulze begann der seit 1638 in Trümmern liegende Südturm, zu einem öffentlichen Ärgernis zu werden. Der Bremer Kaufmann Franz Ernst Schütte, Bauherr am Dom, ergriff die Initiative, den Dom restaurieren zu lassen, und rief 1887 das „Comité zur Beschaffung der nöthigen Gelder für den Bau der Domthürme" ins Leben. In weniger als einem

Ansicht der neuen Orgel in der St. Petri Domkirche,
gebaut durch Friedr. Schulze, in Paulinzelle
vollendet im Jahre 1849.

Jahr wurde ein Spendenbetrag in Höhe von 1,5 Millionen Mark erreicht, so dass ein Bauprogramm entwickelt und eine Ausschreibung vorgenommen werden konnte. Den ersten Preis erhielt der königliche Bauinspektor Max Salzmann aus Breslau. Sein Entwurf wurde wegen der überzeugend einfachen und wuchtigen Fassade auch ausgeführt.

Der Umbau des Westwerks des Domes – 1893 war die Turmfassade vollendet – war sicher der Hauptgrund für die Entscheidung, die Orgel abzutragen. Auch war inzwischen die Entwicklung pneumatischer Systeme so weit fortgeschritten, dass diese im deutschen Orgelbau fast ausschließlich statt der oft schwergängigen mechanischen Spieltrakturen angewendet wurden.

1894 wurde deshalb von Wilhelm Sauer, Frankfurt/Oder, eine neue Orgel mit Kegelladen und pneumatischer Traktur gebaut. Das Gehäuse und Principal 32′ im Pedal blieben erhalten.

Weitere Orgeln der Werkstatt Schulze in Bremen und Umgebung

Der Neubau der Domorgel zog in Bremen und um Bremen weitere Neubauten nach sich. Die Verbindung zur Werkstatt Schulze blieb auch nach dem Tod von Johann Friedrich Schulze 1858 bestehen. Seine Söhne Edmund (1824 – 1878), Eduard (1825 – 1878) und Oskar (1830 – 1880) führten die Werkstatt als J. F. Schulze Söhne fort.[13]

Die Interimsorgel aus dem Dom zu Bremen übernahm noch 1849 die *Mariengemeinde* in *Geestendorf.* Geestendorf war ein Teil von *Geestemünde*, und dieses ist heute Teil von *Bremerhaven*. Die Orgel wurde für 1500 Rthl. angekauft.[14]

13 Hackel, Wolfram: Die Orgelbauerfamilie Schulze – ein Werkverzeichnis, in: Thüringer Orgeljournal, Heft 1, S. 63, Arnstadt 1993.

14 Stadtarchiv Bremerhaven, Sign. 360/10/4 – Gutachten des Bremer Domorganisten Wilhelm Friedrich Riem vom 4. Januar 1849, der das Werk empfiehlt, obwohl der Orgelbauer Peter Tappe schon einen Auftrag erhalten hatte. Pape-Topp, a.a.O, S. 133.

Die neue Orgel von Johann Friedrich Schulze, 1949. Lithographie um 1850.

*Verden, Dom, Orgelprospekt
von J. F. Schulze*

15 Hopkins-Rimbault, S. 377f.; Fock, Gustav: Arp Schnitger und seine Schule, Kassel 1974, S. 91

16 Archiv Emil Hammer, Akte 827, 7.7.1908, 12.3.1915; Fock, a.a.O., S. 91.

17 Topp, Winfried: Der Orgelbau im Landkreis Verden, in: Heimatkalender für den Landkreis Verden, 1993, S. 181 ff.

18 StA Stade, Rep. 174 Osterholz, Fach 295, Nr. 4; frdl. Mitt. von Herrn Albrecht Ubbelohde, Bülkau.

19 PfA Wersabe, Orgelakte; Frdl. Mitt. von Herrn Albrecht Ubbelohde, Bülkau.

20 PfA Verden, St. Johannis, Rep 513,1

1850 erhielt der *Dom* in *Verden* einen Neubau (II+P/35) durch J. F. Schulze.[15] Diese Orgel wurde 1916 durch einen Neubau (III+P/51+3 Tr.) von P. Furtwängler & Hammer, Hannover, ersetzt. Das neugotische Gehäuse von J. F. Schulze blieb mit den originalen Prospektpfeifen aus Zink erhalten.[16]

Auch in *Verden* lieferte J. F. Schulze eine Interimsorgel (I+P/10) bis zur Fertigstellung, die anschließend 1849 nach *Dörverden* bei Verden in die ev.-luth. Kirche versetzt wurde. Die Orgel wurde 1968 durch einen Neubau (II+P/16) von Hans Wolf, Verden, ersetzt.[17]

Ein weiteres Instrument erstellte Schulze 1850 für die ev. St. Cosmae-Kirche in *Hambergen* (II+P/11).[18] Nach einem Neubau 1925 (II+P/14) durch die Firma P. Furtwängler & Hammer, Hannover, im Gehäuse von 1850 wurde bei einem erneuten Orgelneubau (II+P/13) 1979 durch Gebr. Hillebrand, Altwarmbüchen, das Schulze-Gehäuse etwas verändert beibehalten.

Die 1856 für die ev.-luth. Kirche in *Wersabe* bei Bremerhaven gelieferte Orgel (I+P/7) ist als einzige Schulze-Orgel im Bremer Raum erhalten.[19]

1860 legte die jetzt von den Söhnen geführte Firma, einen Kostenanschlag für die ev.-luth. Kirche *St. Johannis* in *Verden* vor. Das Angebot mit drei Vorschlägen (II+P/12-15-26) wurde nicht ausgeführt. Der Auftrag ging am 16.9.1862 an Philipp Furtwängler, Elze (Neubau 1863).[20]

1862 erhielt die ev.-luth. Kirche in *Oyten* einen Orgelneubau (II+P/14). Das Instrument wurde 1967 durch einen Neubau (II+P/21) von E. KEMPER & SOHN, Lübeck, ersetzt.[21]

Auch in *Bremen* selbst bauten die Söhne von J. F. Schulze drei Orgeln: [21a]

- 1869–1871 in der ev. *St. Remberti-Kirche* in der *Östlichen Vorstadt*. Über dieses Instrument, das 1930 durch einen Neubau der Orgelbau-Anstalt W. SAUER, Frankfurt/Oder, ersetzt wurde, sind keine Einzelheiten bekannt.
- 1871 in der ev. *Friedenskirche*, ebenfalls in der *Östlichen Vorstadt*, mit II+P/18, 1930 ersetzt durch eine Neubau der Firma G. F. STEINMEYER & Co. Der Preis betrug 2500 Thlr.
- 1873–1874 in der ev. *Liebfrauenkirche*, ein Neubau mit 40 Registern auf drei Manualen und Pedal. Fünf der Pedalregister waren Fortsetzungen der übrigen vier Stimmen.

Die Orgel in Wersabe

21 PfA Oyten, Rep 513,1, Vertrag vom 4. 3. 1861, Orgelfragebogen von 1926.

21a Frdl. Mitteilung von Herrn Winfried Topp, Langwedel.

Hauptwerk	C–f³
Principal	16′
Bordun	16′
Major Principal	8′
Minor Principal	8′
Hohlflöte	8′
Gedact	8′
Octav	4′
Flöte	4′
Quinte	2 ²/₃′
Octave	2′
Mixtur 5fach	
Tuba	16′
Trompete	8′
Clarine	4′

Oberwerk	C–f³
Liebl. Gedact	16′
Geig. Principal	8′
Viola d'Gamba	8′
Flûte harmonique	8′
Dulciana	8′
Fugara	4′
Flûte harmonique	4′
Mixtur 2-4fach	
Oboe	8′

Unterwerk	C–f³
Tibia major	16′
Gemshorn	8′
Salicional	8′
Liebl. Gedact	8′
Dolce	8′
Viola	4′
Gedactflöte	4′
Flautino	2′

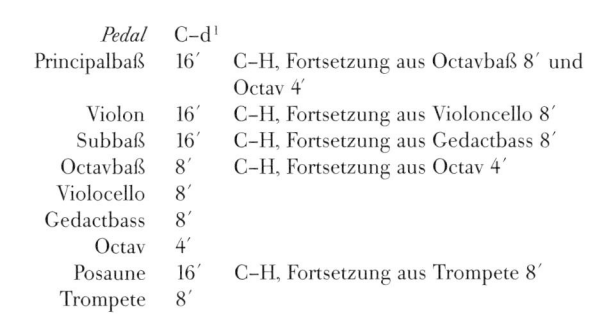

Pedal	C–d¹	
Principalbaß	16′	C–H, Fortsetzung aus Octavbaß 8′ und Octav 4′
Violon	16′	C–H, Fortsetzung aus Violoncello 8′
Subbaß	16′	C–H, Fortsetzung aus Gedactbass 8′
Octavbaß	8′	C–H, Fortsetzung aus Octav 4′
Violocello	8′	
Gedactbass	8′	
Octav	4′	
Posaune	16′	C–H, Fortsetzung aus Trompete 8′
Trompete	8′	

Coppel Oberwerk-Hauptwerk, Coppel Unterwerk-Hauptwerk, Pedal-Coppel, pneumatische Maschine.

*Bremen, Liebfrauenkirche,
Orgel von J. F. Schulze Söhne*

24 Pape-Topp, a.a.O, S. 197–204; Pape, Uwe: Die Orgeln der Liebfrauenkirche zu Bremen, in: Acta Organologica, Band 3, 1969, S. 88–99, hier S. 95–96; Fock, a.a.O., S. 94.

25 StA Bremen, 2-T.4.c.5; Archiv E. Hammer, Arnum, Akte 163.

Die Orgel erhielt 1896 durch P. Furtwängler & Hammer, Hannover, eine pneumatische Traktur und wurde 1930 durch G. F. Steinmeyer & Co., Oettingen, elektrifiziert. Im Zweiten Weltkrieg wurde sie zerstört.[24]

Ein Angebot vom 14. 6. 1878 für die ev. Kirche *St. Michaelis* in *Bremen-Findorff* (II+P/12) wurde nicht ausgeführt. Der Auftrag ging an P. Furtwängler & Hammer.[25]

Anhang

Ein Orgelreisebericht aus dem Jahre 1847 in Vorbereitung des Neubaus der Domorgel in Bremen

Der Reisebericht von Pastor Heinrich Ludwig Gustav Nieter zusammen mit C. Schabbehard verdient bei aller subjektiven Färbung in seiner Aussage als typisch für das Klangempfinden der damaligen Zeit und einer zeitgenössischen Wertung der Orgeln von Johann Friedrich Schulze eine Veröffentlichung im vollen Wortlaut.[26] Die Orthographie des Berichtes wurde übernommen. Ergänzungen sind in den Fußnoten angegeben.

Reise-Bericht, den Neubau der Domorgel in Bremen betreffend.
Dem geehrten Auftrage gemäß, besonders die von Fr. Schulze zu Wismar und Halberstadt, und die von Engelhard[27] *aus Herzberg zu Braunschweig erbauten Orgeln, so wie auch die Werke anderer jetzt besonders im Rufe stehender Orgelbauer zu prüfen, um daraus zu erkennen, welcher Meister für die Erbauung der Orgel in unserer Domkirche die meiste Empfehlung verdiene, begannen wir am 25. Mai unsere Reise, hörten und prüften die berühmtesten Orgeln in Hamburg, Wismar, Berlin, Halle, Leipzig, Dresden, Halberstadt und Braunschweig.*
Die berühmte Orgel in der Michealiskirche in Hamburg, *etwa 1750 von Hildebrandt, einem der tüchtigsten Schüler Silbermann's erbaut,*[28] *und in neuerer Zeit von Wolfstelle(r) reparirt,*[29] *zeigt das Bestreben, den höchsten Kostenaufwand nicht zu scheuen, um das möglichst Beste im Orgelbau zu leisten, und gewährte uns, als eines der besten Werke der Silbermannschen Schule, einen Maaßstab für die Beurtheilung der Leistungen des Orgelbauers in der Gegenwart. Man erstaunt über die Fülle und Pracht des Materials und über die Solidität der Arbeit. 68 klingende Stimmen, mit Ausnahme sehr weniger, hölzener, durchgehends von englischen und zwar polirten Zinn gearbeitet, unter ihnen ein Pedal 32´, vielleicht über 50 Centner schwer, indem die tiefsten Pfeife 28˝ weit und 35´ hoch, allein ein Gewicht von 960 Pfund hat, bestechen das Auge und sagen: „hier ist an Kosten nichts gespart!" Wir waren gespannt auf die Wirkung. Beurtheilt man diese vom Standpunkte des Orgelbaues bis zu den Leistungen vor der Toepfer = Schulzeschen Wirksamkeit, so ist die Wirkung allerdings verhältnismäßig zu anderen Orgeln sehr bedeutend, so daß die Orgel in dieser Hinsicht ihrem Ruf entspricht. Legt man aber die neueren Leistungen als Maaßstab an, so stellt sich heraus, daß vielleicht mit dem zehnten Theile der Kosten ein in seinen Wirkungen großartigeres Werk erreicht werden kann. Das für den Zweck unseres Berichts nicht wesentlich in Betracht kommende Detail übergehend, bemerke ich zur Charakteristik Folgendes: Die Orgel ist für einen schwachen Windgrad berechnet, hat auch enge Canäle, Ventile und Kanzellen, und ist demgemäß intonirt. Die Labialwerke haben in ihren höheren Stimmen einen sanften, zartintonirten Ton, aber in ihrer Gesamtwirkung*

26 Nieders. StA Hannover-Pattensen, Rep. 113, L. 3694; erstmals veröffentlicht als: Hackel, Wolfram; Topp, Winfried: Ein Orgelreisebericht aus dem Jahre 1847, Ars Organi, 1993, 41. Jg., Heft 4, S. 201–210.

27 Andreas Engelhardt, Herzberg (1804–1866).

28 Die Orgel (III+P/64) wurde 1761–1771 von Johann Gottfried Hildebrandt (1724–1775), Dresden, erbaut. [Dähnert, Ulrich: Der Orgel- und Instrumentenbauer Zacharias Hildebrandt, Leipzig 1962; Seggermann, Günter: Die Orgel der Hauptkirche St. Michaelis zu Hamburg, München/Zürich 1987.]

29 1839–1841 Reparatur der Orgel durch Johann Gottlieb Wolfsteller.

sind sie schwach, und entbehren ganz der imponierenden Würde. Diejenigen Stimmen, welche den bei weitem größesten Kosten-Aufwand verursacht haben, nämlich die tiefste Principalstimme von Zinn, wirken in gleicher Abstufung von 4´ bis 32´ immer unbedeutender, so daß z B das 32´ Riesen=Register von dem Organisten, nach seiner eigenen Versicherung, gar nicht gezogen wird, da es nur Wind verschluckt und nicht bemerkt wird, auch nur sehr unbestimmte, in der Tiefe oft gar nicht genau zu unterscheidende Töne hat. Ferner ist es ein sehr bedeutender Mangel, daß fast alle kräftigen und zarten Flötenstimmen, wie Hohlflöte und Gedact, Flauto traverse, von Holz, gänzlich fehlen, ebenso auch die engmensurierten, streichinstrumentenartigen Stimmen, die in den neueren Orgeln von so bedeutender Wirkung sind; denn die hierher gehörigen Violon und Gambe bleiben bei weitem hinter der erforderlichen Wirkung zurück.

Die vielstimmigen Mixturen endlich, in ihrer größten Tiefe nur mit 2´ beginnend, theils repitierend, theils durchgehend, können zu den Labialstimmen allein gar nicht angewandt werden, da sie mit ihrem dünnen, feinen und hohen Tönen zu unangenehm sich geltend machen, und nur in Vereinigung mit den stärksten Zungen = Stimmen zu gebrauchen sind.

Die ganze Kraft der Orgel beruht in den aufschlagenden Zungen. Einzeln gebraucht hat die aufschlagende Zunge immer etwas Hartes, Klirrendes, Klapperndes, meistens auch etwas Näselndes, weßhalb sie auch nur in Vereinigung mit den Labialstimmen angewandt wird. Dies stellte sich, so vortrefflich auch manche dieser zahlreichen Stimmen im Verhältniße zu andern Orgeln gearbeitet waren, auch hier heraus. Da nun die Zungenstimmen schon bei einer Veränderung der Temperatur von 2° nach Reaumur in eine merkbare Differenz mit den Labialstimmen treten, so ist es eigentlich erforderlich, daß dieselben, wenn die Orgel rein klingen soll, wöchentlich von neuem gestimmt werden, eine überaus weitläufige und auch theure Arbei., weßhalb man bei deren Vorwiegen in einer Orgel oft genöthigt ist, entweder mit verstimmten Zungen zu spielen, oder auf Kraft und Würde zu verzichten. Doch fanden sich unter ihnen einige aufschlagende Zungenstimmen, die einer Orgel zur Zierde gereichen können. Die Schwellung wird einfach dadurch erreicht, daß durch den Fuß des Organisten ein Wandschrank geöffnet oder geschlossen werden kann, in welchem sich 4 Zungenstimmen abgesondert befinden; also nach der noch immer zu diesem Zweck gebräuchlichen Weise. Die Windladen und Bälge entsprechen dem Windgrade und der Intonierung, würden aber nach neueren Principien nicht ausreichen. Die Spielart ist, besonders bei gekoppelten Manualen, sehr schwer.

Wismar Marienkirche

Nach jener, ihrem Material nach, so glänzend ausgestatteten und nach dem Standpunkte des Orgelbauers ihrer Zeit so sorgfältig ausgestatteten Orgel, hörten wir die, mit den möglichst bescheidenen Mitteln, nach eigenen Principien [1840–1841] erbaute Orgel [III+P/56] zu Wismar in der Marienkirche, deren Beschreibung ausführlich in der Bakeschen

Schrift enthalten ist. Die 300´ lange, im Mittelschiff 114´ hohe, im Kreuzarm 196´ und in den drei Schiffen 120–130´ breite Kirche erfordert trotz ihres der Tonentwicklung günstigen Baues, um ausgefüllt zu werden eine bedeutende Kraft und Fülle des Tones. Einen unangenehmen Eindruck machte der, zwar im gothischen Style gehaltene, aber durchaus flache Prospekt, welcher durch seine Vergoldung die Dürftigkeit seins Baues verdecken zu wollen schien.

Gehen wir von der Gesamtwirkung der Orgel aus, so ist dieses Werk dem Tone nach ein so großartiges, wie ich, außer der Dom-Orgel zu Halberstadt, weder je früher, noch auf unserer Reise eines gehört habe. Es vereinigte in sich alle Nuancen von der erschütternsten Kraft bis zu der sanftesten Zartheit, die erste ohne alles Rauhe und Lärmende, und die letzte doch frisch und ohne Schwindsucht. Des gleichen findet man alle Uebergänge der Klangfarben, von den am weitesten mensurierten Labialstimmen bis zu den lieblichen Flötenstimmen, und bis zu den, den Streichinstrumeten am nächsten stehenden Stimmen, welche mit fast unmerklichem Unterschiede den einschlagenden Zungenstimmen sich anschließen. Ein Hauptvorzug dieser, sowie überhaupt der Schulzeschen Orgeln ist der, daß die Hauptwirkung der Orgel in den Labialstimmen liegt, welche untereinander bei verschiedenen Temperaturen in gleichmäßiger Stimmung bleiben, und die Zungenstimmen, wenn diese verstimmt sind, fast ganz entbehrlich machen, so daß nicht leicht der Nichtgebrauch derselben fühlbar wird. Außerdem haben diese Labialstimmen eine so reine und gleichmäßige Intonation, wie sie die treueste mechanische Nachbildung nicht zu geben vermag, sondern allein das Erzeugniß der vom Genie geleiteten Künstlerhand. In einigen dieser Stimmen geht die Kühnheit der Intonation bis zu äußersten Gränze, auf welcher der Ton seine größte eigenthümliche Klangfarbe erhält, während er auf dieser Stufe bei nicht durchgebildeter Künstlerhand sofort überspringen würde, weßhalb die meisten Orgelbauer diesen ihren gefährlichen Standpunkt vermeiden. Dies gilt besonders von den gambenartigen Stimmen. In den Labialstimmen hatten wir Gelegenheit, die verhältnißmäßige Wirkung derselben tieferen Stimmen, namentlich Principal 16´ Metall mit Principal 16´ von Holz zu vergleichen. Obwohl das metallne Principal 16´ bei weitem besser klingt und besser intonirt ist, als in Hamburg, so hat es doch gegen dieselbe Stimme von Holz einen schwachen, dürftigen, etwas zischenden Ton, der zwar viel Wind verlangt, aber im gleichen Maaße desto weniger leistet, während die Holzstimme einen runden, sonoren, und kräftigen Ton gibt, welcher jenen ganz verdeckt und überflüssig macht. Bei allen verschiedenen Vergleichungen stellte es sich heraus, daß in der Tiefe bis zu 8´ Holz vor Zinn ganz unbedingt den Vorzug verdient, daß einzelne Stimmen von 8´ der besonderen Klangfarbe wegen, zwar von Zinn gearbeitet werden können, wie z.B. Gambe oder Salicional in einem abgesonderten, sanft intonirten Werke, daß aber in den meisten offenen Stimmen das Holz von der Tiefe bis 4´ incl. des besseren Klanges wegen den Vorzug verdient. Das Auge wird freilich durch das Innere der Orgel nicht so angesprochen, wie bei den zahlreichen Metallstimmen, namentlich von polirtem Zinn, auch wird die Orgel dem Material nach nicht so kostbar, aber offenbar kommt hier Alles auf die Befriedigung des Ohres an, zumal die Holzpfeifen erfahrungsgemäß auch hinsichtlich der Dauer den Metallpfeifen nach vorzuziehen sind. Unter den Labialstimmen findet sich eine von mächtiger Wirkung, welche der Disposition unserer künftigen Orgel fehlt aber trotz ihrer Kostbarkeit nothwendig hinzugefügt werden muß, nämlich das Principal 32′ von Holz. Zwar würde diese Stimme allein im Pedal gebraucht, den Nichtkenner wenig befriedigen, indessen soll sie auch nicht allein genommen werden. Dagegen in der Zusammenwirkung mit den übrigen Principalstimmen gibt sie dem Ganzen einen erschütternden Character, der ohne alles Rauhe die Herzen der Menschen wie die Gewölbe der Kirche erheben läßt. Wo diese Stimme vorhanden sein soll, muß sie des großen Raumes und bedeutenden Windes wegen, die sie erfordert, in der ursprünglichen Anlage berücksichtigt werden, so daß sie späterhin nicht mehr hinzugefügt werden kann. Das Principal 32′ von Zinn in Hamburg wirkte gar Nichts und kostete dem bloßen Metallwerthe nach viele Tausende von Thalern.

Dieses Principal von Holz dagegen ist ein nothwendiges Erforderniß jeder Orgel, die eine wahrhaft große genannt werden soll. Die Mixturen sind so weit mensurirt, und manche beginnen in solcher Tiefe, daß diese so leicht unangenehm vorherrschenden Stimmen ihren gewöhnlichen grellen Character verlieren und ohne alle unangnehme Störung zu einer nur mäßigen Anzahl von Labialstimmen, ohne Begleitung der Zungenstimmen gebraucht werden können.

Die Rohrwerke haben sämtlich frei schwebende Zungen. Wenn diese nun nicht ganz der Wirkung entsprechen, welche man bei einer solchen Orgel verlangt, so liegt dies vorzüglich darin, daß sie verhältnißmäßig gegen die gewaltige Kraft der Schulzeschen Labiale zurücktreten, während sie in andern Orgeln verhältnißmäßig eine viel höhere Wirkung machen würden. Wir überzeugten uns aber, wie bei fortgesetzter aufmerksamer Behandlung den Schwächen derselben sehr wohl abgeholfen werden kann, indem man namentlich den höheren Tönen die entsprechenden Schallbecher aufsetzt, und erfuhren selbst durch eignen Versuch den ausgezeichneten Erfolg, wie wir denn auch später in Berlin in dieser Hinsicht durch die neueren Schulzeschen Orgeln befriedigt wurden.

Die Anlage des Windes ist sehr einfach und sehr wohlgeordnet. Ein Uebelstand ist dadurch jedoch ohne Schuld des Erbauers herbeigeführt, daß ein Theil der Prospectpfeifen nicht blind stehen sollte, also Conducten erhalten mußte, was eigentlich gegen Schulzes Grundsatz[30] ist. Die Arbeit fanden wir dem Zwecke angemessen. Freilich vermißten wir hie und da einige Sauberkeit und hätten, wenn auch durchaus unwesentlichen Punkten, hier und da mehr Feile gewünscht, indessen ist es eben die Eigenthümlichkeit Schulzes nur sein Ziel, die Wirkung ins Auge zu fassen, dieses mit aller Strenge zu verfolgen, dagegen alles Prunken mit bloßem Schein, wenn er nicht der Solidität wegen erforderlich ist, zu verschmähen, da er oft bedeutende Arbeit und Zeit in Anspruch nimmt,

Durchschlagende (freischwebende) Zungen (Posaune 16′ Langula, 1844)

30 J. F. Schulze stellte das Pfeifenwerk seiner Orgeln fast ausnahmslos auf die Laden.

und doch nichts Wesentliches gewährt. Die Arbeit an den Bälgen, Windladen, Canälen, Tracturen, Abstracten, Ventilen pp fanden wir dem Zwecke der Orgel gemäß durchaus solide. Die Registerzüge konnten allerdings ein wenig weiter auseinanderliegen, sind aber sehr leicht zu handhaben. Die Spielart ist bei den einzelnen Manualen sehr, bei gekoppelten Manualen verhältnißmäßig leicht.
Eine besondere Aufmerksamkeit richteten wir auf die Prüfung der Wilkeschen Austattungen. Es würde eine unnütze Weitläufigkeit sein, dieselbe im Einzelnen hier zu widerlegen, da wir doch im Wesentlichen nur das wiederholen könnten, was theils Baake, so weit es zu Sache gehört, theils Friese in dem der Baakeschen Schrift angehängten Gutachten, darüber gesagt haben, und an dessen Richtigkeit wir uns in allen einzelnen Theilen gründlich überzeugt haben.[31]
An Einzelheiten erwähne ich noch, insofern es für unserer Orgel in Betracht kommt, daß es zweckmäßig erscheint, die Gedacte in den tieferen Tönen in die Hohlflöte übergehen zu lassen; statt umgekehrt ferner die Stimmen, die durch Zusammenspielen leichter ansprechen auf den Windladen nahe zusammenzustellen, wie z.B. Hohlflöte, Salicional od. Gambe, Viola von 4´ nach oben von Zinn zu arbeiten, der Trompete 16´ u. 8´ in der Höhe ihren Zungen entsprechende Schallbecher zu geben, also größer, als sie in der Wismarer Orgel haben, wodurch der Ton klarer, stärker und runder wird, und im Hauptmanual die Rohrwerke stärker zu intonieren.

Berlin Jacobi u. Matth. Kirche

In Berlin hörten wir zunächst zwei Schulzesche Orgeln, in der Jacobi und in der Matthaeus-Kirche, von denen die erstere noch nicht vollendet ist. In beiden Orgeln, kleineren Werken, als die Wismarsche, fanden wir alle Vorzüge der Schulzeschen Orgeln nicht allein wieder, sondern auch in mancher Hinsicht noch bedeutende Fortschritte, die uns das fortwährende Bestreben des Künstlers zeigten, Vollendeteres zu leisten. Dies war sowohl der Fall in den Labialwerken, besonders in den streichinstrumentenartigen Stimmen, als auch besonders in den Rohrwerken, in welchen die Posaunen u. Trompeten mit den freischwebenden Stimmen einen durchaus kräftigen, runden und klaren Ton zeigten, so daß sie an Kraft hinter den Zungenstimmen mit aufschlagenden Zungen nicht zurückstanden, dagegen deren, besonders in der Tiefe sehr unangenehmes Klappern, Rasseln und Klieren gänzlich vermeiden, und was wir bei der Wismarer Orgel vermißt hatten, war hier vollständig gegeben. Als Vorzug dieser Orgeln verdient noch das Windmagazin hervorgehoben zu werden, wodurch es möglich wird, den Manualen verschiedene Stärke des Windgrades zu geben, und das Beben der höheren Töne und das Schwenken der Bälge zu vermeiden, ein Fehler, den man bei jeder Orgel findet, der ein Windmagazin fehlt, und der bei Nicht-Schulzeschen Orgeln noch bedeutender hervortritt. Auch kann man dann die Bälge nach Belieben nahe oder weit legen. Die Schwellung des ganz, in einem

31 Friedrich Wilke, Neuruppin, hatte für den Bau der Orgel entsprechende Vorschläge unterbreitet, die J. F. Schulze nicht berücksichtigt hat. F. Wilke äußerte sich bei der Abnahme erst positiv, später sehr abfällig über die Orgel. Daraus entspann sich ein mit Druckschriften geführter, zum Teil beleidigender Streit, zwischen F. Baake, Domorganist in Halberstadt und F. Wilke. Die um 1900 umgebaute Orgel wurde mit der Marienkirche im 2. Weltkrieg zerstört. [Beschreibung der großen Orgel der Marienkirche zu Wismar sowie der großen Orgel des Doms und der St. Martinikirche zu Halberstadt. Ein Beitrag zur Beleuchtung und Würdigung der eingenthümlichen Ansichten und Grundsätze des Herrn Musikdirektors Wilke zu Neu=Ruppin in Bezug auf die Orgelbaukunst. Von Ferdinand Baake, Domorganist zu Halberstadt. Halberstadt o. J. (1846)]

Berlin, Matthäi-Kirche

32 J. F. Schulze hat das konkave Pedal eingeführt.

33 Berthold Schwarz [Hrsg.], 500 Jahre Orgeln in Berliner Evangelischen Kirchen, Berlin 1991, S. 201, 203–205

Berlin, Jacobi-Kirche

34 Schwarz, a.a.O., S. 83–93

Berlin, St. Nicolai-Kirche

Spielschrank verschlossenen Brustwerks ist deshalb nicht so zweckmäßig, weil die Achsen der zu öffnenden Thüren in der Mitte angebracht sind, die Öffnung also doppelt und somit zu schnell geschieht, weil der Tritt zur Schwellung für den Organisten unbequem liegt, Umstände die äußerst leicht verbeßert werden können. Die Pedal-Claviatur ist hier sehr zweckmäßig nach beiden Seiten hin aufsteigend[32] gearbeitet. Das Brustwerk in der Jakobi-Kirche zeigt einen von den Schulzeschen Orgeln sehr verschiedenen Character, viele Mängel der Intonation, an die man nur durch einzelne Töne erinnert wurde. Auf unsere Frage nach der Ursuche erfuhren wir, daß Schulze, nachdem er den Contract für sich abgeschlossen, auf den Wunsch vieler Gemeindeglieder aus eigenem guten Willen zweien in der Gemeinde lebenden Orgelbauern die Anfertigung des Brustwerks überlassen habe, jetzt aber, da dieser Theil in der Intonation zu sehr von dem Übrigen abweiche, daran gehen wolle, es aus freiem Entschluß, entsprechend dem Wunsche des Organisten, ordentlich zu intonieren, ein Unternehmen, das wohl von Gutmütigkeit ein Zeugnis ablegt, da die betreffenden Orgelbauer hernach leicht das Gute für sich in Anspruch nehmen, vom Mißlungenen aber ihm die Schuld zuschreiben könnten. Die von uns bemerkten guten Töne waren von ihm schon intoniert.[33]

Marien und Nicolai Kirche

In der Marienkirche hörten wir ein von Joach. Wagner erbautes und früher von Vogler, zuletzt von [Carl August] Buchholz umgearbeitetes und in der Nicolai Kirche ein von Buchholz erst im November 1846 vollendetes Werk, auf welches, als auf das Bedeutendere wir uns beschränken wollen.[34] *Der Musikdirector [August Wilhelm] Bach empfahl Buchholz und Schulze als die tüchtigsten ihm bekannten Orgelbauer, ohne jedoch zu verhehlen, daß Schulze ein genialer Künstler sei, während der ihm persönlich befreundetete Buchholz mehr an den älteren Theorien hänge, auch zu Preisen wie Schulze nicht arbeiten könne. Das Werk hat 50 klingende Stimmen. Die Disposition nähert sich der Schulzeschen mehr als andere Orgeln. Pedal, 3 Manuale, 8 Bälge. Letztere liegen jedoch von der Orgel zu entfernt, und da auch die Canäle nicht weit genug sind, ist ein Schwanken bei vollem Spiel nicht zu vermeiden. Das Werk ist solide und sauber für 10.000 Rthl. gearbeitet. Unstreitig ist es im Vergleich zu andern Orgeln neuerer Zeit, abgesehen von den Schulzeschen Orgeln ein tüchtiges zu nennen. In der Nähe wirkt es ziemlich kräftig, in der Ferne aber auffallend schwächer. Hinsichtlich seines Tons vermißt man die gleichmäßige Durchführung durch alle Klangfarben, indem die Principalstimmen nicht genug erhabene Würde, und namentlich die Gamben und Salicionalstimmen, überhaupt die engmensurirten bei weiten nicht den streichenden Character haben, der den Schulzeschen so eigenthümlichen Reiz gibt. Hinsichtlich der tiefen Labialstimmen von Zinn bestätigt sich unsere frühere Erfahrung, daß ihre Wirkung die von Holz nicht erreicht. Die Mixturen geben der Orgel mehr Schärfe als Fülle. Die La-*

bialstimmen haben nicht die gehörige Energie. Violon 32′ in der Tiefe bis F gedeckt, dann offen, kann Principal 32′ nicht ersetzen, indem die tiefen Töne auch in Verbindung mit andern Grundbässen theils in die Quinte theils in die Octave überschlagen und sehr schwach sind. Die Rohrwerke mit aufschlagenden Zungen sind zwar im Ganzen nicht übel gearbeitet, aber Posaune 32′ ist zu grell rasselnd, und Vox humana zu näselnd scharf. Die durchgeführte Octave 2′, Flageolet 2′ u. 1′ verlieren sich zuletzt in ein bloßes Pipen. Dies sind vorzugsweise die Punkte, in denen die Orgel gegen die Schulzeschen Werke zurücksteht, und wenn sie auch in manchen Theilen zu loben ist, so reicht sie doch hinsichtlich des Tons in keiner Hinsicht an jene hinan.

HALLE U. L. FRAUEN UND MORITZKIRCHE

In Halle hörten wir zunächst in der Liebfrauen Kirche eine von Schulze überarbeitete u. in der Moritz Kirche eine von ihm mit Benutzung älteren Materialien, neugebaute Orgel. Bei der ersteren waren ihm durch den Contract die Hände gebunden indem er theils vieles nicht mehr sonderlich taugliche Alte benutzen mußte, theils im Raume sehr beschränkt war. Wenn nun auch die Orgel immer ein Werk bleibt, was vor den Orgeln anderer Meister manche Vorzüge besitzt, so steht es doch gegen die übrigen Schulzeschen Orgeln zurück. Die Orgel in der Moritz Kirche zeigt im Ton wieder die bekannten Vorzüge und ist im Einzelnen wie im Ganzen von vortrefflicher Wirkung, wohl aber hätten wir der Arbeit besonders des Pfeifenwerks mehr Sauberkeit gewünscht, wenn auch der Ton dadurch nicht berührt wurde.[35]

ULRICH KIRCHE

Eine uns sehr angepriesene, in der Ulrichs-Kirche von Weddener [Friedrich Wilhelm Wäldner] in Halle überarbeitete Orgel zeigte uns durchaus nichts Neues und Bemerkenswerthes und ging über das Niveau des Gewöhnlichen nicht hinaus. Der ganze Effect der ganz in älterer Weise disponierten Orgel beruht auf dem Sausen und Brausen der aufschlagenden Zungen. Es ist überflüssig, die einzelnen Mängel hervorzuheben.[36]

LEIPZIG / PAULINER K.

Ein viel tüchtigeres Werk fanden wir in Leipzig in der Pauliner Kirche von Mende.[37] *Es berührt das Auge sehr angenehm durch solide und saubere Arbeit, Besteht aus 3 Manualen, Pedal, 56 klingenden Stimmen, 8 Kastenbälgen. Zwar erreichen die Labialstimmen bei weitem nicht die Kraft der Schulzeschen, auch findet sich nicht die lückenlose Durchführung durch alle Klangfarben, namentlich bis zu den engsten Mensuren, auch ist die Intonation zuweilen nicht gleichmäßig, so wie auch die Mixturen verhältnismäßig zu dünn u. zu schneidend sind, so daß sie zu den*

Die Orgel der Moritzkirche in Halle

35 Die Orgel der Marktkirche wurde 1712–1716 von Christoph Cunzius (Contius), Halberstadt, erbaut. Nach dem Umbau 1839–1843 durch J. F. Schulze hatte die Orgel auf 3 Manualen und Pedal 46 Register. Neubauten im erhaltenen Gehäuse von 1716 erfolgten 1897 durch Wilhelm Rühlmann, Zörbig, und 1984 durch den VEB Schuke-Orgelbau Potsdam.
Die Orgel in der Moritzkirche war ein Neubau (III+P/39) 1841–1843. Das Werk wurde durch einen Neubau von Wilhelm Sauer, Frankfurt/O. 1925 ersetzt.
Das neugotischen Gehäuse von J. F. Schulze ist erhalten.
[Serauky, Walter: Musikgeschichte der Stadt Halle, Halle 1942.]

36 F. W. Wäldner überarbeitete 1823/24 die von Christian Förner 1674 stammende Orgel in der heute als Konzerthalle genutzten Ulrichskirche.

37 Johann Gottlob Mende (1787-1850). Leipzig.

Labialstimmen allein nicht gebraucht werden können, aber dennoch haben wir die Orgel besser klingend gefunden, als die anderen von uns gehörten nicht Schulzeschen Orgeln. Auch die Labialbässe sind besser als gewöhnlich. Die Kraft der Wirkung beruht besonders wie bei der Michaelis-Orgel in Hamburg auf den 9 Rohrwerken, von denen Posaune 32′ u. Oboe 8′ mit frei schwingenden Zungen gearbeitet sind. Die Rohrwerke geben in Verbindung mit den Labialen einen sehr kräftigen Ton, aber wenn auch einige gut gearbeitet sind, so sind doch die aufschlagenden, besonders ohne andere starke Stimmen zu rasselnd, Fagott 16′ schwach u. näselnd u. Trompete 8′ zu hart. Sind sämtliche Rohrwerke gezogen, so verdeckt wohl die Masse des Tones die einzelnen Schwächen, und die Wirkung erscheint in der kleinen Kirche imponierend. Aber ein Übelstand ist es immer wenn die Kraft der Orgel nur in den Rohrwerken liegt, wie oben schon ausgeführt ist. Abermals bestätigt sich die Erfahrung, daß die tiefen Labial-Pfeifen von Zinn weit unbedeutender wirken, als die von Holz u. daß die Prospektpfeifen mit Conducten versehen ein großer Uebelstand sind; indem sie einerseits schwer ansprechen, und andererseits den Zugang zu den Stimmen verhindern. Einige dann vorgeführte Stimmen wie z.B. Flageolett 1′ u. Quinte 1½′ sind zu pipzig. Leider fehlt ein Windmagazin. Die Spielart ist gut.[38] *Trotz der erwähnten Mängel im Verhältniß zum Ton der Schulzeschen Orgeln würde danach Mende derjenige sein, der nächst Schulze empfohlen zu werden am meisten verdiente. Eine andere Orgel von demselben Meister in der Neukirche, zeigte so weit sie fertig war, denselben Charakter.*

Dresden / Kath. Hofkirche

In Dresden lernten wir Silbermannsche Orgeln kennen, zunächst die wesentlich unveränderte Orgel in der katholischen Hofkirche,[39] *gepriesen als eines seiner bedeutendsten Meisterwerke, die wir jedoch im Inneren nicht untersuchen konnten. Sie hat in den Labialstimmen einen zarten lieblichen Klang, jedoch ohne bedeutende Abstufung der Klangfarben. Auch bei ihr wird alle Kraft durch die aufschlagenden Zungen bewirkt, die jedoch etwas weniger rauh klingen als in den meisten andern Orgeln. Es versteht sich, daß man bei der Würdigung nicht mit dem Anspruch kommen darf, daß sie schon die Fortschritte der neueren Zeit enthalte, aber gerade dadurch, daß diese fehlten, kamen sie uns um so mehr zum Bewußtsein.*

Frauenkirche u. KreuzK.

In der Frauenkirche trafen wir ein Silbermannsches Werk von dem Orgelbauer Jehmlich zum Theil umgearbeitet. Bei der tiefen Verehrung, welche derselbe den Silbermannschen Werken zollt, ist es sein ganzes Bestreben gewesen, deren Charakter treu zu bleiben und sich von allem Neuen fern zu halten, das er meistens nur als Theorie betrachtet und dem er für die Praxis alle Bedeutung abspricht. Für die Erhaltung der Silb. Orgeln ist dieser Meister unstreitig vortrefflich, aber den Ansprüchen der

38 Die Mende-Orgel wurde mehrfach verändert und umgebaut. 1986 wurde die Orgel mit der Paulinerkirche (Universitätskirche) Leipzig auf Befehl der Staatsführung der DDR gesprengt. [Oehme, Fritz: Handbuch über die Orgelwerke in der Kreishauptmannschaft Leipzig 1905. Eine Handschrift aus dem Besitz der Universitätsbibliothek Leipzig, herausgegeben und ergänzt von Wolfram Hackel. Berlin 1994.]

39 Die Orgel mit III+P/47 wurde 1755 nach dem Tod von Gottfried Silbermann (1683–1753) durch seine Schüler vollendet. Das Werk überstand durch Auslagerung den Bombenangriff auf Dresden am 13. Februar 1945. Nach der Wiederaufstellung durch die Fa. Gebr. Jehmlich, Dresden erklang es erstmalig wieder Pfingsten 1971. Die Rekostruktion des vernichteten Gehäuses ist abgeschlossen. Eine erneute Restaurierung wurde 2001 begonnen.

jetzigen Zeit zu genügen darf man nicht von ihm verlangen. Flauto traverso, Salicional fehlten ganz. Jedoch verdient Einiges lobend hervorgehoben zu werden; in der Kreuzkirche ist erstens ein Principal 32´, was sehr gut anspricht u. kräftig wirkt, wenn es auch bei stärkerem Windgrade noch mehr leisten würde. Auch findet man daselbst eine ganz vorzügliche Posaune 16´ mit aufschlagenden Zungen, so daß man den Wunsch nicht unterdrücken kann ein Pedal und ein Hauptmanmual eine von ihm sauber gearbeitete Stimme mit aufschlagenden Zungen zu besitzen.[40]

HALBERSTADT / DOMORGEL

Die Halberstädter Domorgel, von Bake [Ferdinand Baake] genauer beschrieben rief uns die Wirkung der Wismarer Orgel wieder ins Gedächtnis, so daß zweifelhaft sein könnte, welche von beiden hinsichtlich der Gesamtwirkung der Preis gebühre, obwohl in Einzelheiten Fortschritte in der Wismarer Orgel sich bemerklich machen und namentlich Principal 32´ offen letzterer noch größere Würde verleiht. Es bedarf daher nicht einer weiteren Charakterisierung, sondern nur der Bemerkung, daß sich die Orgel vortrefflich gehalten hat, und man überhaupt mit den Schulzeschen Orgeln dort so zufrieden ist, daß ihm auch der Orgelbau in der Lieben Frauen K. also der dritten an demselben Orte übergeben ist.[41]

BRAUNSCHWEIG / DOMORGEL

Die sehr rühmende Schilderung, welche wir schon vorher durch den Herrn Strowe von der Domorgel zu Braunschweig erhalten hatten u. die Anpreisung, die wir in Braunschweig selbst hörten, schienen uns zu großen Erwartungen aufzufordern. Wir fanden ein sehr fleißig gearbeitetes Werk, das sich durch manches Einzelne besonders durch gute Flöten u. sanfte Labialstimmen vorteilhaft bemerkbar macht, die den Schulzeschen wohl nahe kommen dürfen.

Doch haben die Labialstimmen nicht der letzteren uns gewohnte Kraft und Würde, so daß wir durchaus nicht hoffen dürfen unsern Dom genügend davon ausgefüllt zu sehen. Auch hier zeigte sich die Anwendung des Zinns in den tiefen Labialstimmen wie immer unvorteilhaft. Ferner der Subbaß 16´ war ohne Wirkung und der gedeckte 32´ Untersatz höchst unbedeutend, ohne Ton in der Tiefe, oft überschlagend und schwach. Viola u. Salicional in älterer Weise gearbeitet ohne den Charakter der Saiteninstrumente. Die Zungenstimmen sind alle aufschlagend u. es mangelt ihnen an Rundheit des Tones. Die Kraft wird auch hier durch die aufschlagenden Zungen erzielt. Ein bedeutender Nachtheil ist es, daß die sehr schwer gehenden Bälge, bei denen ich mein Gewicht durch einen Druck nach oben verstärken mußte, fern von der Orgel liegen u. durch zu enge Canäle mit derselben verbunden sind, wodurch es der Orgel in vollem Spiel oft an Wind gebricht und leicht ein Schwanken und Klirren des Tones entsteht. Von der riesenhaften Gewalt des Pedals konn-

40 Die Orgel (III+P/43) der Frauenkirche wurde von Gottfried Silbermann 1736 vollendet. Größere Veränderungen im 19. Jahrhundert sind nicht bekannt. Zur Zeit des Berichtes (1847) stand Johann Gotthold Jehmlich (1781–1862) aus der 1. Generation der heute noch existierenden Firma vor. Er hatte 1844 eine Reparatur der Silbermann-Orgel vorgenommen. Die Pflege der Orgeln Gottfried Silbermanns und die Übernahme seiner Bauprinzipien lassen sich für die Firma Jehmlich, aber auch für andere sächsische Orgelbauer des 19. Jahrhunderts belegen.
Im Bericht fehlt eine strenge Trennung zwischen der Beschreibung der Orgeln der Frauenkirche und der Kreuzkirche. Die Orgel der Kreuzkirche (III+P/50) wurde 1794 von den Gebr. Wagner aus Schmiedefeld bei Suhl erbaut. Diese Orgel wurde von der Werkstatt Jehmlich 1827 grundlegend überholt und verbessert. In der Wertung dieser Arbeiten wurde von Johann Schneider lobend der Vergleich mit Silbermann genannt.

41 Schulze-Orgeln in Halberstadt: Dom, 1837–38 (III+P/65), Umbau Martini-Kirche, 1837–38 (II+P/47), Liebfrauenkirche, 1847–48 (II+P/26).

ten wir nichts entdecken. Als etwas Neues zeigte sich, daß man durch einen Tritt die angezogenen Zungenstimmen des Pedals abstellen u. somit das Pedal wechselweise mit und ohne dieselben gebrauchen konnte.

Resultat

Aus dem Bericht geht schon zur Genüge hervor, daß wir dem Tone nach etwas Besseres, als die Schulzeschen Orgeln od. etwas, was sie nur erreicht, nicht gefunden haben, daß vielmehr dieses hinsichtlich der genialen Behandlung alle anderen überflügeln. Außerdem würde uns durch diesen Meister der Vortheil geboten, daß die Orgel in 1 bis 1½ Jahren vollendet würde, während alle anderen Meister nach theils mittelbar, theils unmittelbar eingezogenen Erkundigungen 5–7 Jahre zu arbeiten haben würden, da es ihnen theils an der Menge geschickter Arbeiter, theils an den nöthigen Vorräthen bearbeiteten Materials fehlte. Endlich dürfte schwerlich ein anderer Orgelbauer geneigt sein, während des Baues eine Interims-Orgel aufzustellen, während Schulze deßhalb dazu bereit ist, weil er des Verkaufs derselben, wie ihn bisher oft u. immer die Erfahrung gelehrt hat, gewiß ist.

Sollte nun mit diesem Meister contrahirt werden, so müßte zwar ein genauer Contract entworfen werden, an welchen er gebunden wäre, es ihm aber auch zugleich freigestellt würde, seines steten Fortschreitens wegen, während des Baues dem Commitee Vorschläge zu Abänderungen zu machen, welche dann von denselben zu begutachten und worüber dann immer zuvor die Preisdifferenz festzusetzen sein würde. Wenn wir uns auch vorbehalten zur Disposition noch einige Aenderungen vorzuschlagen, namentlich wenn die Mittel so reichlich bewilligt werden, daß man späterhin nicht zu wünschen hat, es möchte doch noch mehr geschehen sein, so dürfte doch folgende Aenderung, als sehr wünschenswert, schon jetzt in Betracht zu ziehen sein: ein offenes Principal 32´, das unserer Orgel nicht fehlen darf, und nebst Windladen und Balg etwa 440 Rth cour. mehr kosten würde u. der Versuch, die Stimme Riem, erfunden von unserem würdigen Organisten Herrn Riem, im Pedal anzubringen.[42] *Es ist noch zu bemerken, daß Schultze sich nicht nach unserem Orgelbau drängt, da er eher Bestellungen abzuweisen, als zu suchen genöthigt ist und ein nicht unbedeutendes Vermögen besitzt, was ihn an sich schon eine unabhängige Stellung gewährt. Der Grund weßhalb er trotz seiner vielen Beschäftigungen, die Orgel in unserer Domkirche zu bauen wünscht, liegt vorzugsweise darin, daß er als Künstler eine Ehre darin setzt ein großes Werk in eine so bedeutende und besuchte Kirche zu liefern, weshalb wir auch eine besonders ausgezeichnete Arbeit von ihm erwarten dürfen. Seinem Character machte es Ehre, daß wir nicht im Stande waren, irgend ein tadelndes Urtheil über andere Orgelbauer von ihm zu erlangen, obwohl wir dieses zur Instruction wünschten; während dieselben gegen ihn mit ihrem Tadel nicht sparsam waren. Schließlich ist noch dankbar anzuerkennen, daß diejenigen Organisten, welche wir trafen, namentlich die Herren Osterhold in Hamburg, Friese in Wismar,*

42 Es handelte sich dabei um das Register Fagott 16´ mit Zungenblättern aus Holz.

Bach, Haupt u. Hauer in Berlin, Becker in Leipzig, Bake in Halberstadt mit ausgezeichneter Freundlichkeit u. Gefälligkeit uns entgegengekommen sind.
Dem hochgeehrten Commitee sage ich meinen verbindlichsten Dank für das ehrenvolle mir erwiesene Vertrauen.
Bremen, den 16. Junius 1847
Nieter

In der Art der Abfassung des Berichtes und der Wertung der besuchten Orgeln von J. F. SCHULZE, deren Klang immer wieder lobend hervorgehoben wird und der z.T. sehr kritischen und abwertenden Darstellung der übrigen Orgeln, wird die Parteilichkeit für Schulze überdeutlich. Lediglich die nicht immer saubere bauliche Ausführung bei Schulze wird kritisch angemerkt.

Für den Leser wird besonders durch die betonte Grundtönigkeit das damalige Klangempfinden verdeutlicht. Es gab kein Verständnis mehr für den Klang der Orgeln des 18. Jahrhunderts. Trotzdem lassen die Darstellung zu Bauausführung und Verwendung bestimmter Materialien eine Sachkenntnis im Orgelbau erkennen. Allerdings ist die Meinung gerade in Bezug auf die Verwendung von Holz für den Bau der Pfeifen sehr im Sinne des 19. Jahrhunderts geprägt.

Dieser Bericht verdeutlicht den Wandel der Klangaussage und des Klangempfindens im 19. Jahrhundert. Gegenübergestellt werden die völlig neue Klangaussage und Bauweise der Schulze-Orgeln den Orgeln aus dem 18. Jahrhundert (HILDEBRANDT und SILBERMANN) und den Orgeln aus dem 19. Jahrhundert, die in der Tradition des 18. Jahrhundert, wenn auch gewandelt, erbaut wurden.

Trotz der einseitigen Wertung für J. F. Schulze ist dieser Bericht ein wichtiges Zeitdokument für die heute sehr stark in Vergessenheit geratene Orgelbauerfamilie Schulze aus Paulinzella in Thüringen und den Wandel des Klangempfindens im 19. Jahrhundert.

Kosten-Anschlag

der

ORGELBAU-ANSTALT

von

W. Sauer

in

Frankfurt a. d. Oder.

zur Erbauung einer neuen
Orgel für den Dom in
Bremen

Aus dieser im Jahre 1857 gegründeten Anstalt
sind bis 1893
600 neue Werke hervorgegangen.

Uwe Pape

Die Orgel von Wilhelm Sauer im St. Petri Dom

Im Zuge der Restaurierung des Westwerks des Bremer Doms durch Max Salzmann erhielt der Dom eine neue Orgel von Wilhelm Sauer, Frankfurt/Oder. Die Pfeifen der alten Orgel waren stark vom Holzwurm befallen; auch hatte das Instrument eine schwerfällige Traktur, die der Organist der Domgemeinde, Musikdirektor Eduard Nössler (1863–1943), nicht länger behalten wollte.[1] Der verwaltende Bauherr der Gemeinde, Consul Joh. Anton Adami, rief deshalb Ende 1893 mit Hinweis auf die „sehr defect gewordene" alte Orgel zu einer Sammlung auf, um die Kosten in Höhe von etwa 25.000 Mark decken zu können.

Der Dispositionsentwurf vom 10. November 1893 umfaßte 63 Register und wich nur geringfügig von der später ausgeführten Fassung ab.[2] Nach der Auftragserteilung im Dezember wurde der Kostenanschlag etwas verändert und dieser dem Vertrag am 12. Januar 1894 zugrunde gelegt.[3] Ende 1894 waren Kirche und Orgel fertiggestellt. Am 2. Dezember desselben Jahres wurde das Instrument von Eduard Nössler eingeweiht.[4] Von der Schulze-Orgel blieben nur der Prospekt mit stummen Prospektpfeifen und Contrabass 32′ im Pedal erhalten.

Ursprünglich hatte die Orgel 65 Register auf drei Manualen und Pedal.[5] Das Pfeifenwerk stand auf insgesamt 14 Kegelladen, die zum Teil mechanisch untereinander verbunden waren, aber mit je einem pneumatischen Vorgelege pro Ladengruppe gesteuert wurden. Die Traktur war also pneumatisch bis vor die Lade und wurde dann in eine Mechanik transformiert, die die Kegelwellen (in der Regel mehrerer Laden) bewegten. Eine solche Traktur von 1896/97 ist noch heute in der *Kirche am Südstern* in *Berlin* erhalten.

Diese Form der Traktur erforderte eine einfache und übersichtliche Anordnung der Laden in einer Ebene: je zwei Laden der Manualwerke standen nebeneinander, die Manualwerke hintereinander. Sechs Pedalladen standen und stehen links und recht der Manualwerke; nur die beiden 32′-Register stehen hinter dem dritten Manual an der Westwand.

Der Spieltisch war in die Front der Orgel gebaut, wo ehemals auch der mechanische Spieltisch von Schulze stand.[6]

Das Instrument hatte 1894 folgende Disposition:

---

1 Domarchiv Bremen, B.2.e.1, Nr. 5, 10.11.1893: „Da aber die Holzpfeifen durchweg mehr oder minder wurmstichig sind [...]" / Mitteilung ohne Überschrift, Zeitschrift für Instrumentenbau, 15, 1894/95, S.208–209. „Wer entsinnt sich da nicht mehr mit Lächeln, aber auch mit Schaudern der schwerfälligen, früheren Traktur, des das Aufgebot aller Kräfte erforderlichen Ausziehens und Hineinstoßen der Registerzüge?"

2 Domarchiv Bremen, B.2.e.1, Nr. 5, 10.11.1893.

3 Wie Anm. 2, 17./19.12.1893, 11.1.1894, 12.1.1894.

4 Wie Anm. 2, 2.12.1894. / Eduard Nössler: Die neue Domorgel, Deutsches Protestantenblatt, 10.11.1894. / H. Frickhöffer: Rede zur Einweihung der neuen Domorgel, Deutsches Protestantenblatt, 8.12.1894. / Programm für den Festgottesdienst zur Weihe der Orgel. Nössler spielte neben einer freien Improvisation Präludium und Fuge über B-a-c-h von Franz Liszt.

5 Mitteilung ohne Überschrift, Zeitschrift für Instrumentenbau, 15, 1894/95, S. 208–209.

6 Eine genaue Dokumentation der Geschichte der Bremer Domorgel findet sich in U. Pape, W. Topp: Orgeln und Orgelbauer in Bremen, Berlin 1998, S. 103–128.

Linke Lade

1	Principal	16′
2	Flûte harmonique	8′
3	Viola di Gamba	8′
4	Quintatön	8′
5	Octave	4′
6	Rohrfloete	4′
7	Mixtur 3–5fach	2′
8	Bombarde	16′

Rechte Lade

1	Principal	8′
2	Bordun	16′
3	Gemshorn	8′
4	Gedackt	8′
5	Gemshorn	4′
6	Rauschquinte 2fach	2 ⅔′
7	Cornett 3–4fach	2 ⅔′
8	Trompete	8′

Manual III (C–f³, *Schwellwerk*)
Linke Lade

1	Gamba	16′
2	Geigenprincipal	8′
3	Aeoline	8′
4	Voix céleste	8′
5	Schalmei	8′
6	Prestant	4′
7	Viola	4′
8	Trompette harmonique	8′

Rechte Lade

1	Lieblich Gedackt	16′
2	Konzertfloete	8′
3	Zartfloete	8′
4	Lieblich Gedackt	8′
5	Quintatön	8′
6	Traversfloete	4′
7	Flautino	2′
8	Mixtur 4fach	2 ⅔′

Trompette harmonique 8′

Manual II (C–f³)
Linke Lade

1	Principal	16′
2	Floete	8′
3	Spitzfloete	8′
4	Octave	4′
5	Piccolo	2′
6	Cornett 3fach	2 ⅔′
7	Fagott	16′
8	Cor anglais	8′

Rechte Lade

1	Principal	8′
2	Bordun	16′
3	Salicional	8′
4	Gedackt	8′
5	Floete	4′
6	Rauschquinte 2fach	2 ⅔′
7	Mixtur 3fach	2′
8	Tuba	8′

Pedal (C–d¹)
Westwand

1	Contrabass	32′
2	Contraposaune	32′

vorn, links/rechts

1	Principalbass	16′
2	Violon	16′
3	Subbass	16′
4	Posaune	16′

Mitte, links/rechts

1	Salicetbass	16′
2	Quintbass	10 ⅔′
3	Offenbass	8′
4	Bassfloete	8′
5	Trompete	8′

hinten, links/rechts

1	Violoncello	8′
2	Dulciana	8′
3	Octave	4′
4	Quinte	5 ⅓′
5	Terz	3 ⅕′
6	Clairon	4′

Koppeln: II-I, III-I, III-II, I-Pedal, II-Pedal, III-Pedal; 6 freie Kombinationen, 3 feste Kombinationen, Rohrwerke ab, Jalousieschweller für III, Rollschweller für das ganze Werk.[7]

7 Wie Anm. 5.

Im Laufe der Jahre gab es mehrere grundlegende Veränderungen und Erweiterungen: 1903 ermöglichte eine Stiftung der Frau Consul M. HACKFELD die Erweiterung der Orgel um eine Vox humana 8′ mit zugehörigem Tremulanten auf einer unabhängigen Kanzelle auf dem III. Manual.[8]

Insgesamt war die Orgel dem Domorganisten nicht kräftig genug. 1905 erfolgte deshalb eine Erweiterung auf vier Manuale mit 73 Registern. Das neue Schwellwerk wurde an der Nordwand über der Pedallade mit den kleinsten Registern aufgestellt. Bei diesem Umbau wurden einige Register im zweiten, dritten und vierten Manual umgestellt. Die Orgel erhielt einen neuen freistehenden Spieltisch, jedoch mit Blickrichtung des Organisten auf die Orgel. Hans Fidom verweist in seinem Beitrag über die Orgel in St. Petri auf Parallelen bei der Berliner Domorgel: „[…] beispielsweise das Duo Unda maris / Gemshorn im IV. Manual und das vergleichbare Paar Voix céleste / Aeoline im III., der bei Sauer seltene Flötenprincipal, die Clarinette und das Glockenspiel."[9]

1905 lag der auf den folgenden Seiten dargestellte Zustand vor:

Die 1903 gestiftete Vox humana

[8] Domarchiv Bremen, B.2.e.1, Nr. 5, 22.6.–8.7.1903.

[9] Hans Fidom: Die Restaurierung und Vergrößerung der Sauer-Orgel im St. Petri Dom zu Bremen, Ars Organi, 46 (1998) 3, S. 110–114.

Kurbelwelle im Antrieb der Balganlage

Manual I (C–f³)
Linke Lade (1894)

1	Principal	16′
2	Flûte harmonique	8′
3	Viola di Gamba	8′
4	Quintatön	8′
5	Octave	4′
6	Rohrfloete	4′
7	Mixtur 3–5fach	2′
8	Bombarde	16′

Rechte Lade (1894)

1	Principal	8′
2	Bordun	16′
3	Gemshorn	8′
4	Gedackt	8′
5	Gemshorn	4′
6	Rauschquinte 2fach	2 ⅔′
7	Cornett 3–4fach	2 ⅔′
8	Trompete	8′

Manual II (C–f³)
Linke Lade (1894)

1	Principal	16′
2	Floete	8′
3	Spitzfloete	8′
4	Octave	4′
5	Piccolo	2′
6	Cornett 3fach	2 ⅔′
7	Fagott	16′
8	Clarinette	8′

Rechte Lade (1894)

1	Principal	8′
2	Bordun	16′
3	Salicional	8′
4	Gedackt	8′
5	Floete	4′
6	Rauschquinte 2fach	2 ⅔′
7	Mixtur 3fach	2′
8	Tuba	8′

Rad für einen Transmissionsriemen für den Antrieb der Balganlage

1905

Manual III (C–f³, Schwellwerk)
Linke Lade (1894)

1	Gamba	16′	
2	Geigenprincipal	8′	
3	Aeoline	8′	
4	Voix céleste	8′	
5	Schalmei	8′	labial
6	Prestant	4′	
7	Viola	4′	
8	Trompette harmonique	8′	

Rechte Lade (1894)

1	Lieblich Gedackt	16′	
2	Konzertfloete	8′	
3	Zartfloete	8′	
4	Lieblich Gedackt	8′	
5	Quintatön	8′	
6	Spitzfloete	8′	1905, statt Traversfloete 4′
7	Campanelli		1905, 25 Stahlplatten, statt Flautino 2′
8	Harmonia aetherea 2–3fach		1905

Manual IV (C–f³, Schwellwerk)
Lade an der Nordwand (1905)

1	Quintatön	16′	1905
2	Rohrfloete	8′	1905
3	Gemshorn	8′	1905
4	Unda maris	8′	1905
5	Traversfloete	4′	aus Manual III
6	Fugara	4′	1905
7	Flautino	2′	aus Manual III

Kanzelle an der Westwand mit eigenem Schwellkasten (1903)

1	Vox humana	8′	1903, mit eigenem Tremulanten

Pedal (C–d¹)
Westwand (1894)

1	Contrabass	32′	1849 (Schulze)
2	Contraposaune	32′	

vorn, links/rechts (1894)

1	Principalbass	16′
2	Violon	16′
3	Subbass	16′
4	Posaune	16′

Mitte, links/rechts (1894)

1	Salicetbass	16′
2	Quintbass	10 ⅔′
3	Offenbass	8′
4	Bassfloete	8′
5	Trompete	8′

hinten, links/rechts (1894)

1	Violoncello	8′
2	Dulciana	8′
3	Octave	4′
4	Quinte	5 ⅓′
5	Terz	3 ⅕′
6	Clairon	4′

Koppeln: II-I, III-I, III-II, I-Pedal, II-Pedal, III-Pedal; 6 freie Kombinationen, 4 feste Kombinationen, Jalousieschweller für III und IV, Rollschweller für das ganze Werk.[10]

10 Domarchiv, Bremen, B.2.e.1, Nr. 4, 25.4.1905, 29.4.1905.

1925 machte Nössler unter dem Einfluß der beginnenden Orgelbewegung den Vorschlag, die Disposition dem neuen Zeitgeist anzupassen. 23 Register wurden daraufhin von der Firma Sauer – Wilhelm Sauer war 1916 verstorben – neu gebaut, umgebaut oder umgestellt. Dabei blieben das I. und II. Manual weitgehend unberührt, zwischen III. und IV. Manual fand jedoch ein großer Registertausch statt. Die Orgel hatte 1926 weiterhin 73 Register. Die Änderungen zeigen aber, dass das ursprüngliche Konzept nicht mehr verstanden wurde oder zumindest keine Bedeutung mehr hatte.

Manual I (C–f^3)
Linke Lade (1894)

1	Principal	16′
2	Flûte harmonique	8′
3	Viola di Gamba	8′
4	Quintatön	8′
5	Octave	4′
6	Rohrfloete	4′
7	Mixtur 3–5fach	2′
8	Bombarde	16′

Rechte Lade (1894)

1	Principal	8′
2	Bordun	16′
3	Gemshorn	8′
4	Gedackt	8′
5	Gemshorn	4′
6	Rauschquinte 2fach	2 2/3′
7	Cornett 3–4fach	2 2/3′
8	Trompete	8′

Manual II (C–f^3)
Linke Lade (1894)

1	Nachthorn	4′	neu, statt Principal 16′
2	Konzertfloete	8′	von Position III.2.2
3	Spitzfloete	4′	aus Spitzflöte 8′
4	Octave	4′	
5	Piccolo	2′	
6	Cornett 3fach	2 2/3′	
7	Fagott	16′	
8	Oboe	8′	neu, statt Clarinette 8′

Rechte Lade (1894)

1	Principal	8′	
2	Bordun	16′	
3	Salicional	8′	
4	Gedackt	8′	
5	Quintatön	8′	neu, statt Floete 4′ (nach III umgesetzt)
6	Rauschquinte 2fach	2 2/3′	
7	Mixtur 3fach	2′	
8	Sifflöte	1′	neu, statt Tuba 8′

Manual III (C–f³, Schwellwerk)
Linke Lade (1894)

1	Gamba	16′	
2	Principal minor	8′	neu, aus Principal 16′
3	Aeoline	8′	
4	Voix céleste	8′	
5	Spitzfloete	8′	von Position III.2.6 statt Schalmei 8′
6	Prestant	4′	
7	Viola	4′	
8	Trompette harmonique	8′	

Rechte Lade (1894)

1	Quintatön	16′	aus IV, statt Lieblich Gedackt 16′
2	Rohrfloete	8′	aus IV, statt Konzertfloete 8′
3	Nasat	2 2/3′	neu, statt Zartfloete 8′
4	Sesquialtera 2fach		neu, statt Lieblich Gedackt 8′
5	Nachthorn	2′	neu, statt Quintatön 8′
6	Floete	4′	von Position II.2.5
7	Campanelli		
8	Harmonia aetherea 2–3fach		

Manual IV (C–f³, Schwellwerk)
Lade an der Nordwand (1905)

1	Lieblich Gedackt	16′	von Position III.2.1
2	Schalmei	8′	von Position III.1.5
3	Gemshorn	8′	
4	Unda maris	8′	
5	Traversfloete	4′	
6	Cymbel 3fach	4′	neu, statt Fugara 4′
7	Flautino	2′	

Kanzelle an der Westwand mit eigenem Schwellkasten (1903)

1	Vox humana	8′	mit eigenem Tremulant

Salicetbass 16′, Offenbass 8′, Trompete 8′

11 Domarchiv, Bremen, B.2.e.1, Nr. 4, 26.1.1938, 27.1.1938.

Pedal (C–d¹)
Westwand (1894)

1	Contrabass	32′	1849 (Schulze)
2	Contraposaune	32′	

vorn, links/rechts (1894)

1	Principalbass	16′	
2	Violon	16′	
3	Subbass	16′	
4	Posaune	16′	

Mitte, links/rechts (1894)

1	Salicetbass	16′	
2	Viola	4′	aus dem alten Violoncello 8′
3	Offenbass	8′	
4	Bassfloete	8′	
5	Trompete	8′	

hinten, links/rechts (1894)

1	Violoncello	8′	neu
2	Dulciana	8′	
3	Choralbaß	4′	neu, statt Octave 4′
4	Mixtur 4fach		neu, statt Quinte 5 ⅓′
5	Nachthorn	2′	neu, statt Terz 3 ⅕′
6	Engl. Horn	4′	neu, statt Clairon 4′

Koppeln: II-I, III-I, IV-I, III-II, IV-II, IV-III; I-Pedal, II-Pedal, III-Pedal; 3 freie Kombinationen, 4 feste Kombinationen, 3 automatische Pedalumschaltungen, Walze, Walze ab, Koppeln aus Walze, Rohrwerke ab, Manual 16′ ab, Jalousieschweller für III und IV.

Ein weiterer, mit Sicherheit der schwerwiegendste Eingriff war die Erweiterung und grundlegende Umgestaltung der Orgel zum 26. Bachfest im Jahre 1939. Der Domorganist RICHARD LIESCHE veranlaßte einen Umbau und eine damit verbundene durchgreifende Dispositionsänderung im Sinne der Orgelbewegung durch die Firma WILHELM SAUER, Frankfurt/Oder[11]. Die Orgel erhielt in den Manualen je eine, im Pedal zwei zusätzliche Taschenladen; die Anzahl der Register wurde auf 99 vergrößert. Die neuen Laden standen aufgebänkt über den Kegelladen oder über den Stimmgängen, im IV. Manual vor der Kegellade.

Bei diesem Umbau wurden über 35 Register neu gebaut oder neu zusammengestellt. Sowohl das technische, als auch das klangliche Konzept der Orgel Wilhelm Sauers wurde vollständig aufgelöst. Viele typische Sauer-Register, besonders in der 8′ Lage, darunter auch alle Streicher, gingen verloren. Hinzugefügt wurden vielchörige Mixturen, hochliegende Aliquote und neobarocke Zungenregister.

Manual I (C–f³)
Linke Lade (Kegellade, 1894)

1	Principal	16′	1894
2	Floete	8′	1894, Konzertfloete 8′ aus II, früher III.
3	Octave	4′	1894, von Position I.1.5, statt Viola di Gamba
4	Quintatön	8′	1894
5	Rohrquinte	2 2/3′	neu, statt Octave 4′
6	Rohrfloete	4′	1894
7	Mixtur 3–5fach	2′	1894
8	Bombarde	16′	1894

Rechte Lade (Kegellade, 1894)

1	Octave	8′	1894, Principal 8′
2	Bordun	16′	1894
3	Gemshorn	8′	1894
4	Gedeckt	8′	1894
5	Gemshorn	4′	1894
6	Rauschquinte 2fach	2 2/3′	1894
7	Cornett 3–4fach	2 2/3′	1894
8	Mixtur 8fach	2′	neu, statt Trompete 8′

Obere Lade (Taschenlade, 1939)

1	Flachflöte	2′	neu
2	Glöckleinton 2fach		neu
3	Trompete	8′	1894, von Position I.2.8
4	Clarine	4′	neu

Manual II (C–f³)
Linke Lade (Kegellade, 1894)

1	Nachthorn	4′	neu, statt Nachthorn 4′ von 1925/26
2	Flöte	8′	1894, Flûte harmonique 8′ von Position I.1.2
3	Spitzfloete	4′	1894, Spitzflöte 8′
4	Octave	4′	1894
5	Octave	2′	neu, statt Piccolo 2′
6	Octavzimbel 4fach	1′	neu, statt Cornett 3fach
7	Fagott	16′	1894
8	Oboe	8′	1925/26

Rechte Lade (Kegellade, 1894)

1	Principal	8′	1894
2	Bordun	16′	1894
3	Quintatön	8′	1925/26, von Position II.2.5, statt Salicional 8′
4	Gedackt	8′	1894
5	Sifflöte	1′	1925/26, von Position II.2.8, statt Quintatön 8′
6	Rauschpfeife 2fach	2 2/3′	1894
7	Mixtur 3fach	2′	1894
8	Scharff 6fach	1′	neu, statt Sifflöte 1′

Obere Lade (Taschenlade, 1939)

1	Rohrquinte	2 2/3′	neu
2	Quinte	1 1/3′	neu
3	Rohrflöte	2′	neu
4	Helle Trompete	8′	neu
5	Trompete	4′	neu

*Oben: Nachthorn 2′, Oktave 2′,
Terzzimbel 3fach, Bärpfeife 8′
Unten: unter anderem Dulcian 16′*

Manual III (C–f³, Schwellwerk)
Linke Lade (Kegellade, 1894)

1	Spitzflöte	8′	1905, von Position III.1.5, statt Gamba 16′
2	Principal	8′	1894
3	Traversflöte	4′	1894, von Position III.2.6, statt Aeoline 8′
4	Schwebung	8′	1894, Voix céleste 8′
5	Salicet	4′	1894, aus Salicional 8′, Position II.2.3, statt Spitzflöte 4′
6	Octave	4′	1894, Prestant 4′
7	Dulcian	16′	neu, statt Violine 4′
8	Trompete	8′	1894, Trompette harmonique 8′

Rechte Lade (Kegellade, 1894)

1	Quintatön	16′	1905
2	Rohrfloete	8′	1905
3	Spitzquinte	2 ⅔′	1925/26, Nasat 2 2/3′
4	Sesquialtera 2fach		1925/26
5	Nachthorn	2′	neu, statt Nachthorn 2′ von 1925/26
6	Octave	2′	neu, statt Floete 4′
7	Terzzimbel 3fach		1925/26 und neu, aus Cymbel 3fach, Position IV.1.6
8	Bärpfeife	8′	neu, statt Harmonia aetherea 2–3fach

Obere Lade (Taschenlade, 1939)

1	Hintersatz 8fach		aus alten Pfeifen neu zusammengestellt
2	Mixtur 6fach		neu
3	Schwiegel	1′	neu
4	Schalmei	4′	neu, lingual

(1939)

1	Glocken		= Campanelli von 1905

Manual IV (C–f³, Schwellwerk))
Nordwand (Kegellade, 1905)

1	Bordun	16′	1894, Liebl. Gedeckt 16′
2	Spitzflöte	8′	1894, Schalmei 8′
3	Gemshorn	8′	1905
4	Prinzipal	4′	neu, statt Unda maris 8′
5	Schwebung	8′	1905, Unda maris 8′, von Position IV.1.4, statt Traversflöte 4′
6	Traversfloete	4′	1894 u.a., von Position IV.1.5, statt Cymbel 3fach
7	Flautino	2′	1894

Nordwand (Taschenlade, 1939)

1	Harmonia aetherea 4fach		1894, aus Violine 4′, und 1905, Harmonia aetherea
2	Piccolo	2′	1894, von Position II.1.5
3	Scharff 4fach		neu
4	Octave	1′	neu
5	Rankett	16′	neu
6	Krummhorn	8′	neu
7	Regal	4′	neu

Kanzelle an der Westwand mit eigenem Schwellkasten (1903)

1	Vox humana	8′	1903, mit eigenem Tremulanten

72

Pedal (C–d¹)
Westwand (Kegelladen, 1894)

1	Kontrabaß	32′	1849 (Schulze)
2	Kontraposaune	32′	1894

vorn, links/rechts (Kegelladen, 1894)

1	Principalbaß	16′	1894
2	Gedackt	16′	neu
3	Subbaß	16′	1894, stärker intoniert
4	Posaune	16′	1894

Mitte, links/rechts (Kegelladen, 1894)

1	Salicet	16′	1894
2	Cornett 3fach	2 ⅔′	1894, von Position II.1.6
3	Oktavbaß	8′	1894, Offenbaß 8′
4	Baßflöte	8′	1894
5	Trompete	8′	1894

hinten, links/rechts (Kegellade, 1894)

1	Nachthorn	4′	neu, statt Violoncello 8′
2	Dulciana	8′	1894
3	Octave	4′	1925/26, Choralbaß 4′
4	Rauschquinte 4fach	2 ⅔′	1925/26, Mixtur 4fach
5	Nachthorn	2′	1925/26
6	Engl. Horn	4′	1925/26

oben, links/rechts (Taschenlade, 1939)

1	Pommer	4′	neu
2	Mixtur 10fach		neu
3	Octave	1′	neu
4	Dulcian	16′	neu
5	Sing. Cornett	2′	neu

Koppeln: II-I, III-I, IV-I, III-II, IV-II, IV-III; I-Pedal, II-Pedal, III-Pedal, IV-Pedal; 3 freie Kombinationen, 3 feste Kombinationen, Tremulant III neu, Tremulant IV neu, Walze, Walze ab, Rohrwerke ab, Manual 16′ ab, Schweller für III und IV, neuer Spieltisch.[12]

Nachdem die Orgel den II. Weltkrieg weitgehend unbeschadet überstanden hatte, erfolgte 1957/58 auf Veranlassung des neuen Domorganisten Prof. HANS HEINTZE eine Elektrifizierung der Orgel durch die Firma E. F. WALCKER & CIE.. Alle mechanischen und pneumatischen Elemente wurden beseitigt. Der Prospekt von 1849 wurde verstümmelt: grau gestrichene Sperrholzbretter und Gitter sollten der Orgel ein modernes Aussehen verleihen. Zwei neue Prinzipale auf neuen Prospektladen wurden anstelle der stummen 8′-Prospektpfeifen hinzugefügt: Principal 8′ in I und Principal 4′ in II. Die Orgel erhielt einen neuen elektrischen Spieltisch. Die Orgel hatte seitdem 101 Stimmen. Die Pfeifen von 1894 und 1905 tragen handschriftliche Registernamen und gestempelte Tonbuchstaben. Die Pfeifen von 1925/26 und 1939 tragen ausschließlich gestempelte Bezeichnungen. 1939 wurde zusätzlich eine Werksbezeichnung gestempelt.

Die Disposition von 1958 wurde bis zum Beginn der Restaurierungsarbeiten 1995 nicht mehr verändert. Mit der ursprünglichen

12 Einen knappgefaßten Abriß über die Historie der großen Domorgel von 1898 bis 1939 lieferte Liesche anläßlich des Bachfestes 1939 in einer Publikation, die er gemeinsam mit Fritz Piersig herausbrachte: R. Liesche: Zur Geschichte der großen Domorgel. In: Die Orgeln im Bremer Dom, mit Beiträgen von Fritz Piersig und Richard Liesche, Bremen, 1939, S.17–27. Diese Publikation würdigt ebenfalls die von der Firma W. Sauer neu gebaute „Bach-Orgel".

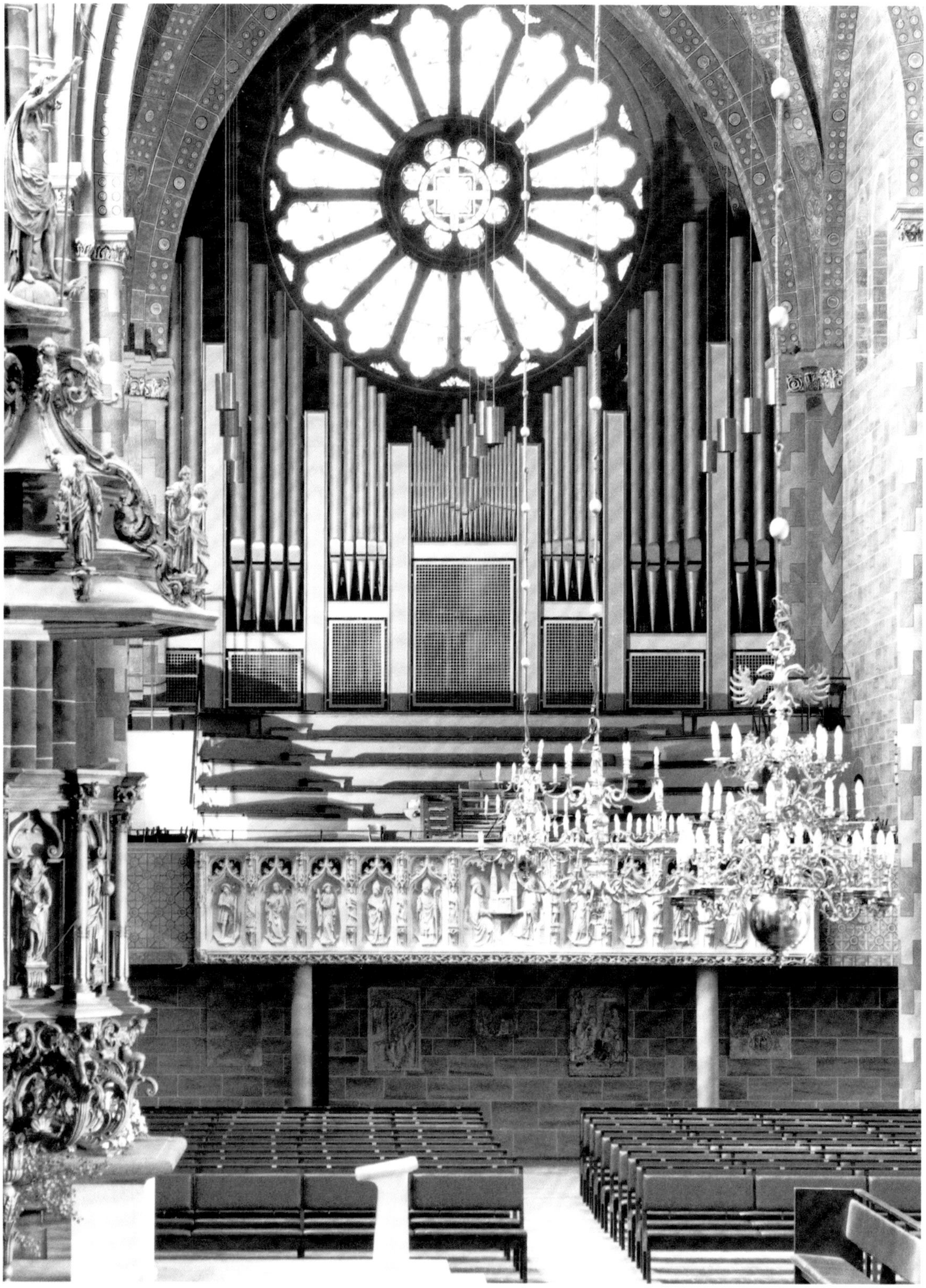

Disposition von Wilhelm Sauer hatte sie freilich nur noch entfernt etwas zu tun. Auch klanglich hatten sich die verbliebenen Originalregister durch Herabsetzen des Winddrucks und durch Veränderungen der Intonation stark gewandelt.

1986 ergriff der Domorganist, Prof. WOLFGANG BAUMGRATZ, mit einem Gutachten die Initiative für eine Restaurierung. Es begann ein langer Suchprozess, weil die Meinungen über eine Restaurierung sehr unterschiedlich waren und vor allem die Domgemeinde einen nicht unwesentlichen Bestand von 1925/26 und 1939 bewahren wollte. Auch bestand das Interesse, den Prospekt originalgetreu zu rekonstruieren, das Chorpodest aber beizubehalten.

Expertisen und Angebote verschiedener Orgelbaufirmen begleiteten den Prozess der Erarbeitung einer Restaurierungskonzeption. Die Bremische Evangelische Kirche (BEK) beauftragte eine Orgelkommission, die die Angebote prüfte und bei der Konzeption mitarbeitete. Bis zur Entscheidung durch den Konvent der St. Petri Domgemeinde (Februar 1993) wurde das Projekt sehr kontrovers diskutiert.

Große Verdienste bei der Analyse des Bestandes und bei der Erarbeitung von Alternativen erwarb sich die Firma TH. KUHN AG in Männedorf mit ihrem Restaurator WOLFGANG REHN von 1989 bis 1991. Aufgrund der Erfolge der Firma CHRISTIAN SCHEFFLER mit der Rückführung der Sauer-Orgel in der *Thomaskirche* zu *Leipzig* bis 1993 und nach Vorlage eines durchweg flexiblen Konzeptes für eine Restaurierung in Bremen ging der Auftrag schließlich an die Firma Scheffler. Der Verwaltende Bauherr der Domgemeinde, DR. KARSTEN BAHNSON, hatte wesentlichen Anteil an dieser zielstrebigen Vorbereitung des Restaurierungsprozesses.

Scheffler hat von Beginn an ein Konzept verfolgt, welches die Disposition von 1905, also die Viermanualigkeit zur Grundlage machte. Für die Manuale I, II, III und Pedal erfolgte eine Dispositionserweiterung im Sinne Sauers sowie durch die Übernahme von 13 Registern aus dem Bestand von 1926 und 1939, letztere auf ausdrücklichen Wunsch von Domkantor WOLFGANG HELBICH. Für diese zusätzlichen Register wurden im I. II. und III. Manual je eine neue pneumatische Kegellade in Sauerscher Bauform gebaut. Im Pedal wurden die Laden um drei Kanzellen erweitert. Die Ansteuerung der Laden erfolgt durchweg pneumatisch über mindestens 1,5m lange Bleikondukten bis zum Zwischenrelais, wo die Umschaltung vom elektrischen auf das pneumatische Signal stattfindet. Dadurch wird eine Dämpfung des expressiven unangenehmen elektrischen Impulses erreicht [13]. Die neue elektrische Traktur wird von einem neuen Spieltisch gesteuert, der in Optik und den wichtigsten Funktionen den Spieltischen der Werkstatt Wilhelm Sauers nachempfunden ist.

In einem Festgottesdienst am 3. Advent 1996 konnte die Wiedereinweihung der Orgel gefeiert werden.

Der Orgelprospekt nach 1958

Unter den Chorpodest verborgener Prospektsockel

13 Mitteilungen von Christian Scheffler; Aufzeichnungen des Verfassers.

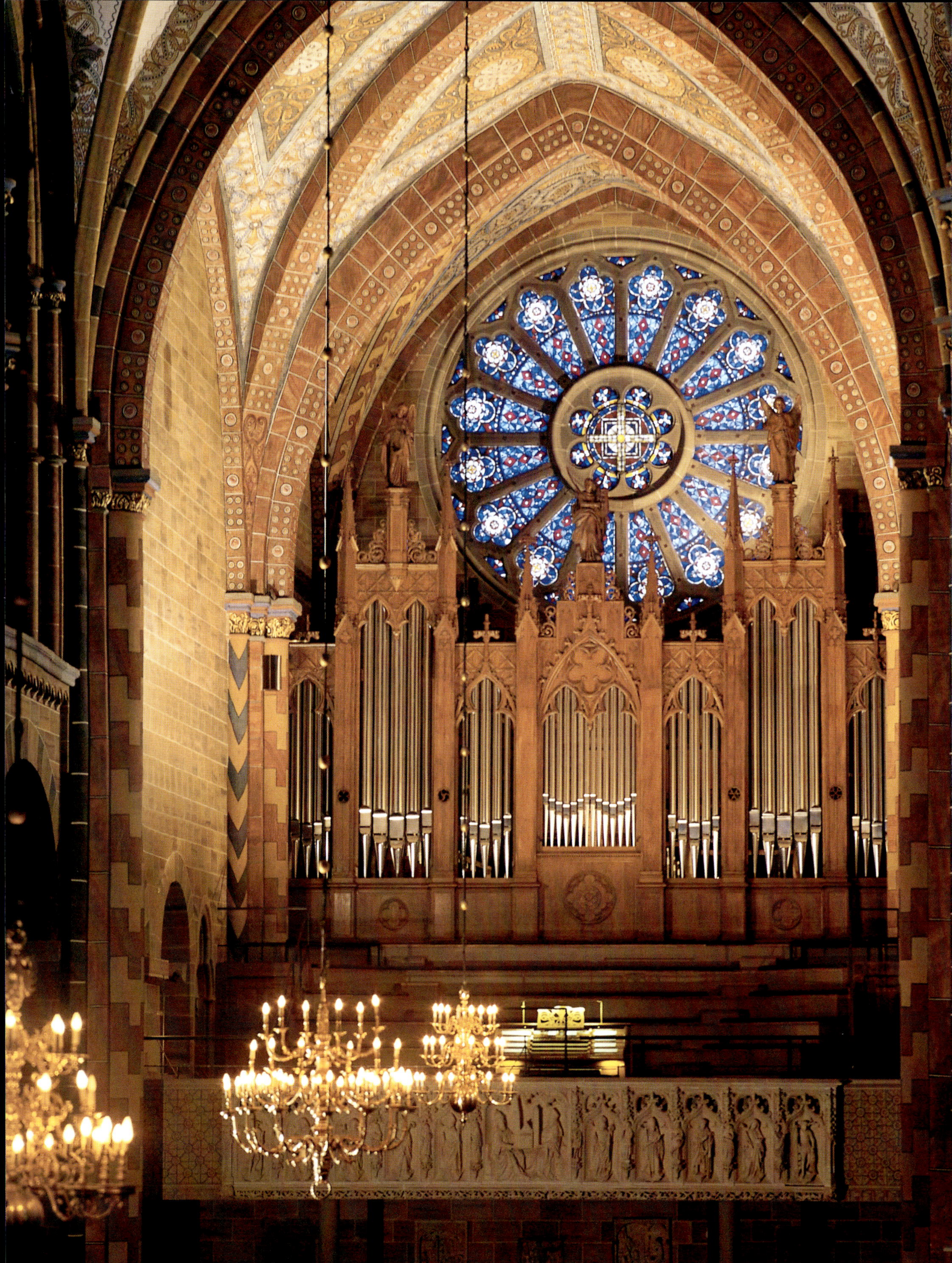

CHRISTIAN SCHEFFLER

DIE RESTAURIERUNG DER SAUER-ORGEL

1 DER ZUSTAND VOR BAUBEGINN

1.1 DIE ORGELANLAGE

Die bewegte und inhaltsschwere Geschichte der Bremer Domorgel von WILHELM SAUER brachte an der Orgelanlage gravierende Veränderungen. Die Umbauten von 1939 und 1958 haben dabei die deutlichsten Spuren hinterlassen. Für alle Manuale, also I, II, III und IV wurden Zusatzladen eingebaut. In den Manualen I, II und III wurden diese Laden über der jeweils Cs-seitig liegenden originalen Sauer-Windlade plaziert. Im IV. Manual wurde vor die in der rechten oberen Orgelecke liegende Originallade eine Zusatzlade auf gleicher Ebene gelegt. Hier wie auch im III. Manual mussten für diese Erweiterungen die Schwellwerk-Gehäuse vergrößert werden. Dies wurde zu unterschiedlichen Zeiten in unterschiedlicher Qualität vorgenommen. Im IV. Manual war eine Veränderungsstufe (1939) deutlich erkennbar. Am Schwellkasten des III. Manual waren sowohl die Veränderungen von 1939 als auch von 1958 deutlich erkennbar, allerdings immer mit abnehmendem Qualitätsniveau. Für das Pedal wurden ebenfalls 1939 in C- und Cs-Seite geteilt zwei Laden neben den 16′-Laden direkt hinter den Prospekt gestellt.

Zusammen mit allen Zusatzladen hatte die Orgel nun folgende Ladenaufteilung:

I. Manual	2 Originalladen	1 Erweiterungslade
II. Manual	2 Originalladen	1 Erweiterungslade
III. Manual	2 Originalladen	1 Erweiterungslade
IV. Manual	2 Originalladen	1 Erweiterungslade
Pedal	8 Originalladen	2 Erweiterungsladen
	2 Zusatzladen für Kontrabass 32′ C–F	

Das ergab in der Summe 24 Laden, gegenüber ursprünglich 16 Laden. Damit war die noch durch die mechanische Verbindung der Manualladen und Pedalladen gegebene Ordnung zerstört. Die übersichtliche Anordnung ging ebenso wie die bequeme Begehbarkeit des Instrumentes für Reparaturen und Stimmungen verloren.

1.2 DAS GEHÄUSE UND DAS GERÜST

Der Orgelumbau oder die Erweiterung im Jahre 1939 hatte damit den Zustand im Innern, wie oben beschrieben, gravierend verändert. Unangetastet blieb zu dieser Zeit jedoch noch das große neogotische Gehäuse des Vorgängerinstrumentes von JOHANN FRIEDRICH SCHULZE.

Auf einem Photo von etwa 1916 ist die ursprüngliche Gesamtsituation auf der Orgelempore recht gut zu erkennen. Relativ wenig zu sehen ist vom Untergehäuse; hier gab es sicher wie auch heute immer wieder Probleme mit dem Platz für Domchor und Orchester.

Nachdem dieser Prospekt auch den II. Weltkrieg weitgehend unbeschadet überstanden hatte, wurde er unverständlicherweise beim Umbau 1958 fast vollständig zerstört. Erhalten blieb nur die 7-gliedrige Aufteilung, ein Teil der Prospektpfeiler und Teile des Untergehäuses. Die Prospektpfeiler wurden mit Tischlerplatten- und Sperrholzblenden verkleidet. Unter die um etwa 1 Meter angehobenen Prospektstöcke wurden durchlässige Gitterwerksfüllungen geschraubt. Die neuen Prospektteile wurden farblich in Grau-, Weiß- und Blautönen gefasst.

Das alte Untergehäuse wurde durch ein vollständig neu gebautes Chorpodest, welches bis zur ehemaligen Höhe der Prospektstöcke reicht, vollständig verdeckt. Augenscheinlich wurden die verbliebenen Reste nicht sonderlich schonend behandelt. Alles, was störte oder irgendwelchen Leitungen im Wege war, wurde kurzerhand abgesägt oder teilweise sogar herausgebrochen. An den teilweise kompletten Außenpfeilern, aber auch an den gekürzten Mittelpfeilern wurden durch das Aufnageln der Verblendungen große Beschädigungen an der Oberfläche und den Profilen hervorgerufen.

Alter Prospektpfeiler zwischen Prospektpfeifen von 1958

Das Gerüstwerk in originalen Sauer-Orgeln besteht immer aus einer Kombination von reichlich dimensionierten senkrechten Massivholzständern und Querlagern aus Eisen-Doppel-T-Profilen, in der Regel Peine-Stahl. Einige wenige Verstrebungen und Querlager aus Holz geben der ganzen Anlage eine ausreichende Stabilität. Zwischen den Windladen sind für die gute Begehbarkeit ausreichend Gangböden angebracht. Die unterschiedlichen Ebenen erreicht man über stabile Leitern. Dies war auch das Grundkonzept der Sauer-Orgel in Bremen.

In der linken Seite des Untergehäuses befindet sich der Zugang zum Inneren der Orgel und eine Treppe in die Ebene der Prospektstöcke bzw. auf das ursprüngliche Windladenniveau.

Durch den zusätzlichen Einbau von immerhin 6 Windladen mussten zusätzliche Ständerhilfskonstruktionen und Querlager installiert werden. Auch im Bereich der Gangböden und Leitern mussten entsprechende Veränderungen durchgeführt werden.

Auch hier wurde sichtbar, dass für Sauer ursprünglich wichtige Qualitätskriterien dem Zeitdruck und später auch dem Zeitgeist zum Opfer fielen.

1.3 Die Windanlage

Im Untergehäuse der Orgel befindet sich seit 1894 eine ausreichend groß dimensionierte Balganlage. Sie besteht in der Hauptsache aus zwei großen doppelfaltigen Magazinbälgen. Der hintere versorgte das Pedal und die pneumatische Traktur, der vordere war für die Windversorgung der Manualladen vorgesehen. Unter dem hinteren Magazinbalg befinden sich noch immer 4 Schöpfbälge, die mit einer hintenliegenden Kurbelwelle angetrieben wurden. Als Antrieb diente ursprünglich ein großer Elektro- oder Gasmotor. Bis auf die erste Pleulstange und das erste Lager ist diese Vorrichtung einschließlich einer an der Kirchenrückwand befestigten Transmissionsriemenscheibe noch vorhanden. Ebenso vorhanden sind Reste einer elektrischen Steuerung für den Antriebsmotor in Abhängigkeit vom Balgaufgang. Wahrscheinlich wurde diese Anlage nach der Installation des großen elektrischen Orgelgebläses etwa um 1920 stillgelegt. Im vorderen Teil des Untergehäuses befindet sich noch ein kleinerer Magazinbalg mit zwei Schöpfbälgen in typischer Sauer-Bauart. Auch dieser Balg dürfte zwischen 1905 und 1920 in das Instrument eingebaut worden sein. Er diente vermutlich als Notwindversorgung bei Stromausfall für das Hauptmanual.
Der Wind aus den großen Magazinbälgen gelangte teilweise über Faltenkanäle (Manual) und feste Kanalverbindungen zu den Windladen bzw. zu den pneumatischen Relais. Für das IV. Manual wurde ein relativ großer Regulierbalg installiert, alle anderen Werke haben sogenannte Stoßfängerbälge mit einer Ausgleichfeder aus Holz.
Wiederum durch die Veränderungen von 1939 und 1958 musste die Balg- und Kanalanlage umgebaut und erweitert werden. Während bis 1939 noch in solider Weise gefertigte Holzkanäle und sauber verlegte Zinkkondukten eingebaut wurden, so hatten 1958 für eine Orgel untypische Materialien aus Lüftungs- und Sanitärtechnik den Vorrang.
Der Winddruck betrug zum Zeitpunkt der Untersuchung (Juni 1992) für die Manuale 70 mm WS, für das Pedal knapp 90 mm WS. Das letzte Orgelgebläse war vermutlich 1958 eingebaut worden (3,5 PS), Reste eines etwas größeren Gebläses standen noch im Untergehäuse.

1.4 Die Windladen

Bei den Untersuchungen der Orgel im Juni 1992 konnte festgestellt werden, dass die 1894 erbaute Orgel mechanische Kegelladen hatte. Diese Laden wurden durch Arbeitsbälge betätigt, diese wiederum wurden vom Spieltisch aus pneumatisch angesteuert. Die jeweils zu einem Werk gehörenden Windladen waren mecha-

Geöffnete Kegellade in der Werkstatt

nisch miteinander verbunden. Von vorn nach hinten lagen nun folgende Laden:

I. Manual   2 Laden
II. Manual 2 Laden
III. Manual 2 Laden im Schwellkasten, dahinter C- und Cs-Lade des Großpedals

Rechts und links von diesem Mittelblock liegen von vorn nach hinten je drei Laden des Kleinpedals mit 16'-Lade, 8'-Lade und 4'-Lade.

Seit 1905 gibt es eine ursprünglich rein pneumatisch angesteuerte Lade für das IV. Manual in der hinteren rechten Ecke der Orgel, in Höhe der Schwellwerksdecke vom III. Manual.

Wie schon in Abschnitt 1.1. beschrieben, wurde das Instrument 1939 in großem Umfang erweitert. Alle zusätzlichen oder umgestellten Register wurden auf neue pneumatische Taschenladen gestellt.

Bei der Umarbeitung der Orgel im Jahre 1958 wurde das gesamte Werk elektrifiziert. In diesem Zusammenhang wurden auch die Reste der mechanischen Verbindungstraktur von 1894 entfernt. Alle pneumatischen Kegelladen von 1894 erhielten neue, für Sauer untypische einschlagende Kegel mit neuen Kegeldrähten. Die unter die Laden geschraubten Membranleisten wurden von einem an der Vorderseite der Windlade sitzenden Relais angesteuert. Auch diese Art der Ansteuerung ist nicht für Sauer typisch. Im Original befinden sich die Relais immer in der Mitte unter der Lade, oder eine Relaiskanzelle wurde, wie bei der Lade des III. Manuals, in die Mitte der Lade integriert. Die Taschenladen von 1939 haben in der Mitte der Lade ein Abstromrelais, welches seit 1958, wie auch die übrigen Tonrelais der Orgel, mit Wippmagneten bestückt ist.

Die Registereinschaltungen der Windladen von 1894 hatten außenliegende Arbeitsbälge und ein Zwischenrelais mit Membransteuerung. Am Vorrelais wurde die Steuermembran gegen einen Wippmagneten ausgetauscht. Für die Zusatzladen von 1939 gab es durchweg innenliegende Arbeitsbälge mit Membranen und Magnetenansteuerung.

Auf der Oberseite der Windladen waren die Umstellungen und Umdisponierungen von 1939 und 1958 durch die Veränderungen an den Pfeifenstöcken und Rastern relativ deutlich erkennbar. Schwieriger zu definieren waren die Umdisponierungen von 1905 und 1926.

Insgesamt befanden sich alle Windladen in einem spielfähigen Zustand, alterungsbedingt gab es natürlich immer wieder Funktionsstörungen, vor allem im Bereich der Taschenladen.

1.5 Der Spieltisch und die elektropneumatische Traktur

1.5.1 Der Spieltisch

Der erste Spieltisch der dreimanualigen Sauer-Orgel von 1894 befand sich unterhalb des mittleren Prospektfeldes im Untergehäuse. Spuren von Bleirohrbefestigungen sind auch heute noch an den Gehäuseresten unterhalb des Chorpodiums erkennbar. Bei der ersten Erweiterung der Orgel auf 4 Manuale wurde der Spieltisch auf die Emporenmitte verlegt. Damit kam auch die ansonsten wegen ihrer Solidität und Perfektion gelobte Pneumatik Wilhelm Sauers an ihre Grenzen.

1958 (mit der Übernahme des Amtes des Kirchenmusikdirektors durch Hans Heintze) entschloss man sich zur Gesamtelektrifizierung der Traktur. Ein vollkommen neuer viermanualiger Spieltisch wurde gebaut. Dieser Spieltisch wurde unterhalb des neuen Chorpodestes in der Mitte der Empore aufgestellt. Der Organist blickt in Richtung Orgel. Dieser Spieltisch hatte folgende Spielhilfen:

Koppeln: II/I; III/I; IV/I; III/II; IV/II und IV/III
            sowie I/Ped; II/Ped; III/Ped und IV/Ped

4 freie Kombinationen, 1 freie Kombination Pedal, Pleno;
Tutti und Handregister ab;
Registerwalze, Walze ab, Koppeln aus der Walze,
Rohrwerke ab, Manual 16′ ab,
Schweller III und IV.

Die Schwelltritte hatten immer noch mechanische Verbindungen zu den Schwelljalousien.

Wie auch die Gehäuseveränderungen hatte dieser Spieltisch optisch und technisch nichts mehr mit einem Sauer-Spieltisch zu tun. Technisch entsprach er dem Stand der Erbauungszeit, optisch gab es keinerlei Beziehung zur Eleganz der Gestaltung des Originals. Großflächige furnierte Verbundplatten bildeten die Seitenteile, die Registerstaffeleien kragten weit nach vorn heraus, Registerwippen, Zügchen und sonstige Schaltelemente bzw. Anzeiginstrumente erinnerten mehr an ein großes Steuerpult als an ein Musikinstrument. Einige Details blieben immer unbefriedigend, wie zum Beispiel die Registereinschaltung des IV. Manuals, die durch das Notenpult verdeckt wurden, oder die Notenpultbeleuchtung.

1.5.2 Die elektropneumatische Tontraktur

Die 1958 installierte elektropneumatische Tontraktur hatte bis in die späten achtziger Jahre relativ sicher funktioniert. Allerdings war sie von Anfang an mit einigen konzeptionellen Mängeln behaftet.

Der am Tastenende angebrachte Kontakt zur Auslösung des elektrischen Impulses arbeitete ohne Elemente zur Funkenlöschung;

Elektrifizierte Kegelladen, von unten

eine erhöhte Korrosion und damit verbundene Funktionsunsicherheit waren die Folge. Die Spielart der Tasten war relativ leichtgängig, die Wirkung eines Gegengewichtes zur besseren Artikulation war nicht in ausreichender Größe vorhanden bzw. wurde durch eine Rückholfeder teilweise aufgehoben. Altersbedingte Verschleißerscheinungen an den Klaviaturen wie ausgespielte Tastenführungen und Achsungen am Mittelstift behinderten die Spielart ebenso in negativer Weise.

Die Verteilung der Orgelkabel zu den elektropneumatischen Relais erfolgte an einem großen Klemmbrett unter dem Chorpodest, etwa einen halben Meter vor dem ursprünglichen Spieltischstandort von 1894. Wie schon in Abschnitt 2.4 erwähnt, hatten alle Windladen Vor- bzw. Windladenrelais, die 1958 mit Wippmagneten bestückt wurden. Mit Ausnahme des IV. Manuals wurden sämtliche Reste der Sauer-Pneumatik entfernt. Dadurch konnte sich der explosive Impuls des Magnetenanschlags bis zu den Tonventilkegeln fortpflanzen. Eine harte unsensible Ansprache des Pfeifenwerkes war die Folge, der man durch intensive Verringerung der Fußlochdurchmesser an den Pfeifen und der Gesamtreduzierung des Winddruckes entgegenzuwirken versuchte.

Dieses Problem trat schwerpunktmäßig im Diskantbereich der Originalregister oder bei hochliegenden Zusatzregistern auf. Hier hatten also die Installation einer neuen Trakturart und ihre Wirkungsweise einen direkten Einfluss auf den Klang der Domorgel.

1.6 Die Disposition

Die Disposition der Orgel hatte sich seit der Erbauung des Instrumentes mehrfach geändert.

Vom dreimanualigen Instrument mit 65 Registern entwickelte es sich über verschiedene Zwischenstufen zum viermanualigen Instrument mit 100 Registern. Trotz dieser großen Erweiterung gab die Disposition immer wieder Anlass zu Diskussionen. Der Wunsch nach Veränderungen und vor allem Verbesserungen war ein ständiger Begleiter in der Orgelgeschichte. Hier seien die Dispositionen von 1894 und 1905 aufgeführt. Im übrigen sei auf den Beitrag von U. Pape über die Geschichte der Orgel verwiesen.

Disposition 1894

I. Manual (C–f³)		II. Manual (C–f³)	
Principal	16′	Principal	16′
Bordun	16′	Bordun	16′
Principal	8′	Principal	8′
Flute harm.	8′	Flöte	8′
Viol.d.Gamba	8′	Salicional	8′
Gemshorn	8′	Gedackt	8′
Gedackt	8′	Spitzflöte	8′
Quintatön	8′	Octave	4′
Octave	4′	Fl. dolce	4′
Rohrflöte	4′	Piccolo	2′
Rauschquinte 2fach		Rauschquinte 2fach	
Mixtur 3–5fach		Mixtur 3fach	
Cornett 3–4fach		Cornett 3fach	
Bombarde	16′	Fagott	16′
Trompete	8′	Tuba	8′
		Cor anglais	8′

Pedal (C–f¹)		III. Manual (C–f³, Schwellwerk)	
Contrabass	32′	Lieblich Gedackt	16′
Principalbass	16′	Gambe	16′
Subbass	16′	Geigenprincipal	8′
Violon	16′	Concertflöte	8′
Salicetbass	16′	Schalmei	8′
Quintbass	10 ⅔′	Lieblich Gedackt	8′
Offenbass	8′	Aeoline	8′
Bassflöte	8′	Voix celeste	8′
Violoncello	8′	Zartflöte	8′
Dulciana	8′	Quintatön	8′
Quinte	5 ⅓′	Praestant	4′
Octave	4′	Traversflöte	4′
Terz	3 ⅕′	Viola	4′
Contraposaune	32′	Flautino	2′
Posaune	16′	Mixtur 4fach	
Trompete	8′		
Clairon	4′		

1902 wurde durch die Firma SAUER das III. Manual um das Register Vox humana 8′ erweitert.

Im Jahre 1905 erfolge die Erweiterung der Orgel auf 4 Manuale. Es wurden 7 zusätzliche Register disponiert, wobei auch einige Register innerhalb der Orgel umgestellt bzw. ausgetauscht wurden.

Disposition 1905

I. Manual (C–f³)		II. Manual (C–f³)	
Principal	16′	vermutlich Principal	16′
Bordun	16′	Bordun	16′
Principal	8′	Principal	8′
Flute harm.	8′	Flöte	8′
Gamba	8′	Salicional	8′
Gemshorn	8′	Gedackt	8′
Gedackt	8′	Spitzflöte	8′
Quintatön	8′	Fl.dolce	4′
Octave	4′	Piccolo	2′
Gemshorn	4′	Rauschquinte 2fach	
Rohrflöte	4′	Mixtur 3fach	
Rauschquinte 2fach		Cornett 3fach	
Mixtur 3–5fach		Fagott	16′
Cornett 3–4fach		Tuba	8′
Bombarde	16′	Clarinette	8′
Trompete	8′		

		III. Manual (C–f³, Schwellwerk)	
Pedal (C–f¹)		Lieblich Gedackt	16′
Contrabass	32′	Gambe	16′
Principalbass	16′	Geigenprincipal	8′
Subbass	16′	Concertflöte	8′
Violon	16′	Schalmei	8′
Salicetbass	16′	Flötenprincipal	8′
Quintbass	10 ⅔′	Unda maris	8′
Offenbass	8′	Gemshorn	8′
Bassflöte	8′	Quintatön	8′
Violoncello	8′	Praestant	4′
Dulciana	8′	Traversflöte	4′
Quinte	5 ⅓′	Viola	4′
Octave	4′	Waldflöte	2′
Terz	3 ⅕′	Harm. aeth. 3fach	
Contraposaune	32′	Trompete harm.	8′
Posaune	16′	Campanelli	
Trompete	8′		
Clarine	4′	IV. Manual (Schwellwerk)	
		Quintatön	16′
		Spitzflöte	8′
		Aeoline	8′
		Voix cel	8′
		Rohrflöte	8′
		Zartflöte	4′
		Flautino	2′
		Vox humana	8′

Die Umdisponierungen in den Jahren 1925/26 wurden maßgeblich durch den damaligen Domorganisten, EDUARD NÖSSLER initiert. Dabei blieben das I. und II. Manual weitgehend unberührt, zwischen III. und IV. Manual fand jedoch ein großer Registertausch statt.

Ein weiterer, mit Sicherheit der schwerwiegendste Eingriff war die Erweiterung der Orgel zum 26. Bachfest im Jahre 1939. Die Disposition wurde auf 98 Register erweitert, dazu mussten in jedem Werk zusätzliche Laden installiert werden.

Mit diesem Umbau wurde sowohl das technische, als auch das klangliche Konzept der Orgel Wilhelm Sauers vollständig aufgelöst. Viele typische Sauer-Register, besonders in der 8′ Lage, gingen verloren. Hinzugefügt wurden vielchörige Mixturen, hochliegende Aliquote und neobarocke Zungenregister.

Nachdem die Orgel den II. Weltkrieg weitgehend unbeschadet überstanden hatte, erfolgte 1957/58 durch die Firma WALCKER aus Ludwigsburg ein gravierender technischer Umbau des Instrumentes. Die bis dahin existierende pneumatische Traktur samt Spieltisch wurde entfernt und gegen eine elektrische Traktur mit neuem Spieltisch ausgetauscht. Der Registerbestand erweiterte sich durch den Bau von 2 Extrakanzellen für die Prospektansteuerung auf 100. Das große neogotische Prospektgehäuse von Schulze wurde weitgehend zerstört. An seine Stelle trat eine moderne Orgelverkleidung aus farblich gefasster Tischlerplatte und Sperrholz.

Diese vor der Restaurierung vorliegende Disposition wurde bis zum Beginn der Restaurierungsarbeiten 1995 nicht mehr verändert. Mit der ursprünglichen Sauer-Disposition hatte sie freilich nur noch entfernt etwas zu tun. Auch klanglich hatten sich die verbliebenen Originalregister durch Winddruckreduzierung und Intonationsmanipulation stark verändert.

1.7 Das Pfeifenwerk

Das Pfeifenwerk der Domorgel stammt aus unterschiedlichen Bauepochen. Nach 1958 lag folgende Zusammensetzung vor:

1849	1 Register im Pedal (Kontrabass 32′)
1894	47 Register in folgender Verteilung: I = 15; II = 9; III = 7; IV = 6; Pedal = 10
1903	1 Register im IV. Manual (Vox humana)
1905	6 Register in folgender Verteilung: III = 2; IV = 4
1925/26	12 Register in folgender Verteilung: I = 4; III = 4; Pedal = 4
1939	32 Register in folgender Verteilung: I = 5; II = 8; III = 7; IV = 5; Pedal = 7
1958	2 Register in folgender Verteilung: I = 1, II = 1

Register von 1939 im Manual III: Bärpfeife 8′, Terzzimbel 3fach, Octave 2′ und Nachthorn 2′

So unterschiedlich wie die Baujahre, so unterschiedlich ist auch die Bauform und die Materialzusammensetzung der einzelnen Register. Die bis 1905 in die Orgel gestellten Register haben typisch Sauersche Bauformen. Im einzelnen heißt das: Principale, Streicher und offene Flöten mindestens 90 % Zinn, Füße aus 40 % Zinn. Gedackte und Halbgedackte wurden aus 40 % Zinn hergestellt. Die Pfeifen wurden handschriftlich mit dem Registernamen bzw. einer Abkürzung beschriftet. Für die Tonbezeichnung gab es einen kleinen Stempel.

Alle Holzpfeifen wurden aus feinjähriger Kiefer gefertigt und haben innen einen Bolusanstrich. Die Vorschläge und Kernvorderkanten sind aus Eiche bzw. Buche. Stimmschieber wurden bei großen Pfeifen ebenfalls aus Kiefer hergestellt, engmensurierte Streicher haben Stimmschieber aus Eiche. Ab 4′ Länge finden wir bei offenen Holzregistern Stimmlappen. Pfeifenfüße und Spundgriffe wurden aus gedämpfter Rotbuche gedrechselt. Holz- und Metallpfeifen der scharfen Streicher wie Gambe, Schalmei, Fugara, Violini oder auch Violon und Cello hatten Streichbärte aus Messing. Die Zungenstimmen haben je nach Baujahr Schallbecher aus gehobeltem Material oder Naturguss. Generell gilt für die Zeit vor 1900 gehobelt, später Naturguss. Die Zungenköpfe sind aus Hartblei, vor 1900 im Block stehend, nach 1900 hin und wieder mit Bleistiefeln. Die große 32′-Kontraposaune hat Extrastiefel aus Holz. Zungen und Kehlen sind allesamt aus Messing, ebenso die Stimmkrücken. Bis in die kleine Oktave der 8′-Zunge wurden in der Regel die Kehlen beledert.

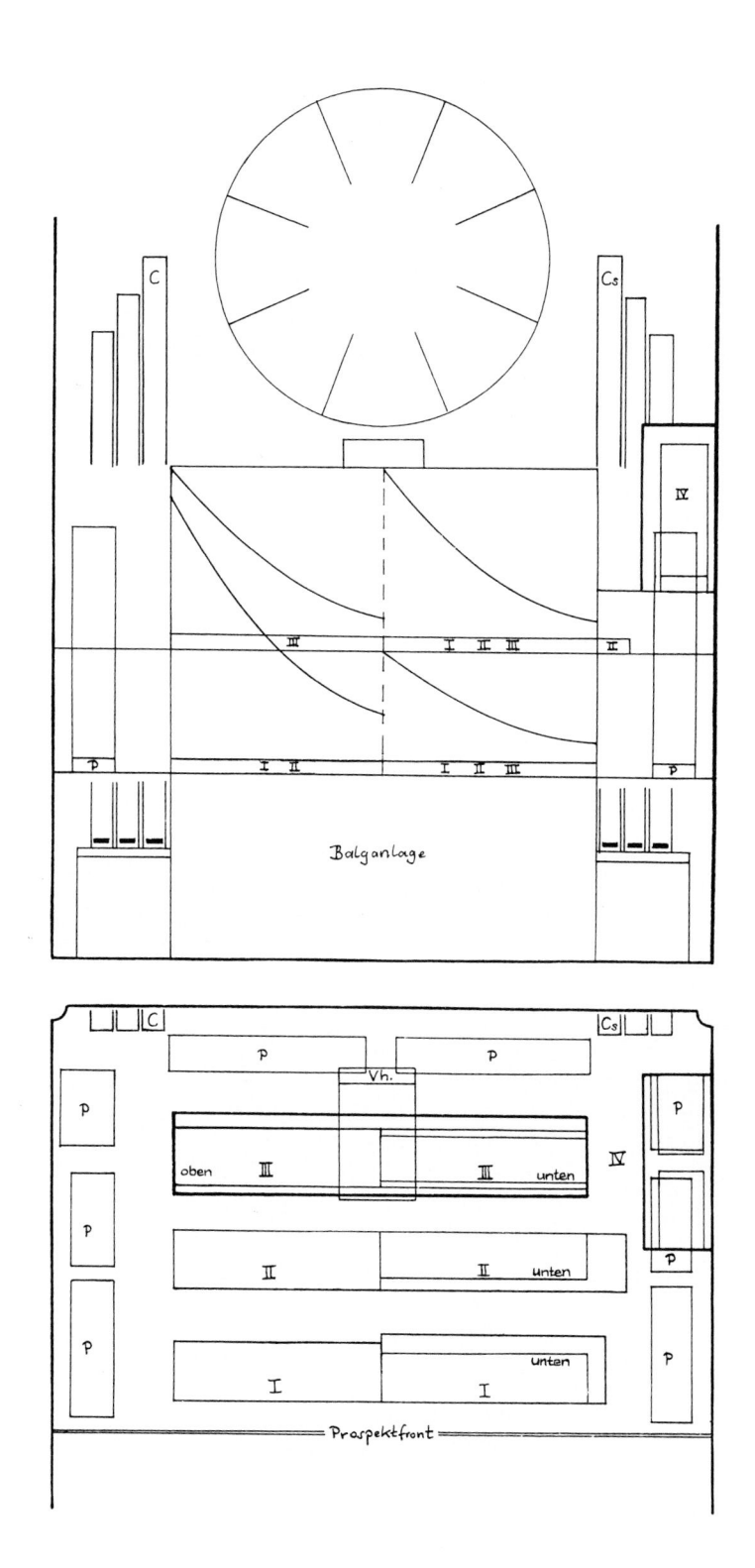

Schema der Windladenverteilung

2 Die Restaurierungsarbeiten

2.1 Arbeitsumfang, Zeitablauf, Kostenanschlag etc.

Der Entschluss zur Auftragsvergabe an die Orgelwerkstatt Scheffler hat eine interessante Vorgeschichte, die hier in chronologischer Reihenfolge aufgeführt sein soll.

24. und 25. Juni 1992
    Erster Besuch durch Christian Scheffler und Kristian Wegscheider in Bremen

25. Juni 1992
    Erstes Gespräch zwischen Dombauherren, Predigern und Dommusikern mit den Orgelbauern über ein mögliches Restaurierungskonzept.

29. und 30. Juni 1992
    Exkursion der Dombauherren und Dommusiker zu den Sauer-Orgeln nach *Leipzig, St. Thomas, St. Michaelis* und *St. Nikolai*
    Vorstellung aller drei Orgeln durch Matthias Ullmann und Christian Scheffler
    Abschlussbesprechung mit Bitte um Konzeption und Projektbetreuung durch Herrn Scheffler,

26. und 27. August 1992
    Zweiter Besuch von Christian Scheffler in Bremen, diesmal in Begleitung von Matthias Ullmann (Intonateur und freier Mitarbeiter der Fa. Scheffler).
    In einem Gespräch mit Dombauherren, Dompredigern und Dommusikern stellt Christian Scheffler erstmalig ein konkretes Konzept zur Restaurierung der Bremer Domorgel vor und erklärt seine Bereitschaft zur Übernahme des Auftrages (Fertigstellung in 1996).
    Die Dombauherren und die Domprediger stimmen der vorgelegten Konzeption zu, die Dommusiker, besonders Domkantor Wolfgang Helbich wünscht Änderungen und Ergänzungen.

14. bis 16. Oktober 1992
    weiterer Besuch von Christian Scheffler mit Mitarbeiter Jost Truthmann zur Durchführung von Vermessungs- und Planungsarbeiten in Bremen

6. November 1992
    Vorlage einer verbindlichen Konzeption zur Restaurierung der Domorgel mit Kostenrahmen.

3. Februar 1993
    Vorstellung der Konzeption auf der Konventssitzung (I. Teil) mit sehr angeregter, teils auch sehr kontrovers geführter Diskussion.
    Erster Kontakt mit Käte van Tricht, die sehr engagiert in die Diskussion eingreift und ihre Bereitschaft erklärt, sofort nach

Leipzig zu reisen, um sich von der Qualität der Arbeiten der Werkstatt Scheffler selbst ein Bild zu machen

Nach der offiziellen Diskussion treffen sich Prof. Helbich und Christian Scheffler zu einem „Vieraugengespräch" auf der Orgelempore

4. und 5. Februar 1993

Käte van Tricht besucht Leipzig und die Sauer-Orgeln in St. Thomas, St. Michaelis und St. Nikolai und hat sehr intensive Gespräche mit den Orgelbauern der Fa. Scheffler

8. Februar 1993

Konventssitzung II. Teil: Frau van Tricht berichtet von ihrem Besuch in Leipzig und plädiert eindeutig für die Auftragsvergabe an die Fa. Scheffler mit der Option, dass „Helbich und Scheffler sich einigen". Beschluss

11.3. und 12. März 1993

Prof. Helbich fährt nochmals nach Leipzig, um sich in Ruhe mit der Sauer-Orgel der Thomaskirche zu beschäftigen

1. und 2. April 1993

Zusammenkunft von Prof. HELBICH, Prof. BAUMGRATZ und SCHEFFLER zur Einigung über endgültiges Konzept der Restaurierung

Helbich – Beibehaltung von Neobarockregistern

Baumgratz – Musikalisch vertretbare Lösung

Scheffler – komplette Umsetzung des Konzeptes nach Sauer 1905 mit Erweiterungen im Sinne Sauers, Neobarockregister sind nur in additiver Variante möglich.

10. Mai 1993

Nochmaliger Besuch von Christian Scheffler mit Mitarbeiter JOST TRUTHMANN zur Überprüfung der Realisierbarkeit der letzten Variante

18. Mai 1993

Vorlage einer modifizierten Konzeption mit erweiterter Disposition und aktualisiertem Kostenrahmen durch Christian Scheffler

4. Juni 1993

Offizielle schriftliche Auftragserteilung durch das Bauherrenkollegium, unterzeichnet von Dr. BAHNSON

11. Juni 1993

Schriftliche Bestätigung des Auftrages zur Restaurierung durch die Orgelwerkstatt

28. September 1993

Vorlage eines Restaurierungsvertrages durch die Orgelwerkstatt

18. November 1993

Unterzeichnung des Restaurierungsvertrages im Club zu Bremen Dr. BAHNSON, OVERBECK, SCHEFFLER

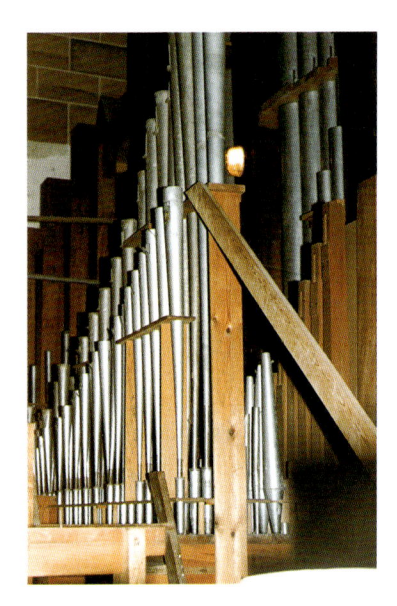

Zusatzlade von 1939 mit Clarine 4′, Trompete 8′ (1894), Glöckleinton 2 fach und Flachflöte 2′

Januar 1994 und Mai 1995
    Vorarbeiten in der Werkstatt – Planung und Projektierung
    Ausstattung Spieltisch
    Finanzierung Gehäuse

12. Juni 95 bis zum 23. Juni 1995
    Demontage III. Manual und Schwellergehäuse III. Manual
    Ausbau aller Zusatzladen für I. III. III. IV und Pedal

August bis Dezember 1995
    Werkstattarbeiten: Windladenneubau, Pfeifenbau, Windladenüberarbeitung, Schweller III Neubau, Neuanfertigung von Membranleisten, Membranen und Pneumatikteilen
    Gerüst und Gestellneubau bzw. Ergänzung

Oktober/November 1995
    Neubelederung der Magazinbälge

Januar/Februar 1996
    Demontage aller noch in der Orgel verbliebenen Windladen incl. Pfeifenwerk, Transport aller demontierter Teile in die Werkstatt nach *Sieversdorf*

Januar bis April 1996
    Werkstattarbeiten an Windladen, Pfeifenwerk, Schweller, Spieltisch, Untergehäuse, Gerüstwerk, Kanalanlage

April bis August 1996
    Montage der restaurierten Orgelteile, Aufstellung des Gerüstes, Einbau der Windladen, Einbau der Kanalanlage, Aufbau des Schwellwerkgehäuses (III), Änderung des Schwellwerkgehäuses (IV), Vorbereitung des Pfeifeneinbaus, Installation der Orgelpneumatik und der Orgelelektrik, Aufstellung und Anschluss des elektrischen Spieltisches, Intonationsvorbereitung am rekonstruierten und überarbeiteten Pfeifenwerk, Gehäuserekonstruktion erster Abschnitt

August bis Anfang Dezember 1996
    Restarbeiten an der Orgeltechnik
    Nach- und Neuintonation am restaurierten bzw. rekonstruierten Pfeifenwerk, Einbau des Pfeifenwerkes und der Prospektpfeifen

13. Dezember 1996
    Kaisersaal im Ratskeller zu Bremen – Orgelschmaus
    Dombauherren, Prediger, Musiker, Orgelbauer, alle mit Frauen

15. Dezember 1996
    Orgelweihe im Festgottesdienst (Rundfunkübertragung), Domchor, Prof. HELBICH, Prof. BAUMGRATZ, Dr. BAHNSON, Pastor PETER ULRICH, anschließend kleiner Empfang im Kapitelhaus mit kurzen Ansprachen, u.a. mit Bürgermeister HENNING SCHERF

11. Januar 1997
    Orgelabnahme durch Prof. U. BÖHME (Thomaskirche Leipzig) und Prof. H. J. BUSCH (Hochschule Köln und Siegen)
    weitere Anwesende: Dommusiker, Dombauherren, Prediger.

Nach der ersten Besichtigung der Domorgel im Juni 1992 war recht bald klar geworden, dass es sich bei den Restaurierungsarbeiten um ein sehr großes Projekt handeln würde.

Die von der Orgelwerkstatt Christian Scheffler vorgelegte Restaurierungskonzeption ging zunächst von der Rekonstruktion des Orgelzustandes von 1905 aus. In unterschiedlichen Schriften und Berichten tauchte aber immer wieder der Hinweis auf, dass die Sauer-Orgel den großen Kirchenraum nicht befriedigend zu füllen vermochte. In diesem Sinne argumentierte auch GERALD WOEHL und schlug den Neubau einer großen klangprächtigen Orgel vor.

In jedem Fall aber wurde nicht wirklich nach den Ursachen des fehlenden Klangvolumens geforscht. Immerhin hatte die Orgel in ihrer Fassung seit 1957/58 einhundert Register.

Bei unseren Untersuchungen nach der Demontage konnten jedoch deutliche Veränderungen am Pfeifenwerk wie eingekulpte Fußspitzen und verengte Kernspalten festgestellt werden. Der Winddruck lag sowohl im Pedal als auch im Manual bis zu über 20 mm WS unter den für Sauer-Orgeln typischen Werten. Seit 1957/58, aber auch schon früher, fehlten wichtige Registergruppen wie Streicher und Flöten ganz, teilweise oder waren oktavversetzt am falschen Ort in falscher Funktion aufgestellt worden.

Um das Problem der Klangstärke der Orgel zu lösen, wurde im Konzept gegenüber dem Zustand von 1905 eine Erweiterung der Disposition um etwa 10 Register vorgeschlagen. Diese Register sollten typische Sauer-Register sein und sich an vergleichbaren Orgeln wie in der *Thomaskirche* zu *Leipzig* oder im *Berliner Dom* orientieren.

In der ersten Fassung der Konzeption wurde daraufhin eine Disposition mit 85 Registern vorgelegt. Wegen des ausdrücklichen Wunsches von Prof. Helbich wurden in eine erweiterte Disposition zusätzlich 13 Register aus dem Bestand der Orgel von 1926–1939 übernommen. Mit Glockenspiel und einer zusätzlich angebotenen Transmission für Echobass 16′ hatte die Orgel nun wiederum 100 Register.

2.2 Die Orgelanlage

Im Zusammenhang mit der Dispositionserweiterung im Sinne von Sauer und durch die Übernahme von Registern aus dem Bestand musste immer wieder die Platzfrage erörtert werden. Die ursprüngliche Orgelanlage ging davon aus, dass alle Windladen in einer Ebene liegen.

Für 65 Register war der Platz auch ausreichend, aber bereits bei der Erweiterung um ein 4. Manual im Jahre 1905 wurde die dazugehörige Lade über der 4′-Lade des Pedals auf der Cs-Seite plaziert.

Um nun die zusätzlichen Register unterzubringen, wurde eine Variante gewählt, die auch Sauer in vielen seiner Instrumente praktiziert hat. Offene 16′ und 8′ Register werden auf einer Oberlade angeordnet, gedeckte 8′ Register, 4′ Register sowie Aliquote und Klangkronen stehen auf einer Unterlade. Dieses hat nicht nur platztechnische Gründe, auch klanglich hat es für Sauer-Orgeln typische Auswirkungen. Die Stimmen hauptsächlich in der 8′-Lage haben freie Klangabstrahlung nach oben zum Gewölbe und nach vorn in den Kirchenraum, während höher liegende Register etwas von ihrer Schärfe verlieren und mischungsfähiger werden.

Dieses Prinzip wurde auch bei der Neukonzeption der Bremer Domorgel angewandt. Dadurch konnte die originale Reihenfolge und Anordnung der Windladen von 1894 weitgehend beibehalten werden.

Für das I., II. und III. Manual wurde jeweils eine Zusatzlade gebaut, die auf der Cs-Seite der Orgel als Oberlade aufgestellt wurden. Die Originalladen von 1894 für I. und II. Manual blieben auf der unteren Ebene liegen. Um etwa 2 m nach oben versetzt wurden die Originalladen des III. Manuals. Hier wurde die zusätzlich angefertigte Lade auf der unteren Ebene angeordnet. Durch diese Aufstellung hat ein Großteil des Pfeifenwerkes eine bessere Klangabstrahlung in den Kirchenraum.

Das III. Manual erhielt einen komplett neuen Schwellkasten mit horizontalen Schwellklappen.

Das Großpedal und die seitlich aufgestellten 16′-, 8′- und 4′-Laden des Pedals befinden sich auf der unteren Windladenebene an originalem Standort.

Die Kanzelle für die Vox humana des IV. Manuals wurde in der Mitte hinter dem Schwellkasten vom III. Manual plaziert. Aus einem separaten Gehäuse wird ein trichterförmiger Schallkanal bis an die Decke des Schwellwerkgehäuses geführt. In diesem Kanal befindet sich auch eine Drosselklappe.

Im Untergehäuse der Orgel sind 2 große Doppelfalten-Magazinbälge am originalen Standort zu finden. Der hintere Balg hat 4 Paar Schöpfbälge, die ursprünglich von einer Kurbelwelle angetrieben wurden. Diese Einrichtung ist nicht mehr in Betrieb.

Weiterhin im Untergehäuse untergebracht ist im vorderen linken Teil ein kleines Magazingebläse mit zwei Schöpfbälgen, eine Einrichtung, die vermutlich um 1905 in die Orgel kam, um im Falle von Stromausfall eine Notwindversorgung realisieren zu können. Auch diese Einrichtung ist nicht mehr in Betrieb.

Im hinteren rechten Teil der unteren Ebene befindet sich eine gemauerte Motorschutzkammer für das elektrische Orgelgebläse (seit 1996 Laukhuff 85 cbm/180 mm WS 7,5 PS) Die Holzwand mit Zugangstür wurde 1996/97 erneuert und den neuen Verhältnissen angepasst. Im vorderen rechten Teil des Untergehäuses befinden sich die Schalt- und Steuereinrichtungen für den elektrischen Teil der Ton- und Registertraktur, die entsprechenden Klemmbretter für die Orgelkabel sowie die Schwellerjalousiesteuerungen.

2.3 Das Gerüst und das Gehäuse

Das Gerüstwerk der Orgel besteht in der Hauptsache aus senkrechten Holzständern (150 x 75) und waagerechten Stahlprofilen NP 140 Doppel-T. Diese Profile aus Peine/Salzgitter wurden schon 1894 verwendet. Wegen der Verlegung der Windladen in zwei Ebenen mussten einige Holzständer in originaler Bauform gänzlich neu angefertigt werden. Die notwendigen zusätzlichen Stahlprofile wurden wiederum aus Salzgitter (mit originalem Aufdruck) bezogen. Die Verbindung zu den senkrechten Ständern erfolgt durch Gewindeschrauben, das Stahlprofil wurde in den Holzständer eingelassen. Zwischen den Windladen sind geräumige Gangböden neu angefertigt worden. Die unterschiedlichen Ebenen erreicht man über neu gebaute Leitern. Unter dem Schwellwerk C-Seite gibt es eine geräumige Arbeitsebene für die Ausführung von Servicearbeiten innerhalb des Instrumentes.

Der Zugang zur Orgel erfolgt durch das Untergehäuse auf der C-Seite über eine etwa 4 m lange Treppe.

Die Anordnung des Ständerwerkes und die Lage der Stahlprofile ist der Anlagezeichnung zu entnehmen.

Zur Stabilisierung gibt es Abfangungen zur Prospektwand, den Seitenwänden und der Emporenrückwand. Vom Schwellwerksgehäuse zu den Prospektständern wurden 4 Querbänder aus Holz eingesetzt.

Die Arbeiten am neugotischen Gehäuse der Domorgel gestalteten sich anfänglich sehr kompliziert. Durch die Umgestaltung der Empore im Zusammenhang mit der Vernichtung des Originalgehäuses war es nicht mehr möglich, die originalen Proportionen des Gehäuses wiederherzustellen. Die oberste Stufe des seit den sechziger Jahren bestehenden Chorpodestes hatte ungefähr das Niveau der Prospektstöcke des originalen Gehäuses. Unter dem Chorpodest waren die Reste des alten Gehäuses noch gut sichtbar, teilweise natürlich arg zerstört. Vom Originalprospekt übrig ge-

Neuer Sockel über dem Chorpodest

blieben war die Aufteilung der Pfeifenfelder und hinter den Verkleidungen Reste der Prospektpfeiler aus Eiche mit aufgesetzten Zierleisten und Turmhauben mit Ziergiebeln.

Nach langen Verhandlungen und nach Klärung der Finanzierung wurde bei der Rekonstruktion des neugotischen Orgelgehäuses folgende Ausführungskonzeption umgesetzt:

Über die oberste Chorpodeststufe wurde ein neuer Sockel gesetzt, der sich am Vorbild des Originalprospektes orientierte. Alle Pfeiler mit Zierleisten, Giebeln und Spitzentürmchen wurden ab diesem Punkt originalgetreu rekonstruiert. Auf die Verzierungen vor den großen Pfeifenfeldern wurde wegen der unstimmigen Proportionen verzichtet. Die im Lager des Amtes für Denkmalpflege aufbewahrten Engelsfiguren, die den Prospekt ursprünglich bekrönten, wurden restauriert und an den originalen Standort zurückversetzt.

Folgende Aufstellung gibt einen Überblick über den Umfang der Arbeiten bei der Rekonstruktion des neugotischen Orgelgehäuses:

– Anfertigung eines neuen Sockelgehäuses, in Profil und Gestaltung am originalen Untergehäuse orientiert durch die Orgelwerkstatt Scheffler, Ausführung durch die Holzbildhauerwerkstatt Thomas Jäger aus Dresden:
– Demontage der modernistischen Verkleidungen an den 8 Pfeilern des Prospektes
– Aufmessen der vorhandenen Teile einschließlich der Abnahme von Profilen.
– Aufnehmen der exakten Querschnitte an den Schnittstellen der abgesägten Pfeiler
– Oberflächenreinigung der vorhandenen Pfeilerreste und Giebel ab Oberkante
– neues Chorpodest
– Instandsetzung und Aufarbeitung der wiederverwendeten Originalteile
– Anfertigung von 4 Ergänzungen der Pfeilerstümpfe mit Kreuzdächern
– Anfertigung von 4 Helmen
– Anfertigung von 4 Fialen
– Anfertigung von 3 Engelspostamenten
– Anfertigung von etwa 60 m geraden Rahmenteilen
– Anfertigung von diversen Bogenteilen inclusive Verleimungen
– Anfertigung des Blendwerkes unter den Kreuzdachgiebeln (Motiv Blatt bzw. Vierpass)
– Anfertigung von Maßwerken: Mittelrisalit 1x, Seitenrisalite 2 x, Zwischenfronten 4x
– Anfertigung von 3 Kapitellen an den Engelspostamenten mit je 8 Blatt- oder Knorpelwerken
– Anfertigung von 3 Konsolen für Engelspostamente
– Anfertigung von 8 Sprengwerken
– Anfertigung von 61 Kreuzblumen in 5 Typen

Neue Pfeilerenden mit Kreuzdächern

– Anfertigung von 484 Krabben in 4 Typen
– Komplettierung und Zusammenbau vor Ort
– Oberflächenbehandlung mit Beize und Wachs

Als Material wurde bis auf die Füllungen (furnierte Tischlerplatte) ausschließlich massive Eiche verwendet.

Die Gehäusearbeiten erfolgten zeitgleich mit den Orgelarbeiten 1996. Restarbeiten wurden im Frühjahr 1997 ausgeführt. Als Rekonstruktionsgrundlagen dienten eine Fotografie von 1916, mehrere Abbildungen und Stiche von der Orgel, die in Bremen vorgefundenen Originalteile, sowie eine Zeichnung im Maßstab 1:20, hergestellt durch die Orgelwerkstatt.

2.4 Die Windanlage

Seit etwa 1920 gibt es in der Domorgel ein elektrisches Gebläse. Bis zu diesem Zeitpunkt wurde die Orgel über die Schöpfbälge, die von einem Motor über eine Transmission mit Kurbelwelle angetrieben wurden, mit Wind versorgt. Da das erste Gebläse vermutlich einen Gleichstrommotor hatte, gab es auch eine leistungsabhängige Motorsteuerung. Reste davon sind auch heute noch am hinteren großen Magazinbalg zu finden.

Bei den Restaurierungsarbeiten mussten folgende Bereiche intensiv bearbeitet werden:
– die zwei großen Magazinbälge
– die vorhandene Kanalanlage
– die neue Kanalanlage zur Versorgung der zusätzlichen Windladen
– die Faltenkanäle, die Stoßfängerbälge und der Zwischenbalg für das IV. Manual sowie der Tremulant für die Vox humana

2.4.1 Die zwei grossen Magazinbälge

Der hintere große Magazinbalg wurde gereinigt, holztechnisch überarbeitet, komplett neu beledert und papiert. Die Schöpfbälge wurden gereinigt und abgedichtet.

Der vordere große Magazinbalg wurde ebenfalls gereinigt, holztechnisch überarbeitet, komplett neu beledert und papiert.

Bei der Überarbeitung der Zarge sowie der Decken und Bodenfüllungen mussten viele Öffnungen geschlossen werden, die für den Anschluss von nicht mehr benötigten Kanälen und Kondukten aus unterschiedlichsten Umbauphasen eingebracht worden waren.

2.4.2 Die vorhandene Kanalanlage

Von der vorhandenen Kanalanlage konnte nur relativ wenig wiederverwendet werden, weil die vielen Veränderungen und Umbauten an der Orgel zu einem sehr uneinheitlichen Zustand ge-

Windversorgung mit Papprohren (Zustand 1958)

führt hatten. So wurden speziell bei den Umbauarbeiten 1957/58 neben den alten Massivholzkanälen auch Papprohre, flexible Lüftungsrohre aus Aluminium und Plastikrohre aus der Installationstechnik verwendet.
Deshalb wurden von der ursprünglichen Kanalanlage nur der Hauptkanal vom Motor zum hinteren Magazinbalg und die Verbindungskanäle vom hinteren zum vorderen Magazinbalg aufgearbeitet und wiederverwendet.

2.4.3 Die neue Kanalanlage

Nach dem Vorbild vergleichbarer Sauerorgeln und entsprechend dem Windbedarf der originalen und zusätzlichen Windladen wurde eine einheitliche neue Kanalanlage konzipiert und gebaut. Die Kanäle wurden aus Massivholz (Kiefer) gefertigt und in der für Sauer typischen Bauweise blau papiert.
Für alle pneumatischen Bauteile der Ton- und Registertraktur wurden neue Windversorgungskondukten aus Zink angefertigt und verlegt.

2.4.4 Sonstige Arbeiten

Durch die Neukonzipierung und Vereinheitlichung der Kanalanlage konnte die Zahl der Faltenkanäle, die den vorderen Magazinbalg mit der Kanalanlage verbinden, auf die ursprüngliche Zahl von zwei Stück reduziert werden.
Die Stoßfängererbälge für die Manualladen und das Pedal blieben allesamt erhalten und wurden nach Überarbeitung und Neubelederung an den dafür vorgesehenen Stellen an der Kanalanlage bzw. auf den Registerkanälen angebracht.
Der Regulierbalg für das IV. Manual wurde ebenfalls komplett neu beledert und wieder an das Windsystem angeschlossen. Da es sich um einen Einfaltenregulierbalg handelte, musste zusätzlich für das IV. Manual ein Stoßfängerbalg gebaut werden, der auf dem Registerkanal angebracht wurde.
Instandgesetzt wurde auch der Tremulant für die Vox humana. Er erhielt seinen neuen Platz unter der linken Oberlade des III. Manuals und wurde in die Windversorgung für die Extrakanzelle der Vox humana eingebunden.
Die Winddrücke in der Balg- und Kanalanlage gestalten sich nun wie folgt:
– hinterer Magazinbalg für Pedal und Traktur: 130 mm WS
– vorderer Magazinbalg für die Manuale I bis III: 100 mm WS
– IV. Manual nach Reduzierung durch Regulierbalg: 82 mm WS
Das neue Orgelgebläse der Fa. Laukhuff liefert bei 1400 U/min 85 cbm Orgelwind mit maximalem Winddruck von 180 mm WS bei einer Leistung von 7,5 PS.

2.5 Die Windladen

Durch die Erweiterung der Disposition und wegen der Beibehaltung einiger Register aus dem Bestand von 1926 und 1939 hat sich die Anzahl der Windladen auf insgesamt 17 erhöht.

Dazu kommen noch eine Kanzelle für die Vox humana und die Kanzellen für die Ansteuerung der Prospektpfeifen. Weiterhin wurden zu den Originalladen von 1894 Erweiterungsladen für die Töne fs^3–a^3 in allen vier Manualen gebaut. Für das II. Manual wurden die Register Bordun 16′, Salicional 16′, Principal 8′, Flöte 8′, Spitzflöte 8′, Gedackt 8′, Salicional 8′ sowie Fagott 16′, Tuba 8′ und Clarinette 8′ wegen der Superoctavkoppel II/I auf eine Zusatzlade von fs^3 bis a^4 gestellt.

Zusatzlade für die Töne fs^3– a^3

Insgesamt ergibt sich folgende Übersicht und Zusammenstellung:
I. Manual
    Unterlade links, 1894, C–f^3, und Erweiterungslade, fs^3–a^3, 1996
    Unterlade rechts, 1996, C–a^3
    Oberlade rechts, 1894, C–f^3, und Erweiterungslade, fs^3–a^3, 1996
II. Manual
    Unterlade links, 1894, C–f^3, und Erweiterungslade, fs^3–a^4, 1996
    Unterlade rechts, 1996, C–a^3
    Oberlade rechts, 1894, C–f^3, und Erweiterungslade, fs^3–a^4, 1996
III. Manual
    Oberlade rechts, 1894, C–f^3, und Erweiterungslade, fs^3–a^3, 1996
    Oberlade rechts, 1894, C–f^3, und Erweiterungslade, fs^3–a^3, 1996
    Unterlade rechts, 1996, C–a^3
IV. Manual
    Einzellade, 1905, C–f^3, und Erweiterungslade, fs^3–a^3, 1996
IV. Manual
    Vox humana, C–a^3, erweitert 1996
Pedal
    Großpedal, C- und Cs-Seite 1894, C–f^1, und 1 Kanzelle 1996
    Großpedal, Kontrabass 32′ C, D und E sowie Cs, Ds und F je eine Extra-Ansteuerung als Taschenlade
    Kleinpedal 16′, C- und Cs-Seite, 1894, C–f^1
    Kleinpedal 8′, C- und Cs-Seite, 1894, C–f^1
    Kleinpedal 4′, C- und Cs-Seite, 1894, C–f^1, 2 Kanzellen 1996

An den Windladen mussten folgende Arbeiten ausgeführt werden: Die originalen Windladen von 1894 wurden entsprechend der Gesamtrestaurierungskonzeption auf pneumatische Kegelladen in Sauerscher Bauart umgerüstet. Der Umbau und die Elektrifizierung durch WALCKER 1956/57 hatte nicht berücksichtigt, dass bei größeren pneumatischen Kegelladen die Membranleisten immer in der Mitte geteilt sind, und das Windladenrelais zur Versorgung

Pneumatische Spieltraktur von der neuen Zusatzlade zur hochgesetzten Lade (Manual II)

der Membranleisten mit Wind direkt darunter angebracht oder in den Kanzellenkorpus integriert wurde.

Für die gänzlich neu gebauten Laden wurde die letztere Variante gewählt, während die ursprünglich mechanischen Kegelladen von 1894 wie auch in der *Leipziger Thomaskirche* durch ein sogenanntes untergehängtes Relais angesteuert werden.

Im Zusammenhang mit den Umrüstungsarbeiten musste festgestellt werden, dass 1957/58 auch alle aufschlagenden Ventilkegel durch einschlagende Kegel nach Walckerscher Bauart ersetzt wurden. Dieses wurde rückgängig gemacht. Die gesamte Orgel hat bis auf die Ansteuerung der Töne C–F des Kontrabasses 32′ nun wieder die für Sauer typischen aufschlagenden Kegelventile mit doppelter Belederung und Gegenkegel mit 4 Filz- und 2 Lederscheiben zur Gangbegrenzung und Geräuschdämpfung.

Im Bereich der Registereinschaltungen wurden alle Laden mit den um 1905 üblichen unter der Lade liegenden Einschaltungsbälgen bestückt. Die Windzufuhr für die Arbeitsbälge und die Steuerung kommt dabei direkt aus dem Registerkanal bzw. über eine Zinkkondukte (etwa 80 mm Querschnitt) aus dem Kanalsystem.

Umfassend erneuert wurden auch alle anderen Belederungen an den Windladen, sowie die Dichtungen zwischen Windladenschenkel und Pfeifenstöcken. Hier war zwischenzeitlich eine Pappdichtung angebracht worden. Dem Original entsprechend wurden die Kanzellen wieder mit Dichtungspapier verschlossen. Die Abdichtung zwischen Windladenschenkel und Pfeifenstock erfolgt mit einem textilen Dichtungsstoff.

An allen originalen Windladen mussten die bei den Umdisponierungen veränderten Pfeifenstöcke und Pfeifenraster erneuert werden. Darüber hinaus wurde es auch notwendig, originale Stöcke und Pfeifenraster umfassend zu erneuern und zu ergänzen, um die stabile Aufstellung des Pfeifenwerkes wieder zu garantieren.

Für die großen Holz- und Metallpfeifen wurden entsprechende Hängeleisten und Hängevorrichtungen für alle Pfeifen ab 8′ Länge H abwärts angefertigt und angebracht. Die Zungenregister bekamen zusätzliche Oberraster zur Stabilisierung der Schallbecher bis 8′ Länge c^1.

2.6 Der Spieltisch und die elektropneumatische Traktur

2.6.1 Pneumatischer Teil

Durch den Wunsch nach einem beweglichen Spieltisch seitens der Auftraggeber wurde klar, dass eine komplette Rekonstruktion der pneumatischen Ton- und Registertraktur nicht realisiert werden konnte. Hinzu kam natürlich auch die Tatsache, dass pneumatische Systeme in der Größenordnung, wie sie in Bremen ursprünglich vorhanden waren, an die Grenze der akzeptablen Funktionsfähigkeit kommen.

Andererseits war bekannt, dass elektrische Trakturen neben der positiv zu wertenden Präzision in An- und Absprache den unangenehmen Nebeneffekt des harten „Anschlags" oder des unsensiblen Weiterleiten des den Klang beeinflussenden Trakturimpulses an sich haben.

Aus diesem Grund wurde bei der Konstruktion und Anlage der elektropneumatischen Traktur ein größerer pneumatischer Teil beibehalten bzw. wieder rekonstruiert. Ein Wippmagnet steuert den Ventilkegel eines Vorrelais. Zwischen Vorrelais und Windladenrelais befindet sich eine etwa 1,5 bis 2 m lange Bleikondukte in den für Sauer-Orgeln typischen Abmessungen von 10 x 8 mm.

In dieser Kondukte wird der harte elektrische Impuls gedämpft. Die weitere Steuerung erfolgt dann wie in jeder anderen pneumatischen Sauer-Orgel über Windladenrelais und Membranleisten mit den für Sauer typischen Membranenmaßen und Bohrungsquerschnitten. Die Ober und Unterladen der Manuale I bis III haben ein gemeinsames Vorrelais zur Steuerung des Tonimpulses.

Für die Töne C–F des von Schulze übernommenen Kontrabasses 32′ erhielten die neugebauten pneumatischen Ansteuerungen pro Ton einen Wippmagneten.

Für die Registertraktur mussten größtenteils neue Vorrelais gebaut werden, die dann mit Wippmagneten bestückt wurden. Von den Vorrelais wird über eine Bleikondukte eine Membran angesteuert, die den Wind für den Arbeitsbalg der Registereinschaltung steuert. Der Arbeitsbalg bewegt dann die Registerventile im Registerkanal der Windlade.

Alle neugebauten Vor-, Zwischen und Windladenrelais der Ton- und Registertraktur haben die für Sauer-Orgeln typischen Abmessungen und Konstruktionsdetails wie Bohrungsquerschnitte und Kegelformen.

2.6.2 Elektrischer Teil

Alle Umschaltrelais sind mit 24-V-Wippmagneten bestückt. Die Orgel wurde komplett neu verkabelt, die entsprechenden Sammelklemmbretter befinden sich im rechten vorderen Teil des Untergehäuses in mehreren Schaltschränken. In diesen Schaltschränken befinden sich auch Teile der Ton- und Registersteuerung sowie der Umformer in Lichtwellenleiterimpulse für die Verbindung zum Spieltisch.

Der elektrische Spieltisch ist in seiner äußeren Form als Nachschöpfung eines 4-manualigen pneumatischen Spieltisches von Sauer konzipiert. Bauform, Materialauswahl und wichtige Konstruktionsdetails wurden von vergleichbaren Originalen übernommen. Ein wichtiger Punkt war die Anordnung der Registerwippen und die Anordnung und Anlage der für Sauer üblichen Spielhilfen und Koppeln.

Wiederum auf Wunsch des Auftraggebers wurde eine Setzeranlage eingebaut. Um eine Rückmeldung der gesetzten Register zu erhalten, wurden die elektromechanischen Registerwippen eingesetzt. Wippenform und Beschriftung sind wiederum nach Sauerschem Vorbild gestaltet. Durch die Setzeranlage konnte auf die freien Kombinationen verzichtet werden. In das moderne elektronische Konzept eingearbeitet wurden jedoch Feste Kombinationen, eine Crescendowalze und die elektrische Steuervorrichtung für die Schwellerzugmotoren der 3 Schweller (III. und IV. Manual und Vox humana)

Insgesamt hat der Spieltisch nun folgende Ausstattung:

- 4 Manuale C-a^3, Untertasten mit Knochenbelag, Obertasten mit Ebenholz. Die Klaviaturen haben gewichtete Tasten mit Bleigewichten.
- 1 Pedalklaviatur, Rahmen in Eiche, Untertasten in Kiefer, Obertasten und Halbtöne in Eiche.
- 113 Registerwippen für 100 Registereinschaltungen und Koppeln
- 16 Registerzügchen für die Zungenabsteller
- 15 Drücker für die Funktionen: Koppeln aus der Walze, Walze ab, Handregister an, Piano, Mezzoforte, Forte, Tutti, Superkoppel II/I, Sequenzer vorwärts, Sequenzer rückwärts, Tutti, Rohrwerke, Rohrwerke ab, Manual 16' ab, Registerfessel, Auslöser
- 8 Fußtritte für die Pedalkoppeln I/P, II/P, III/P, IV/P und Generalkoppel sowie Pedal-Superkoppel, Walze ab und Sequenzer vor
- Crescendowalze mit 2,5 Umdrehungen und 3 Schwelltritte mit Potentiometer.
- 2 Druckknopfschalter und 2 Schlüsselschalter für 256 Setzerkombinationen eingelassen in das Spieltischblatt unter der linken Registerstaffelei, mit Schiebedeckel verschließbar.

Der ganze Spieltisch ist auf einem fahrbaren Podium montiert, welches auch die Orgelbank und die Pedalklaviatur aufnimmt. Für das Lichtwellenleiterverbindungskabel gibt es auch eine Schublade zur Aufbewahrung. Zur Arretierung hat das Podium eine Feststellbremse mit Handrad.

Neuer Spieltisch

Die Kabellänge des Lichtwellenleiters zwischen Orgel und Spieltisch beträgt 15 m. Am Spieltisch und in der Orgel sind opto-elektrische Geräte angebracht, die die Aufbereitung der elektrischen Signale in serielle Folgen vornehmen. Die opto-elektrischen Wandler transformieren die elektrischen Signale des Spieltisches in optische Signale. Auf der Orgelseite werden diese optischen Signale wieder in elektrische Signale zurückverwandelt. Die Abfragegeschwindigkeit beträgt 200 Informationen pro Sekunde.
Die gesamte elektrische Anlage wird mit 24 V Gleichstrom betrieben. Den notwendigen Trakturstrom liefert ein Trakturgleichrichter der Fa. Heuss

2.7 Die Disposition

Im Vorfeld der Restaurierung wurde lange und teilweise sehr kontrovers über die Disposition der Domorgel diskutiert. Letztendlich wurde Einigung über folgende Grundsätze erzielt:
– Die Grundlage bildet die Disposition der Sauer-Orgel von 1905
– Die Disposition wird um etwa 10 Register im Sinne Wilhelm Sauers erweitert.
– Aus dem Bestand von 1926/39 werden 13 Register übernommen
Nach Abschluss der Restaurierungsarbeiten umfasst die Disposition 98 Register plus Transmission und Glockenspiel, die wie folgt den einzelnen Bauphasen der Orgel zugeordnet werden können.

I. Manual (C–a^3)
Windlade C–f^3 von 1894, fs^3–a^3 auf Zusatzkanzellen 1996,
Unterlade – linke Seite von vorn nach hinten

Principal	16′	C–d^1 Prospektpfeifen Zinn 90 %, mit Seitenbärten	1996
		ds^1–a^3 Innenpfeifen Zinn, bis h^2 mit Seitenbärten	1996
Flöte	8′	C–H gedeckt Holz	1894
		c^0–h^0 Holz offen, innen labiert, mit Stimmlappen	1894
		c^1–h^1 Zinn 90 %, offen mit leicht rundem Aufschnitt	1894
		c^2–f^3 Zinn 90 %, doppelte Länge, überblasend	1894
		fs^3–a^3 Zinn 90 %, doppelte Länge, überblasend	1996
Gambe	8′	C–a^3 Zinn 90 %, zyl. offen mit Streichbart Messing	1996
Quintatön	8′	C–f^3 Zinn 40 %, gedeckt	1894
		fs^3–a^3 Zinn 40 %, gedeckt	1996
Octave	4′	C–f^3 Zinn 90 %, bis f^2 mit Expression	1894
		fs^3–a^3 Zinn 90 %	1996
Rohrflöte	4′	C–f^2 Zinn 40 %, mit Röhrchen nach innen	1894
		fs^2–f^3 Zinn 40 %, konisch	1894
		fs^3–a^3 Zinn 40 %, konisch	1996
Mixtur 3–5fach		C–f^3, C: 2′ – $1\frac{1}{3}$′ – 1′, Zinn 90 %	1894
		fs^3–a^3	1996
Bombarde	16′	C–H Holzschallbecher, Köpfe Blei,	
		Zungen und Kehlen Messing	
		c^0–h^2 Zinnschallbecher 90 %	1894
		c^2–f^3 Zinnschallbecher 90 %, doppelte Länge	1894
		fs^3–a^3 labial, Streicher + Principal	1996

Arbeiten im Hauptwerk an der neuen Gambe 8′

I. Manual
Windlade C–a³ von 1996
Unterlade – rechte Seite von vorn nach hinten

Principal am.	8′	C–H offene Holzpfeifen mit Streichbart Messing (ehem. II: Manual)	1894
		c⁰–f³ Zinn 90 %, angelängt auf Originallänge	1894
		fs³–a³ Zinn 90 %	1996
Rohrquinte	2 ⅔′	C–H Zink mit Innenröhrchen	1939
		c⁰–f² Zinn 40%, mit Röhrchen	1939
		fs²–f³ Zinn 40 %, konisch	1939
		fs³–a³ Zinn 40 %, konisch	1996
Violine	4′	C–f³ Zinn 90 %, mit Streichbart Messing	1905
		fs³–a³, b¹ und fs² neue Pfeifen	1996
Flach-Flöte	2′	C–f⁰ Zink konisch	1939
		fs⁰–f³ Zinn 40 %, konisch	1939
		fs³–a³ Zinn 40 %, konisch	1996
Octave	2′	C–g² Zinn 90 %, mit Expression	1996
		gs⁰–a³ Zinn 90 %	1996
Scharff 5fach		C–a³ Zinn 90 %	1996
Clarine	4′	C–g² Metallbecher C–h⁰ Zink, Rest Zinn	1939
		gs²–f³ labial, Streicher + Principal	1939
		fs³–a³ labial, Streicher + Principal	1996

I. Manual
Windlade C–f³ von 1894, fs³–a³ auf Zusatzkanzellen 1996,
Oberlade – rechte Seite von vorn nach hinten

Doppelflöte	8′	C–H offene Holzpfeifen	1996
		c⁰–h⁰ offene Holzpfeifen, doppelt labiert	1996
		c¹–h¹ Zinn 90 %, doppelt labiert	1996
		c²–a³ Zinn 90 %, doppelt labiert, doppelte Länge	1996
Principal	8′	C–d¹ Prospektpfeifen Zinn 90 %	1996
		ds¹–a³ Zinn 90 %, mit Expressionen	1996
Bordun	16′	C–f¹ Holzpfeifen, gedeckt	1894
		fs¹–f³ Zinn 40 %, gedeckt	1894
		fs³–a³ Zinn 40 %	1996
Gemshorn	8′	C–H Holzpfeifen konisch	1894
		c⁰–f³ Zinn 90%, konisch mit Expression neu	1894
		fs³–a³ Zinn 90 %	1996
Gedackt	8′	C–f Holzpfeifen, gedeckt	1894
		fs–f³ Zinn 40 %, gedeckt	1894
		fs³–a³ Zinn 40 %, gedeckt	1996
Gemshorn	4′	C–f³ Zinn 90 %, konisch	1894
		fs³–a³ Zinn 90 %	1996
Rauschquinte 2fach		C–f³ Zinn 90 %	1894
		fs³–a³ Zinn 90 %	1996
Cornett 3–4fach		C–H 2 ²⁄₃′ + 1 ³⁄₅′ Zinn 40 %, gedeckt	1894
		c⁰–f³ Rest Zinn 90 %	1894
		fs³–a³ Zinn 90 %	1996
Trompete	8′	C + Cs Neuanfertigung Zinkbecher	1939
		D–g² Zinnbecher 90 %, Köpfe Blei, im Block, Kehlen, Zungen und Krücken Messing	1894
		gs²–f³ labial Streicher + Principal	1894
		fs³–a³ labial Streicher + Principal	1996

II. Manual (C–a⁴)
Windlade C–f³ von 1894, fs³–a³ auf Zusatzkanzellen 1996,
Oberlade – rechte Seite von vorn nach hinten

Principal	8′	C–H Holzpfeifen, Streichbärte aus Holz, mit Seitenbärten	1894
		c⁰–f² Zinn 90 % (C–f² aus I. Man)	1894
		fs²–a⁴ Zinn 90 %	1996
Bordun	16′	C–f¹ Holzpfeifen, gedeckt	1894
		fs¹–f³ Zinn 40 %, gedeckt	1894
		fs³–a⁴ Zinn 40 %, gedeckt	1996
Spitzflöte	8′	C–H Holzpfeifen, konisch	1894
		c⁰–f³ Zinn 90 %, konisch	1894
		fs³–a³ Zinn 90 %, konisch	1996
Gedackt	8′	C–f⁰ Holzpfeifen, gedeckt	1894
		fs⁰–f³ Zinn, 40 %, gedeckt	1894
		fs³–a³ Zinn, 40 %, gedeckt	1996
		b³–a⁴ Zinn, 40 %, konisch	1996
Fl. dolce	4′	C–f² Zinn, 40 %, gedeckt	1996
		fs²–a³ Zinn, 40 %, konisch	1996
Rauschquinte 1–2fach		C–H 2 ²⁄₃′ Zinn, 40 %, gedeckt	1894
		c⁰–f³ 2′ + 2 ²⁄₃′ Zinn 90 %, bis auf kleine Ergänzungen	1894
		fs³–a³ Zinn 90 %	1996
Mixtur 3fach		2′ – 1 ¹⁄₃′ – 1′, C–a³ Zinn, 90 %	1996
Tuba	8′	C–H Zinkschallbecher, Köpfe Blei, Zungen Kehlen; Krücken Messing	1996
		c⁰–gs² Zinnbecher ab c² doppelte Länge	1996
		gs²–a⁴ labial, Streicher + Principal	1996

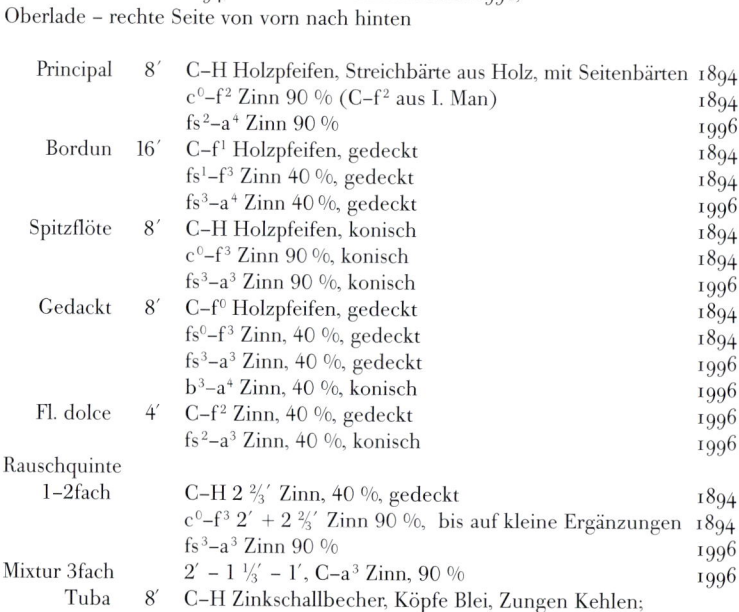

Zusatzlade für das III. Manual in der Werkstatt

II. Manual
Windlade C–a^3 von 1996,
Unterlade – rechte Seite von vorn nach hinten

Rohrflöte	2′	C–h^0 Zinn 40%, mit Innenröhrchen	1939
		c^1–f^3 Zinn 40 %, konisch	1939
		fs^3–a^3 Zinn 40 %, konisch	1996
Rohrquinte	2 $\frac{2}{3}$′	C–f Zink mit Innenröhrchen	1939
		fs–h^0 Zinn 40 %, mit Innenröhrchen	1939
		c^1–f^3 Zinn 40 %, zyl. offen	1939
		fs^3–a^3 Zinn 40 %, zyl. offen	1996
Nachthorn	4′	C–f^1 Zink	1939
		fs^1–f^3 Zinn, 40 %	1939
		fs^3–a^3 Zinn, 40 %	1996
Salicional	4′	C–a^3 Zinn, 90 %, mit Kasten- bzw. Seitenbart	1996
Quinte	1 $\frac{1}{3}$′	C–G Zink	1939
		Gs–f^3 Zinn, 40 %	1939
		fs^3–f^3 Zinn, 40 %	1996
Sifflöte	1′	C–F Zink	1939
		Fs–f^3 Zinn, 40 %	1939
		fs^3–a^3 Zinn, 40 %	1939
Octavcymbel 3fach		C–a^3 Zinn, 90 %, C: 2′ – 1′ – $\frac{1}{2}$′	1996

II. Manual
Windlade C–f^3 von 1894, fs^3–a^3 auf Zusatzkanzellen 1996,
Unterlade – linke Seite von vorn nach hinten

Salicional	16′	C–h^0 Holzpfeifen, mit Seiten- und Streichbart Holz	1996
		c^1–a^4 Zinn, 90 %, mit Kasten- u. Seitenbärten	1996
Flöte	8′	C–H Holzpfeifen, gedeckt	1894
		c^0–h Holzpfeifen, offen innen labiert	1894
		c^1–h^1 Zinn, 90 %, leicht runder Aufschnitt	1894
		c^2–f^3 Zinn, 90 %, doppelte Länge	1894
		fs^3–a^4 Zinn, 90 %	1996
Salicional	8′	C–H Holzpfeifen, mit Seiten- und Streichbart Holz	1996
		c^0–a^4 Zinn, 90 %, mit Kasten- und Seitenbärten	1996
Octave	4′	C–f^3 Zinn, 90 %	1894
		fs^3–a^4 Zinn, 90 %	1996
Piccolo	2′	C–H Zinn, 90 %, normale Länge	1996
		c^0–ds^3 Zinn, 90 %, doppelte Länge	1996
		e^3–a^3 Zinn, 90 %, konisch	1996
Cornett 3fach		C–a^4 Zinn, 90 %, C: 2 $\frac{2}{3}$′ – 2′ – 1 $\frac{3}{5}$′	1996
		C–H Zinn, 40 %, gedeckt 2 $\frac{2}{3}$′ – 1 $\frac{3}{5}$′	1996
Fagott	16′	C–H Holzbecher, Köpfe Blei im Block,	1894
		Kehlen, Zungen, Krücken aus Messing	
		C–f^3 Metallbecher 90 %,	1894
		fs^3–a^4 labial, Gedackt + Streicher	1996
Clarinette	8′	C–h^2 Stiefel Eiche, Schallbecher Naturguss 40%	1996
		(durchschlagend) Zungenrahmen, Zungen, Krücke Messing	
		c^1–h^2 repetierende Becherlänge	
		c^3–f^3 labial, Gedackt + Streicher	1996
		fs^3–a^4 labial, Flöte + Streicher	1996

III. Manual (C–a³)
Windlade C–a³ von 1996
Unterlade, rechte Seite von vorn nach hinten

Zartflöte	8′	C–H Holz, Gedeckt	1996
		c⁰–h¹ Holzpfeifen offen mit Stimmlappen	1996
		c²–f³ Zinn 90 %, überblasend (Traversflöte)	1894
		fs³–a³ Zinn 90 %, überblasend	1996
Nasard	2 ⅔′	C–f³ Zinn, 90 %, konisch	1894
		fs³–a³ Zinn, 90 %, konisch	1996
Nachthorn	2′	C–Gs Zink	1939
		A–f³ Zinn, 40 %	1939
		fs³–a³ Zinn, 40 %	1996
Sesquialtera 2fach		C–f³ Zinn, 40 %, C 2 ⅔′ – 1 ⅗′	1926
		fs³–a³ Zinn, 40 %	1996
Harm. aeth. 3fach		C–f³ Zinn, 90 %	1905
		fs³–a³ Zinn, 90 %	1996
Krummhorn	8′	C–f³ Zink- und Zinnstiefel, Schallbecher Zinn	1939
		Köpfe Blei, Kehlen, Zungen und Krücken Messing	
		fs³–a³ labial, Gedackt + Streicher	1996

III. Manual
Windlade von 1894 C–f³, Erweiterung fs³–a³ auf Zusatzkanzellen
Oberlade, rechte Seite von vorn nach hinten

Trompette harm.	8′	C–g² Schallbecher Zinn 90%, Köpfe Blei im Block	1894
		Kehlen, Zungen, Krücken aus Messing	
		c¹–gs¹ neue Schallbecher	1996
		gs²–f³ labial, Streicher + Principal	1894
		fs³–a³ labial, Streicher + Principal	1996
Oboe	8′	C–g² Schallbecher Zink/Zinn, Köpfe Blei im Stiefel	1926
		Kehlen, Zungen und Krücken Messing	
		gs²–f³ labial, Gedackt + Streicher	1926
		fs³–a³ labial, Gedackt +Streicher	1996
Traversflöte	4′	C–H Holzpfeifen, offen	1894
		c⁰–e Zinn, 90 %, offen	1894
		f–f³ Zinn, 90 %, doppelt Länge	1894
		fs³–a³ Zinn, 90 %	1996
Viola	4′	C–a³ Zinn, 90 %, mit Streichbärten aus Messing	1996
Quintatön	8′	C–a³ Zinn, 40 %, gedeckt mit Kasten- und Seitenbärte	1996
Gedackt	8′	C–H Holzpfeifen, gedeckt	
		gemeinsam mit Concertflöte 8′	1894
		c⁰–f³ Zinn, 40 %, Gedackt aus der Chorgel	
		des Fuldaer Doms	1894
		fs³–a³ Zinn, 40 %, gedeckt	1996
Concertflöte	8′	C–H aus Gedackt 8′	1894
		c⁰–h Holz offen, innen labiert mit Stimmlappen	1894
		c¹–h¹ Zinn, 90 %	1894
		c²–f³ Zinn, 90 %, doppelte Länge	1894
		fs³–a³ Zinn, 90 %	1996
Gambe	16′	C–E Holzpfeifen 8′ offen + 5 ⅓′ gedeckt	1996
		F–f Holzpfeife volle Länge mit Streichbart Messing	1996
		fs–a³ Zinn, 90 %, mit Streichbart aus Messing	1996

III. Manual
Windlade C–f³ von 1894, Erweiterung fs³–a³ auf Zusatzkanzellen 1996
Oberlade, linke Seite von vorn nach hinten

Mixtur 3–4fach		C–a³ Zinn, 90 %, C: 2 ⅔′ – 2′ – 1 ⅓′ – 1′	1996
Piccolo	2′	C–H Zinn, 90 %, offen	1894
		c⁰–f³ Zinn, 90 %, doppelte Länge	1894
		fs³–a³ Zinn, 90 %	1996
Praestant	4′	C–f³ Zinn, 90 %,	1894
		fs³–a³ Zinn, 90 %	1996
Aeoline	8′	C–a³ Zinn, 90 %, mit Streichbärten aus Messing	1996
Voix cel.	8′	c⁰–gs¹ Zinn, 90 %, mit Streichbärten aus Messing	1894
		a¹–a³ Zinn, 90 %, mit Streichbärten aus Messing	1996
Schalmei	8′	C–H Holzpfeifen, leicht trichterförmig, Streichbärte Messing	1894
		c⁰–f³ Zinn, 90 %, mit Streichbärten aus Messing	1894
		fs³–a³ Zinn, 90 %	1996
Principal	8′	C–H Holzpfeifen mit Streichbart	1894
		c⁰–f³ Zinn, 90 %	1894
		fs³–a³ Zinn, 90 %	1996
Gedackt	16′	C–f¹ Holzpfeifen gedeckt	1894
		fs¹–f³ Zinn, 40 %, gedeckt	1894
		fs³–a³ Zinn, 40 %, gedeckt	1996
Campanelli		c¹–c³ Stahlplatten	1905

IV: Manual C–a³
Windlade C–f³ von 1905, fs³–a³ auf Zusatzkanzellen von 1996

Flautino	2′	C–f³ Zinn, 40 %, konisch	1905
		fs³–a³ Zinn, 40 %, konisch	1996
Traversflöte	4′	C–h⁰ Holzpfeifen, offen	1905
		c¹–a³ Zinn, 90 %, doppelte Länge	1996
Unda maris	8′	c⁰–f³ Zinn, 90 %, konisch	1905
		fs³–a³ Zinn, 90%, konisch	1996
Rohrflöte	8′	C–H Holzpfeifen, gedeckt	1996
		c⁰–f³ Zinn, 40 %, mit Innenröhrchen	1905
Fugara	4′	C–a³ Zinn, 90 %, mit Streichbärten Messing	1996
Gemshorn	8′	C–H Holzpfeifen, konisch	1905
		c⁰–f³ Zinn, 90 %	1905
		fs³–a³ Zinn, 90 %	1996
Quintatön	16′	C–H Holzpfeifen, gedeckt	1905
		c⁰–a³ Zinn, 40 %, gedeckt	1996
		Auf Extralade C–a³ (1996 erweitert) hinter Schwellwerk III	
Vox humana	8′	C–g² Zinnstiefel, Bleiköpfe und Schallbecher aus Zinn, 40 % Kehlen, Zungen, Krücken aus Messing	1903
		gs²–f³ labial, Streicher + Gedackt	1903
		fs³–a³ labial, Streicher + Gedackt	1996

Pedal (C–f¹)
Windladen von 1894, 16′-Lade, C- und Cs-Seite

Posaune	16′	C–h⁰ Holzschallbecher, Bleiköpfe im Block	1894
		c¹–f¹ Zinnschallbecher, 90 %	1894
		Kehlen, Zungen, Krücken Messing	1894
Subbass	16′	C–f¹ Holzpfeifen, gedeckt	1894
Violonbass	16′	C–f¹ Holzpfeifen mit Streichbart (Holz)	1996
Principalbass	16′	C–f¹ Holzpfeifen mit Streichbart	1894

Registerschalter für das I. Manual und Pedal

Pedal
Windladen von 1894, 8′-Lade, C- und Cs-Seite,

Trompete	8′	C–f¹ Zinnbecher 90 %, Bleiköpfe im Block	1894
		Kehlen, Zungen, Krücken aus Messing	1894
Bassflöte	8′	C–f¹ Holzpfeifen, gedeckt	1894
Octavbass	8′	C–f¹ Holzpfeifen offen mit Streichbart	1894
Quintbass	10 ⅔′	C–f¹ Holzpfeifen, gedeckt ehem. Zartbass	1926
Salicetbass	16′	C–f¹ Holzpfeifen, offen mit Streichbart	1894

Pedal
Windladen von 1894, 1996 um 3 Kanzellen erweitert, 8′-Lade, C- und Cs-Seite,

Englisch Horn	8′	C–f¹ Zink- und Zinnbecher, Stiefel Zink, Bleiköpfe	1939
		Kehlen, Zungen, Krücken aus Messing	1939
Clarine	4′	C–f¹ Zinnschallbecher 90 %, Zinnstiefel, Bleiköpfe	1996
		Kehlen, Zungen, Krücken aus Messing	1996
Mixtur 3fach		C–f¹ Zinn, 90 %, C: 2 ⅔′ – 2 2/7′ – 2′	1996
Fl. dolce	4′	C–f¹ Zinn, 40 %, gedeckt	1996
Terz	3 ⅕′	C–f¹ Zinn, 90 %, konisch	1996
Quinte	5 ⅓′	C–f¹ Zinn, 90 %, gedeckt	1996
Octave	4′	C–f¹ Zinn, 90 %	1996
Dulciana	8′	C–H Holzpfeifen mit Streichbart	1894
		c⁰–f¹ Metallpfeifen mit Kasten- und Seitenbärten	1894
Cello	8′	C–H Holzpfeifen mit Streichbart Messing	1996

Großpedal hinten
Windlade von 1894, 1996 um eine Kanzelle erweitert,
Extrakanzellen für Kontrabass 32′ C–F

Fagott	16′	C–H Holzschallbecher, Bleiköpfe im Block	1996
		c⁰–f¹ Zinnschallbecher 90 %, Zinnstiefel	1996
		C–f¹ Kehlen, Zungen, Krücken aus Messing	1996
Contraposaune	32′	C–f¹ Holzschallbecher (C–G gekröpft)	1894
		Holzstiefel, Bleiköpfe, Kehlen, Zungen,	
		Krücken Messing	1894
Contrabass	32′	C–f¹ Holzpfeifen volle Länge mit Streichbart	1849

2.8 Pfeifenwerk

Die Arbeiten am Pfeifenwerk gestalteten sich wie folgt:

2.8.1 Rekonstruktionen

Register, die ganz oder teilweise verloren gegangen waren, wurden originalgetreu rekonstruiert. In Bauform, Mensur, Material- und Registerzusammensetzung wurde streng nach originalen Vorbildern gearbeitet. Als Grundlagen für die Messungen dienten u.a. die Instrumente in *Leipzig, Thomaskirche* (1889/1908), *Berlin, Dom* (1904/05), *Leipzig, Michaeliskirche* (1904) und *Mühlhausen, Marienkirche* (1891).

2.8.2 Überarbeiten der Metallpfeifen

Alle originalen Metallpfeifen wurden zunächst gereinigt. Weiterhin erfolgte, wo notwendig, die Beseitigung mechanischer Beschädigungen am Pfeifenkörper, im Labienbereich oder an den Stimmvorrichtungen. Wegen 1957 ausgeführter Umintonationsarbeiten mussten Veränderungen an den Pfeifenfüßen in größerem Umfang rückgängig gemacht werden. Die Fußlochbohrungen waren stark reduziert worden. Dies führte unter anderem auch zu einer Veränderung der Stimmlänge, die im Bedarfsfall wieder ergänzt werden musste. An den gedeckten Pfeifen mussten die Belederungen teilweise erneuert werden.

2.8.3 Überarbeiten der Holzpfeifen

Die Reinigung der Holzpfeifen erfolgte intensiv in allen Bereichen, neben dem Pfeifenkörper also auch im Pfeifenfuß und am Vorschlag bzw. der Windkammer. Neben Abdichtungsarbeiten mussten alle Stimmvorrichtungen wie Stimmschieber, Stimmlappen und Spunde nachgearbeitet, neu befestigt bzw. neu eingedichtet werden.
In der großen Oktave von Contrabass 32′ musste der Bolusanstrich der Oberfläche teilweise erneuert werden.

2.8.4 Überarbeiten der Zungenregister

Nach der Demontage der Zungenregister erfolgte zunächst eine komplette Zerlegung und die Reinigung der Einzelteile. Überarbeitet und überprüft wurden die Belederung der Kehlen, die Stimmkrücken, die Zungenblätter und die Befestigungskeile. Im Bedarfsfall wurden schadhafte Teile erneuert und ersetzt.
Für die Zungenregister, die im Block standen, wurden die Passungen in den Bohrungen teilweise neu ausgetucht bzw. nachgearbeitet. An den Schallbechern wurden die Intonationsschlitze und Vorrichtungen überarbeitet bzw. erneuert. Zur Vermeidung von Verschmutzungen erhielten die Metallschallbecher eine textile Gazeabdeckung. Die Intonierschieber der Holzschallbecher wurden überarbeitet, ergänzt und neu befestigt.
Das rekonstruierte Pfeifenwerk musste gemäß seiner Stellung und Funktion in entsprechender Stärke und Charakter neu intoniert werden. Ziel dieser Arbeiten war die Schaffung eines einheitlichen homogenen aber auch raumfüllenden Klangbildes, wie es für Sauer-Orgeln um 1900 üblich war. Dabei mussten Kentnisse über differenzierte Klangentwicklungen im Sauerschen Orgelschaffen für den Zeitraum von 1890 bis etwa 1910 bewußt integriert werden.
Als Stimmtonhöhe konnte ein Wert von 438 Hz bei 15 Grad Celsius festgelegt werden.
Die Stimmungsart ist gleichschwebend.

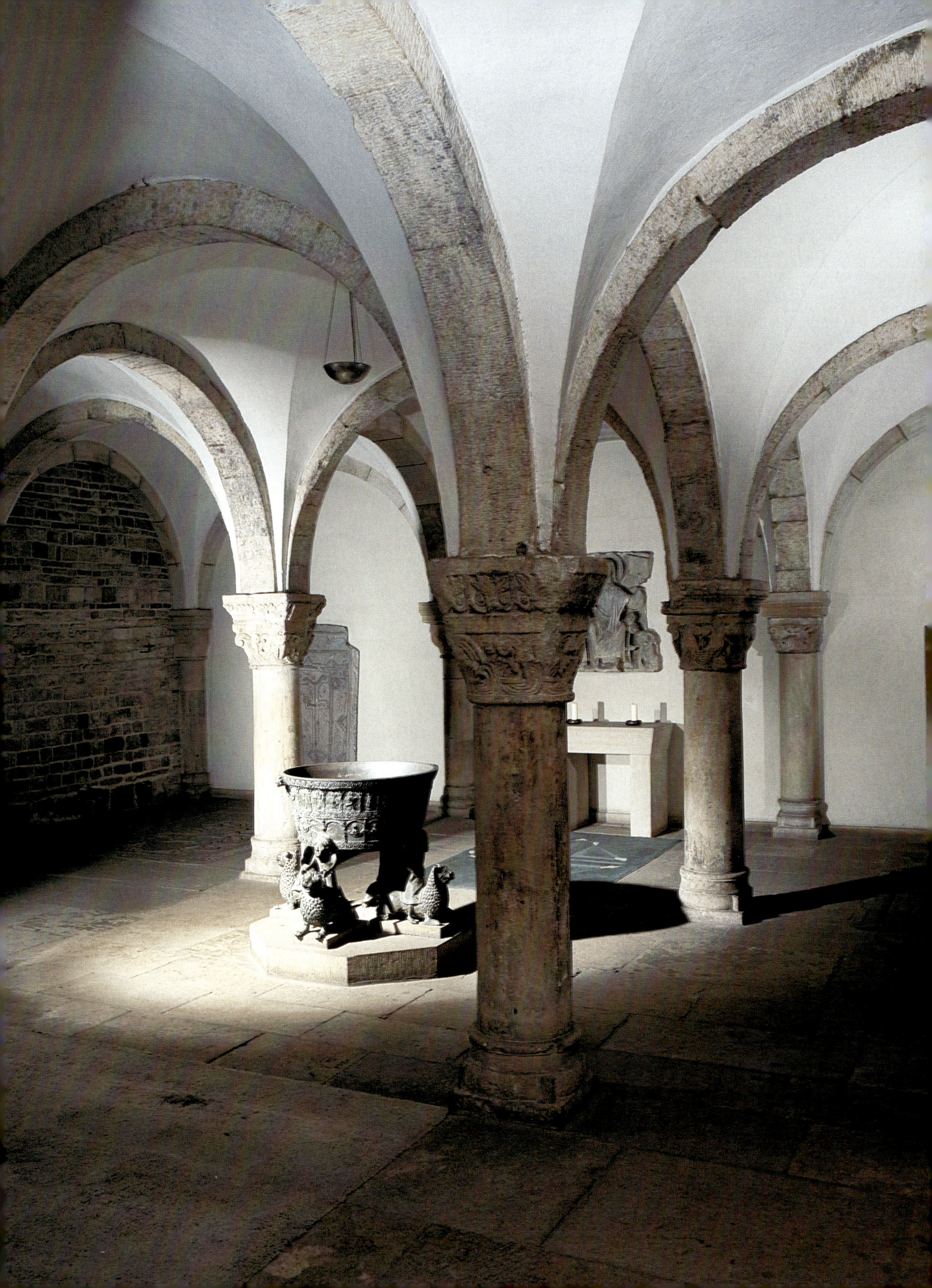

Uwe Pape
Die Silbermann-Orgel aus Etzdorf

Der St. Petri Dom in Bremen entspricht in seinem Ursprung und seiner Größe den großen romanischen Domen in Deutschland, wie sie in Speyer, Worms und Mainz erhalten sind. Dass er in seiner Bedeutung und im Bewusstsein der Kunstgeschichte keine ähnliche Würdigung gefunden hat, ist vor allem darauf zurückzuführen, dass er nicht in relativ kurzer Zeit zu einem einheitlichen Baukörper gestaltet werden konnte, sondern dass neun Jahrhunderte vergangen sind, bis durch Max Salzmann mit einer umfassenden Instandsetzung und der Neuanlage der Westfassade ein baulicher Abschluss erreicht wurde. Der Dom zeigt deshalb kein einheitliches stilistisches Bild, sondern ein Abbild des vielfältigen geschichtlichen und baulichen Werdegangs durch die Jahrhunderte. Vorbild des Bremer Domes war der frühromanisch-salische *Kölner* Dom, der die gleiche Grundform einer dreischiffigen Basilika mit zwei hohen Chören im Osten und Westen und je einer darunter befindlichen Krypta aufweist. Die beiden Krypten im Bremer Dom gehören heute zu den ältesten noch erhaltenen Bauteilen der Kirche. Bei aller Unterschiedlichkeit einzelner Elemente, besonders der interessanten Kapitele, bieten sie jede ein einheitliches stimmungsvolles Raumbild.

Ost- und Westkrypta dienten im 20. Jahrhundert bis in die späten dreißiger Jahre nur als Abstellräume. Dem damaligen Domkantor und Musikdirektor Richard Liesche schwebte jedoch die Nutzung der Westkrypta für liturgische und musikalische Zwecke vor. Anfang 1939 konnte die Bremische Evangelische Kirche durch Vermittlung Liesches ein Positiv von Gottfried Silbermann erwerben, das früher in dem sächsischen Dorf *Etzdorf* gestanden hatte. Die Kirchenleitung stellte dieses Instrument dem Dom für die dortige Musikpflege zur Verfügung.[1] Die Westkrypta, bisher wenig beachtet, wurde daraufhin für Gottesdienste, Gemeindefeiern und für musikalische Veranstaltungen in kleinerem Rahmen hergerichtet und umgestaltet. In der zweiten Hälfte des Jahres 1939 wurde die neu erworbene Orgel hier aufgestellt und ihrer Bestimmung übergeben.[2]

Gottfried Silbermann und die Etzdorfer Orgel
in der Literatur

Über die Bedeutung des sächsischen Orgelbauers Gottfried Silbermann (1683–1753) ist durch die Publikationen von Ernst Flade, Ulrich Dähnert und Werner Müller mehrfach ausführlich berichtet worden. Ernst Flade veröffentlichte 1926 die erste zusammenfassende Arbeit über Leben und Werk Gottfried Silbermanns als einen Beitrag zur Orgelbaugeschichte im Zeitalter Johann Sebastian Bachs.[3]

1 Domarchiv Bremen, Orgelakte, 12.4.1939.

2 Domarchiv Bremen, Orgelakte, 23.8.1939. Am 5.9.1939 wurden alle drei Domorgeln den Freunden der Kirchenmusik am Bremer Dom durch Käte van Tricht und Richard Liesche vorgestellt. / Schumacher, Friedrich, Brandt, Karl-Heinz: Der Dom zu Bremen. Wiederherstellung und Ausgrabungen 1972–1982. Heinrich Döll & Co., Bremen, 1982, S. 7–10, 24–25. / Liesche, Richard: Das Silbermann-Positiv. In: Liesche, Richard (Hrsg.): Die Orgeln im Bremer Dom, mit Beiträgen von Fritz Piersig und Richard Liesche. Bremen, 1939, 40 S., 6 Abb., S. 30–31.

3 Flade, Ernst: Der Orgelbauer Gottfried Silbermann – Ein Beitrag zur Geschichte des deutschen Orgelbaus im Zeitalter Bachs. Fr. Kistner & C. F. W. Siegel, Leipzig, 1926, 162 Seiten, 12 Tafeln im Kupfertiefdruck. Ungeachtet zahlreicher Fehler und Irrtümer, die mit einem ungenauen Quellenstudium begründet werden müssen, gehört dieses Buch zu den wichtigen Werken, die das Ansehen Gottfried Silbermanns bekannt gemacht haben. (Vgl. auch Müller, Werner: Gottfried Silbermann – Persönlichkeit und Werk, Eine Dokumentation, Deutscher Verlag für Musik, Leipzig, 1982, 658 Seiten. Lizenzausgabe beim Verlag Das Musikinstrument, Frankfurt am Main, S. 15)

Westkrypta, 1066 von Erzbischof Adalbert dem hl. Andreas geweiht. Taufbecken von etwa 1220.

1952 schloss Flade die Arbeiten an einer zweiten Auflage ab.[4] ULRICH DÄHNERT, der Dresdner Orgelsachverständige, publizierte 1953 das erste Standardwerk über Gottfried Silbermann, das die Instrumente jedoch weniger aus historischer Sicht untersucht, diese dafür aber mit Unterstützung des Instituts für Denkmalpflege Dresden umso sorgfältiger orgelbautechnisch anlaysiert.[5]

WERNER MÜLLER, der langjährige Leiter des Silbermann-Museums in *Frauenstein*, widmete sich in seiner 1968 erschienenen Monographie[6] in erster Linie dem Leben und der Persönlichkeit Silbermanns. Müller war es schließlich vorbehalten, 14 Jahre später mit einer akribischen und für seine Zeit umfassenden Untersuchung[7], die Leben und Werk gleichermaßen berücksichtigt, zahlreichen Details auf den Grund zu gehen. Im Hauptteil dieser umfangreichen Arbeit wird eine umfassende Dokumentation zur Baugeschichte der Orgeln übermittelt. Der in den Anmerkungen niedergelegte Quellenapparat birgt eine Fülle von Material, das kultur- und musikwissenschaftlich aufschlussreich ist und Grundlage für weitere Forschungen sein wird.

1989 erweiterte FRANK-HARALD GRESS die Literaturauswahl um ein Werk über den Klang Silbermannscher Instrumente und präzisierte etliche Angaben in Müllers zweiter Veröffentlichung.[8]

Daneben gibt es eine Vielzahl von Arbeiten über einzelne Instrumente und Themen. Auf sie wird im folgenden nur im Zusammenhang mit der Orgel in Etzdorf eingegangen. Es sei deshalb auf die Literaturverzeichnisse in Müller (1982) und Greß (1989) verwiesen.

In allen genannten Publikationen wird auch die Orgel in *Etzdorf* gewürdigt.[9] Flade erwähnt in seiner ersten Arbeit neben der Dispositon nur die Erweiterung um ein Pedal und den Verkauf nach *Wallroda*,[10] in der Neuauflage 1953, als die Orgel schon in Bremen stand, zusätzlich die Umsetzung nach *Bremen*.[11] Dähnert hat die Orgel vermutlich ebensowenig selber gekannt wie Ernst Flade. Er beschreibt allerdings den weiteren geschichtlichen Werdegang und stützt sich dabei auf die Publikation von Richard Liesche[12] sowie auf die Akten des Pfarramtes Wallroda und die des Instituts für Denkmalpflege in *Dresden*.[13] Die Beschreibung orgelbautechnischer Details fehlen.

Müller und Greß haben bezüglich Etzdorf keine wesentlichen neuen Erkenntnisse hinzufügen können.[14] Müllers Ausführungen sind aber so ausführlich und genau, dass sie in Zukunft wohl als zuverlässigste Quelle für ein weiterführendes Studium herangezogen werden können. Greß bezieht sich in seinen Ausführungen über das Etzdorfer Positiv u.a. auf einen Bericht, der die Bedeutung des Instrumentes nach einer zweiten Restaurierung 1963 würdigte.[15]

Silbermann-Positiv nach 1994

---

4 Flade, Ernst: Gottfried Silbermann – Ein Beitrag zur Geschichte des deutschen Orgel- und Klavierbaus im Zeitalter Bachs, Breitkopf & Härtel, Leipzig, 1953, 291 Seiten, 18 Tafeln, Textillustrationen und Faksimile. (Vgl. auch Müller (1982), a.a.O. S. 15)

5 Dähnert, Ulrich: Die Orgeln Gottfried Silbermanns in Mitteldeutschland, Köhler & Amelang, Leipzig, 1953. Im Nachdruck bei Frits Knuf, Amsterdam, 1968 (1971), korrigierte Dähnert die erste Auflage und ergänzte den Text.

6 Müller, Werner: Auf den Spuren von Gottfried Silbermann – Ein Lebensbild des berühmten Orgelbauers nach urkundlichen Quellen gezeichnet. Evangelische Verlagsanstalt, Berlin, 1968, 252 Seiten. Lizenzausgabe bei Bärenreiter, Kassel.

7 Müller, Werner: Gottfried Silbermann – Persönlichkeit und Werk, Eine Dokumentation, Deutscher Verlag für Musik, Leipzig, 1982, 658 Seiten. Lizenzausgabe beim Verlag Das Musikinstrument, Frankfurt am Main.

8 Greß, Frank Harald: Die Klanggestalt der Orgeln Gottfried Silbermanns, Deutscher Verlag für Musik, Leipzig, 1989, 176 Seiten, 24 Abbildungen, zahlreiche Mensurtabellen und -diagramme. Diese Arbeit baut auf den Ergebnissen einer Promotion B an der Martin-Luther-Universität Halle-Wittenberg auf.

9 Erstmals wurde die Orgel 1800 von Johann Gottfried Fischer schriftlich erwähnt: Fischer, Johann Gottfried: Verzeichnis der Orgeln, welche Gottfried Silbermann erbauet, in Freyberger Gemeinnützige Nachrichten, 1800 Nr. 13, 27. März, S. 130, Nr. 28

10 Flade (1926), a.a.O., S. 99.

11 Flade (1953), a.a.O., S. 148, 275. Flade weist auf drei, in Bremen noch vorhandene originale Silbermann-Register hin. Dies sind aber gerade die Stimmen, die bei einem Neubau in Wallroda aus der Orgel entfernt wurden.

12 Liesche, a.a.O., S. 30–31.

13 Dähnert (1953), a.a.O., S. 162, 164, 172, 213

14 Müller (1982), a.a.O., S. 362–363.

15 Pape, Uwe: Die Silbermann-Orgel im Bremer Dom, Ars Organi, 12 (1964) 24, S. 739–741

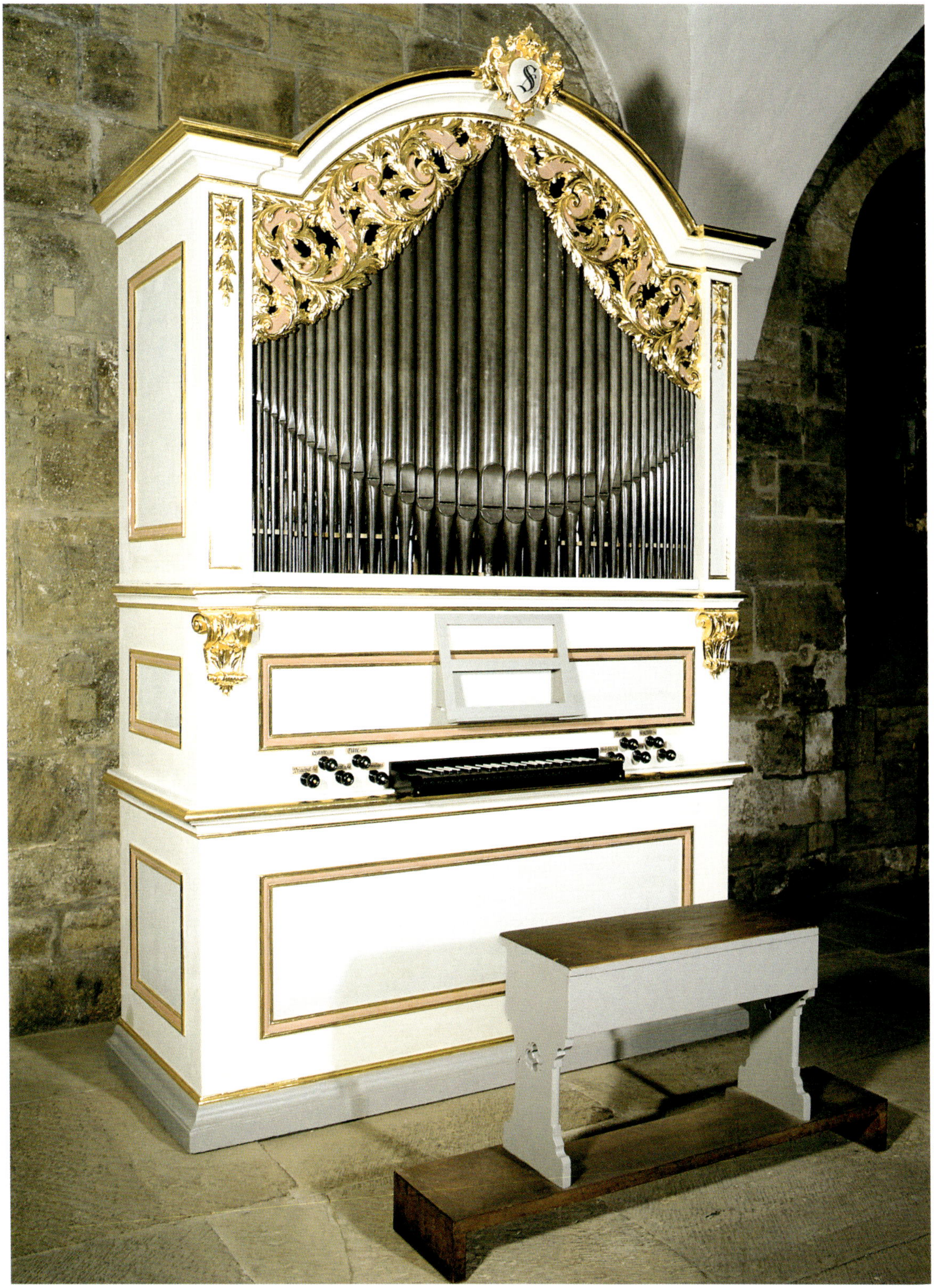

Der Lebenslauf des Etzdorfer Positivs

Die einmanualige Orgel ohne Pedal hatte ursprünglich folgende reichhaltige und reizvolle Disposition:

		Manual	C, D–c³	
1.		Principal	4′	Zinn, C, D–c² und eine stumme Pfeife im Prospekt
2.		Sifflöt	1′	Zinn
3.		Quinta	1½′	Zinn
4.		Sesquialtera		Terz 1⅗′, Zinn, ab c¹
5.		Octava	2′	Zinn
6.		Nasat	3′	ab c¹, c¹–f¹ Metall, Röhrflöte, ab fs¹ zylindrisch offen, Zinn
7.		Flöte	4′	Metall, C, D–c² Rohrflöte, ab cs² konisch
8.		Rohrflöte	8′	C, D–c⁰ Holz, ab cs⁰ Metall
		Tremulant		

Durch die Vielfalt und Verschiedenartigkeit der Stimmen unterscheidet sich das Instrument auffallend von ähnlichen Kleinorgeln, die Silbermann für wenig bemittelte Landgemeinden, als Interimsorgel oder für den Hausgebrauch baute.

Bislang gab es keinen verlässlichen Hinweis auf das Baujahr der Orgel in Etzdorf. Fritz Oehme[16] nennt 1711 als Baujahr, aber diese Zahl muss angezweifelt werden, denn Oehmes Angaben sind oft unzuverlässig, und außerdem hätte das Positiv gleichzeitig mit der Orgel für den Freiberger Dom gebaut werden müssen. Orgelhistoriker und Orgelbauer vermuteten bislang, dass das Postiv um 1745 entstanden sei. Flade nennt in seiner ersten Publikation erstmals diese Zahl, gibt aber keine Quelle an.[17] Und die übrigen Autoren haben bislang diese Angabe übernommen, aber zuweilen ein Fragezeichen hinzugefügt, weil sich bislang kein Beleg finden ließ.[18]

Eine wesentlich genauere Datierung ist möglich, nachdem sich bei den Restaurierungsarbeiten am Gehäuse 1994 eine Calkanten-Notiz fand: „1734". Diese Zahl ist glaubwürdig, denn sie fand sich unter der ältesten von drei verschiedenen Farbschichten. Nun ist es nicht ausgeschlossen, dass diese Notiz erst etliche Jahre nach Erbauung angebracht wurde. Aber Wegscheider vermutet aufgrund baulicher und stilistischer Merkmale sowie historischer Zusammenhänge die Jahre kurz vor 1734, eventuell den Winter 1732/33, wie er auch das nahezu baugleiche Postiv für *Ringethal* eher diesen Jahren als dem mutmaßlichen Baujahr 1723 zuordnet.[19]

1796 ließ die Kirchengemeinde Etzdorf das Positiv durch Carl Rudolph August Venzky (1767–1811) um ein Pedal mit zwei Stimmen (Subbass 16′ und Principal 8′, beide aus Holz, Umfang: C, D–c¹) und eine Pedalkoppel erweitern.[20] Das Manual blieb unverändert. Eine Zeichnung des Etzdorfer Lehrers Christian Gotthelf Richter vom 18.4.1796 im Stammbuch des Orgelbauers stellt das Postiv in seiner erweiterten Form dar.[21]

---

16 Oehme, Fritz: Handbuch über ältere, neuere und neueste Orgelwerke im Königreich Sachsen, 3 Bände mit Supplementband, herausgegeben von Wolfram Hackel, Leipzig, 1978. Band I (1889), S. 254–255.

17 Flade (1926), a.a.O., S. 99: „Ursprünglich pedallos war die 1745 erbaute Orgel zu Etzdorf bei Roßwein". In der Neuauflage 1953 heißt es: „Etzdorf bei Roßwein erhielt seine Silbermann-Orgel i. J. 1745". Sollte die Wahl der Worte darauf hindeuten, dass die Orgel zuvor an einem anderen Ort gestanden hat und erst 1745 nach Etzdorf kam? Flade gibt keine Quelle an

18 Dähnert übernimmt die Angabe aus Flades erster Auflage und schreibt: „In der Spätzeit seines Schaffens entstand das achtstimmige Positiv, das der Meister im Jahre 1745 […] baute." Müller und Greß zweifeln die Jahresangabe an.

19 Schütz, Hartmut,; Wegscheider, Kristian: Die Silbermann-Orgel des Bremer Domes und ihre Kopie für das Silbermann-Museum Frauenstein. Beiheft zur CD mit Christopher Stembridge, Paul Gerhard Schumann und Martin Rost, Zöllner Studio. Dresden, 1995, S. 5–6. / Wegscheider, Kristian: Die Silbermann-Orgel im Bremer Dom – Dokumentation der Restaurierung 1993/94, mit einem Exkurs über die Konstruktion des Prospektes von Hartmut Schütz und Mensurtabellen im Anhang. Dresden 1999, 28 S., hier S. 1–2 und 10.

20 Oehme, a.a.O., S. 254–255. Oehme führt die erweiterte Disposition an, schreibt aber das ganze Instrument Silbermann zu. / Haase, Otto: Silbermann-Orgel im Dom zu Bremen. Musik und Kirche, 12 (1940) 2, S. 47–48, hier S. 47.

21 Der Verfasser dankt besonders Herrn Karl Ventzke, Düren, für die Überlassung einer Reproduktion.

Die Orgel in *Etzdorf* wurde bis etwa 1865 benutzt. Zu Beginn des Baus einer wesentlich größeren Kirche wurde sie zum Verkauf angeboten.[22] Die Gemeinde *Wallroda* bei Radeberg erwarb das kleine Werk und übernahm es in der erweiterten Form.[23] Es ist zu vermuten, dass die Orgel bei dieser Umsetzung eine gleichschwebende Temperierung erhielt. Die Gemeinde in Etzdorf ließ sich für ihre neue Kirche 1867 eine neue Orgel von GOTTHILF BÄRMIG (1814–1899) mit 26 Registern auf zwei Manualen und Pedal bauen.[24]

In *Wallroda* stand die Orgel bis Anfang des 20. Jahrhunderts. Oehme schrieb kurz zuvor über das Instrument: *„Die Klangfarbe ist immer noch eine vorzügliche zu nennen. Eine eigentliche Hauptreparatur hat bis jetzt noch nicht stattgefunden."*[25] Dabei übersieht er, dass das Pedalwerk nicht auf SILBERMANN, sondern auf VENSKY zurückgeht.

1902 lieferte EDUARD BERGER (1853–1918) aus Dresden eine neue Orgel für die Kirche in Wallroda[26] und nahm das Silbermann-Positiv in Zahlung. Drei Register von Silbermann (Rohrflöte 8′ ab cs⁰, Rohrflöte 4′ und Octava 2′) und die beiden Pedalstimmen mit der Pedallade von Venzky hatte Berger in der neuen Orgel wieder-

22 Nach Greß (2000) wurde das Instrument bereits 1838 verkauft und nach einer Reparatur durch GOTTHELF PFÜTZNER, Meißen, 1865 in *Wallroda aufgestellt* (ohne Quellenangabe). Diese Ausgabe muß angezweifelt werden. Die neue Kirche in Etzdorf wurde 1865 unter Wiederverwendung von Teilen des Turmes gebaut. Pfützner war nach heutiger Kenntnis 1865 nicht mehr tätig (Frdl. Mitt. von Herrn Wolfram Hackel, Dresden).

23 Liesche, a.a.O., S. 30/ Haase, a.a.O., S. 47/ Dähnert (1953), a.a.O., S. 213.

24 Oehme, a.a.O, Band II, S. 58–59.

25 Oehme, a.a.O., Band I, S. 255.

26 Oehme, a.a.O., Supplementband, S. 171/ Schütz et al., a.a.O., S. 6.

Stammbuch des Orgelbauers C.R.A Venzky. Zeichnung von C.G. Richter

Die geometrische Konstruktion eines Orgelprospektes

27 Haase, a.a.O., S. 47.

28 Liesche, a.a.O., S. 30/ Haase, a.a.O., S. 47/ Dähnert (1953), a.a.O., S. 213.

verwendet. Das Silbermann-Positiv hatte nun nur noch fünf statt ursprünglich acht klingende Stimmen.

Kurz nach dem ersten Weltkrieg, ein Jahr nach dem Tode Bergers, wurde das Werk durch JOHANNES JAHN (1868–1933), Dresden, um die fehlenden Register und eine Harmonika 8′ (statt Sesquialtera) sowie um einen neuen Subbass 16′ ergänzt.[27] In dieser Form kam das Werk 1919 durch Vermittlung eines Antiquitätenhändlers in den Besitz von Frau MARIANNE RÜDE in *Dresden*.[28]

1939 schließlich stand das Instrument erneut zum Verkauf, und der aus Dresden stammende Bremer Domkantor erwarb es für die Bremische Evangelische Kirche und für die Musikpflege am Dom.

Die Restaurierungen der Silbermann-Orgel

In seinem Beitrag in der Festschrift vom Juni 1939 gibt Liesche eine aufschlußreiche Beschreibung der Orgel, bevor sie zum ersten Mal restauriert wurde:

„Eine eingehende Untersuchung über den Zustand des Werkes führte zu folgendem Ergebnis:
Prinzipal 4´ ist von Silbermann. Rohrflöte 8´ sind nur die 12 großen Holzpfeifen von Silbermann, von cis an sind sie neueren Datums. Das Material ist zwar brauchbar, aber für die Intonation wurde nicht die Silbermannsche Bauart zugrundegelegt, sondern die zu der Zeit allgemein übliche: zu hoher, runder Aufschnitt, viele und tiefe Kernstiche. Dies ist

Westkrypta mit Blick auf das Silbermann-Positiv

auch der Fall bei der Flöte 4´. Es kann angenommen werden, dass die Mensur dieser Pfeifen von dem Silbermann-Original abgenommen ist, wenn auch auffällt, dass die Mensuren von Rohrflöte 8´ und Flöte 4´ (letztere ebenfalls Rohrflöte) sich nur ganz wenig unterscheiden; ein Unterschied besteht lediglich in der Labiumbreite. Auch hier sind die Aufschnitte zu hoch und zu viel Kernstiche. Oktave 2´ ist bestimmt nicht von Silbermann; sie wurde zur gleichen Zeit ersetzt, als die Rohrflöten-Pfeifen erneuert wurden. Die Mensur der Oktave 2´ weicht erheblich von der Silbermannschen ab, sie ist viel zu weit. Man sieht es an den Rasterbrettchen, wo viel nachgeraspelt ist, dass früher hier eine andere Mensur gestanden hat. In der jetzigen Form erfüllt dieses Register nicht die Funktion, die ihm im Aufbau einer Silbermann-Disposition zukommt. Quinte 1⅓′ und Sifflöte 1′ sind Silbermann-Original, ebenso Nasat 2⅔′. Nasat wie auch ursprünglich die Terz gingen von C [Liesche meint c⁰] an. So fehlten für die 1919 eingebaute ganz eng mensurierte Harmonika, deren untere Oktave von Holz und die Fortsetzung aus Metall ist, 12 Löcher. Diese sind durch die Schleife gebohrt worden, und von hier aus führen Röhren zu der unteren Oktave der Harmonika.

Die Windlade vom Jahre 1796, auf der die Pedalregister Subbass 16′ und Oktave 8′ standen, ist nicht mehr vorhanden, sondern eine kurze Windlade, auf der der Subbass 16′ steht. Offenbar geschah diese Veränderung beim Einbau in das Privathaus in Dresden, wo der Subbass in einer Türnische stand. Als Ersatz für den ehemaligen Oktavbass 8′ dient jetzt die Pedalkoppel.

Die Manualwindlade und die Traktur sind von Silbermann und noch tadellos erhalten." [29]

29 Liesche, a.a.O., S. 30–31.

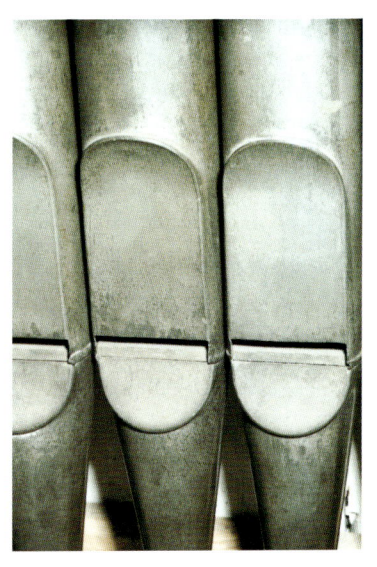

Die Orgel hatte somit vor ihrer Aufstellung in Bremen folgende Disposition:

		Manual	C, D–c³	
1.	Principal	4′		Zinn, C, D–c² und eine stumme Pfeife im Prospekt, Silbermann
2.	Sifflöt	1′		Zinn, Silbermann
3.	Quinta	1½′		Zinn, Silbermann
4.	Harmonika	8′		C, D–c⁰ Holz, ab cs⁰ Metall, um 1919
5.	Octava	2′		Metall, um 1919
6.	Nasat	3′		ab c⁰, c⁰–h⁰ Metall, um 1919, ab c¹ Metall und Zinn, Silbermann
7.	Flöte	4′		Metall, um 1919
8.	Rohrflöte	8′		C, D–c⁰ Holz, Silbermann (?), ab cs⁰ Metall, um 1919
		Pedal	C–c¹	
1.	Subbass	16′		um 1919
	Pedalkoppel			

Labien der Prospektpfeifen (Principal 4′) Der Fuß ist breiter labiert und entsprechend enger zugeschnitten. Dadurch kommt das Oberlabium etwas nach vorn, die Pfeife spricht leichter und charakteristischer an.

30 Liesche, a.a.O., S. 31/ Aufz. des Verfassers, 1956.

Für den Einsatz des Silbermann-Positivs während der Bachtage 1939 und für die spätere musikalische Praxis wurde die Firma W. Sauer, Frankfurt/Oder, mit der Überholung und Wiederherstellung des ursprünglichen Disposition beauftragt. Oktave 2′ und Terz 1⅗′ wurden wie vorgesehen rekonstruiert, allerdings in der damals üblichen Bauart. Harmonika 8′ wurde beseitigt. Flöte 4′ von 1919 erhielt neue Kerne und niedrigere Aufschnitte. Rohrflöte 8′ und die kleine Oktave von Nasat 3′ wurden entgegen dem ursprünglichen Plan neu gebaut. Für das Pedalspiel wurde eine neue, chromatisch aufgebaute Pedallade für den vorhandenen Subbass 16′ und einen neuen Oktavbass 8′ angefertigt. In Dresden stand das Pedalwerk in einem Verschlag, der sich gleich breit an das Positiv-Gehäuse anschloss. Die tiefen Pedalpfeifen ragten über das Positiv-Gehäuse hinweg.[30]

Im ganzen muß die für die damalige Zeit äußerst vorsichtige Restaurierung des Positivs bewundert werden. Das historische

Pfeifenmaterial blieb von Eingriffen verschont, die originale Stimmtonhöhe blieb erhalten, und auch die Mechanik blieb im wesentlichen unangetastet.

	Manual	C, D–c³	
1.	Principal	4′	Zinn, C, D–c² und eine stumme Pfeife im Prospekt, Silbermann
2.	Sifflöt	1′	Zinn, Silbermann
3.	Quinta	1 ½′	Zinn, Silbermann
4.	Sesquialtera		Terz 1 ⅗′, ab c¹, Metall, 1939
5.	Octava	2′	Metall, 1939
6.	Nasat	3′	ab c⁰, c⁰–h⁰ Metall, 1939, ab c¹ Metall und Zinn, Silbermann
7.	Flöte	4′	Metall, um 1919/1939
8.	Rohrflöte	8′	C, D–c⁰ Holz, nicht original, ab cs⁰ Naturguß, 1939
	Pedal	(C, D–c¹, Lade von 1939 bis d¹ mit Pfeifen besetzt)	
1.	Subbass	16′	Holz, um 1919
2.	Oktavbass	8′	Holz, 1939
	Pedalkoppel		

Orginale Prospektpfeifen in zwei Bauformen

Das Instrument wurde Ende 1939 in der Westkrypte aufgestellt.[31] Im zweiten Weltkrieg erlitt der Dom schwere Schäden. Gottesdienste konnten nur noch in der Ostkrypta stattfinden.[32] Das Silbermann-Positiv wurde deshalb für den liturgischen Gebrauch in die Ostkrypta umgesetzt.[33]

1953 ließ die Gemeinde in Verbindung mit einer Reinigung einen Umbau durchführen, um die Orgel dem allgemeinen Praxisgebrauch anzupassen.[34] Alfred Führer, Wilhelmshaven, nahm im Manual folgende Veränderungen vor:
– Einbau des Tones Cis zwischen C und D mit Taste, Mechanik, Ventil und Pfeifen.
– Umhängen der Mechanik, um die Orgel auf Normalstimmung zu bringen (C wird Cis).
– Ergänzen der Register um die Töne C und D mit Ausnahme von Nasat und Sesquialtera. Hier wurden die Töne c⁰ bzw. c¹ hinzugefügt.

Im Pedal wurden die gleichen Arbeiten ausgeführt. Außerdem wurden in der Pedalklaviatur die Tasten cis¹ und d¹ hinzugebaut, denn auf der Windlade waren die Töne bereits vorhanden. Die Pedalkoppel wurde vollständig erneuert. In beiden Werken wurde die Mechanik ausgetucht und die Klaviaturen neu befilzt. Das Gehäuse wurde überholt und ausgebessert. Nachintonation und Stimmung schlossen die Arbeiten ab.[35]

1962 führte die gleiche Firma erneut eine Instandsetzung durch, die noch stärker in die Substanz eingriff.[36] Die Manuallade wurde abgerichtet und neu verleimt, die Ventile neu belegt, sämtliche Lederteile wurden ersetzt. Führer erneuerte außerdem viele von W. Sauer hin-

31 Liesche, a.a.O., S. 31.

32 Schumacher, a.a.O., S. 16 und 18.

33 Pressemitteilung in den Bremer Nachrichten vom 30. 10. 1962. Nach der Umsetzung in die Ostkrypta stand die Orgel an der Ostwand. Nach der Instandsetzung 1962 wurde als neuer Standort die Westwand ausgewählt.

34 Dom-Archiv Bremen, Orgelakte, Kostenanschlag der Firma Führer vom 19. 3. 1953, Auftragserteilung vom 18. 4. 1953 / Pressemitteilung über den Abschluß der Arbeiten im Weser-Kurier vom 21. 11. 1953.

35 Frdl. Mitteilung von Herrn Fritz Schild, Wilhelmshaven, vom 14. 7. 1998 mit Hinweis auf Firmenunterlagen: Aufzeichnungen von Alfred Führer, 1953; Kostenangebot vom 19. 3. 1953 / 1959 erhielt die Orgel durch Führer ein neues elektrisches Gebläse. In diesem Zusammenhang wurde die Windversorgung von Manual und Pedal getrennt (Dom-Archiv Bremen, Orgelakte, Kostenanschlag vor dem 17. 3. 1959). Am 13. 5. 1953 nahm Prof. Hans Heintze die Orgel ab (Dom-Archiv Bremen, Orgelakte, Abnahmegutachten vom 19. 5. 1959).

36 Dom-Archiv Bremen, Orgelakte, Kostenanschlag vom 22. 3. 1962.

zugefügte Pfeifen und führte eine Nachintonation durch. Die Normalstimmung wurde beibehalten, aber durch Versetzen der Pfeifen um zwei, manchmal sogar drei Halbtöne versuchte der Orgelbauer, die Mensur weitgehend wiederherzustellen. Nasat 3′, ursprünglich ab c^1, seit 1919 ab c^0, ließ Führer jetzt bei g^0 beginnen. Die Prospektpfeifen wurden umgestimmt; sie sind angelängt und mit Stimmrollen versehen worden. Das Pedal wurde völlig neu angefertigt und in einem modern gehaltenen Gehäuse hinter der Orgel aufgestellt. Das historische Gehäuse wurde ausgebessert und durch den Kirchenmaler Hermann Oetken, Delmenhorst, neu vermalt und vergoldet. Im November 1962 nahm Gerd Erdmann die Orgel ab.[37]

37 Dom-Archiv Bremen, Orgelakte, 8. 11. 1962.

	Manual	($C-c^3$)	
1.	Principal	4′	Cs neu innen, C, D–c^2 und eine stumme Pfeife im Prospekt, angelängt, Rest original, um 3 Ht aufgerückt
2.	Sifflöt	1′	C–D 1962, ab Ds original, 2 Ht aufgerückt, die höchsten 18 Pfeifen 1962
3.	Quinta	1½′	C–D 1962, ab Ds original, 2 Ht aufgerückt, die letzte Oktave 1962
4.	Sesquialtera		Terz 1⅗′, ab c^1, 1962
5.	Octava	2′	Metall, 1962
6.	Nasat	3′	ab g^0, g^0–cs^1 Rohrflöte, 1962, d^1–g^1 (ursprünglich c^1–f^1) original, gs^1 1962, ab a^1 (ursprünglich fs^1) konisch offen, original
7.	Flöte	4′	Metall, um 1919/1939, C und D 1953 neu
8	Rohrflöte	8′	C–d^0 1962, ab ds^0 Naturguß, 1939
	Pedal	($C-d^1$)	
1.	Subbass	16′	Metall, 1962, auf neuer Stocklade, Pfeifen mit Deckeln, die großen gekröpft
2.	Oktavbass	8′	Mahagoni, 1962, Registerzug festgesetzt, keine Schleife vorhanden[38]
	Pedalkoppel		

38 Frdl. Mitteilung von Herrn Fritz Schild, Wilhelmshaven, vom 14. 7. 1998 und 29. 7. 1998 (Aufzeichnungen vom 17. 3. 1987); Schreiben an Dr. F.-H. Greß, Dresden, vom 3. 4. 1987. /1964 hat die Firma Führer durch ihren Intonateur nochmals eine Nachintonation durchführen lassen: „Ich finde, dass diese Arbeit doch von Erfolg gekrönt gewesen ist. […] Herr Pinkenburg hat es ausgezeichnet verstanden, sich in die Klangwelt des kleinen Instruments einzuleben und mit viel Feingefühl versucht, noch einige klangliche Korrekturen anzubringen. Mehr ist im Moment bestimmt nicht zu erreichen." (Archiv der Firma Führer, Akte Bremen, Dom, Mitteilung von Hans Heintze vom 11. 6. 1964).

39 Bahnson, Karsten: Das Positiv von Gottfried Silbermann in der Westkrypta des St. Petri Doms, Manuskript, 1992, 3 S.

41 Wegscheider, Kristian; Schütz, Hartmut: Orgeltemperatur – ein Beitrag zum Problem der Rekonstruktion historischer Stimmungsarten bei Orgelrestaurierungen. Michaelstein/Blankenburg, 1988, S. 37-43, 75-113.

1983, nach der grundlegenden Wiederherstellung des Domes 1972–1982, wurde das seit Kriegsende in der Ostkrypta aufgestellte Instrument von Jürgen Ahrend, Leer-Loga, wieder in die Westkrypta umgesetzt. 1986 begannen die Planungen für eine Instandsetzung der großen Orgel. Die Silbermann-Orgel sollte nicht zurückstehen, denn der inhomogene Pfeifenbestand und die nicht mehr originale Stimmtonhöhe und Temperierung machten eine Restaurierung nach neuesten Maßstäben wünschenswert. Außerdem war bekannt geworden, dass die drei, 1902 entfernten Silbermann-Register noch in *Wallroda* erhalten waren.[39]

Der Auftrag für eine erneute Restaurierung ging an die Werkstatt Kristian Wegscheider, Dresden, die sich bereits durch mehrere kompetente Arbeiten an historischen Instrumenten ausgewiesen hatte.[40] In den Händen von Kristian Wegscheider lag vor allem auch die Wiederherstellung der großen Silbermann-Orgel im *Freiberger* Dom durch die Firma Jehmlich, Dresden.[41]

Wellenbrett nach der Restaurierung

Im Oktober 1991 erstellte Wegscheider eine Dokumentation über die Veränderungen gegenüber dem Originalzustand und formulierte erste Gedanken zu einem Restaurierungskonzept. Dieses machte er am 26.2.1993 zur Grundlage eines Kostenanschlags. Am 28.9.1993 wurde der Vertrag geschlossen.[42]

1993 begann die Dresdner Werkstatt mit der Restaurierung und Rekonstruktion des Positivs. Alle Veränderungen und auch das Pedal wurden beseitigt. Die fehlenden Teile wurden in Silbermannscher Bauweise wieder ergänzt. Dies betraf zunächst das Gehäuse und die übrigen Holzteile, die mit artfremden Materialien ausgebessert worden waren. Die fehlenden Rückwände wurden neu gebaut. Ein Keilbalg wurde neu angefertigt und im Untergehäuse mit einem elektrischen Gebläse auf einem vom Gehäuse unabhängigen Rahmen aufgestellt. Die originale Balganlage wurde nicht rekonstruiert, weil trotz einiger Hinweise auf zwei Keilbälge der ursprüngliche Zustand nicht vollständig zu ermitteln war, zudem der Motor auch innerhalb der Orgel stehen sollte. Dennoch hat der kurze Windkanal seine ursprünglichen Abmessungen zurückerhalten, so dass das Positiv heute wieder seinen charakteristischen Wind aufweist.[43]

Die Windlade und die Teile der Mechanik wurden sorgfältig restauriert. Alle Eingriffe, die nicht dem Original entsprachen, wurden rückgängig gemacht. Filz und Kunststoffteile wurden beseitigt; die Ventile erhielten wieder eine doppelte Belederung, und die Pulpeten wurden neu angefertigt.[44]

42 Dom-Archiv Bremen, Orgelakte, 5.3.1991, 26.4.1991, 26.2.1993, 28.9.1993; Mitt. W. Baumgratz, Bremen, 1998.

43 Schütz et al., a.a.O., S. 10.

44 Schütz et al., a.a.O., S. 10.

Verlängerte Körper der Rohrflöte 8′ nach der Restaurierung

Um dem Instrument wieder zu Recht den Namen „Silbermann-Orgel" geben zu können, war es notwendig, die in *Wallroda* stehenden Register mit dem übrigen Pfeifenbestand in Bremen zu vereinen. Die Verhandlungen mit der Kirchengemeinde in Wallroda und der Ev.-luth. Sächsischen Landeskirche hatten Erfolg, und so erwarb die Bremer Domgemeinde jene drei fehlenden Register,[45] so dass fast 75% des heute von Silbermann stammenden Pfeifenmaterials in der kleinen Orgel wiedervereint sind. In die Berger-Orgel wurden Kopien der in Wallroda erworbenen Pfeifen eingesetzt.

Das Pfeifenwerk konnte nun aufwendig restauriert werden.[46]

Als man das Registerschild „Subbass 16" beseitigte, trat eine Aufschrift „Tremulant" zu Tage. Da auch die Orgel in *Ringethal* ursprünglich einen Tremulanten aufwies, wurde ein Tremulant rekonstruiert.[47]

Die Stimmtonhöhe wurde zurückgeführt und ist heute wieder der alte Chorton mit $a^1 = 467$ Hz. Der Winddruck beträgt 63 mm WS. Zur Temperierung heißt es bei Wegscheider: „Gestimmt wurde eine stark gemilderte Temperatur mit leicht mitteltöniger Charakteristik, die sich zwar an den Stimmungen Silbermanns und seiner Zeitgenossen orientiert, dennoch den Spielraum der Tonarten wesentlich weiter werden lässt."[48]

Die Restauratorin HILKE FRACH, Dresden, war mit der Untersuchung der Farbschichten des Gehäuses betraut.[49] Der älteste Anstrich geht

---

45 Domarchiv Bremen, Vertrag vom 4. 2. 1993.

46 Wegscheider (1999), a. a. O., S. 3–6, Mensurtabellen im Anhang.

47 Schütz et al., a. a. O., S. 10.

48 Schütz et al., a. a. O., S. 13. / Wegscheider (1999), a. a. O., S. 5. / C–G und G–D ⅕ pythagoräisches Komma enger, D–A rein, A–E, E–H und H–Fis ⅕ pythagoräisches Komma enger, Fis–Cis und Cis–Gis rein, Gis–Es ⅕ pythagoräisches Komma weiter, Es–B und B–F rein, F–C ⅕ pythagoräisches Komma enger.

49 Domarchiv Bremen. Orgelakte, Kostenangebot vom 17. 9. 1993.

auf das Ende des 18. Jahrhunderts zurück und bestand aus Weiß und hellem Grau. Diese Farbgebung wurde wiederhergestellt und durch eine Vergoldung an Ornamenten, Leisten und Profilen ergänzt. Diese Arbeiten führten Hilke Frach, Hans Riedel und Peter Taubert aus.[50]

Im Zusammenhang mit der Restaurierung wurde die Chance ergriffen, das vollständig zerlegte Instrument zu vermessen und nachzubauen.[51] Zwei Kopien wurden angefertigt, die heute im Silbermann-Museum in *Frauenstein* und in der ev. Kirche in *Güldendorf*, einem Ortsteil von Frankfurt/Oder, stehen.

Im Juli 1994 wurde die Orgel in der Westkrypta wieder aufgestellt und fertig intoniert. Am 23. August 1994 konnte sie in einem Konzert mit Domorganist Prof. Wolfgang Baumgratz wieder eingeweiht werden.[52] Heute besitzt die Orgel folgende Disposition mit fast 75% originalem Pfeifenwerk:[53]

		Manual	C, D–c^3
1.	Principal	4′	Zinn, C, D–c^2 und eine stumme Pfeife im Prospekt, original, 6 von 12 Innenpfeifen original
2.	Sifflöt	1′	Zinn, 24 von 48 Pfeifen original
3.	Quinta	1½′	Zinn, 28 von 48 Pfeifen original
4.	Sesquialtera		Terz $1\tfrac{3}{5}′$, Zinn, ab c^1, 4 von 25 Pfeifen original
5.	Octava	2′	Zinn, 48 Pfeifen original
6.	Nasat	3′	ab c^1, c^1–f^1 Metall, Rohrflöte, ab fs^1 zylindrisch offen, Zinn, 22 von 25 Pfeifen original
7.	Flöte	4′	Metall, C, D–c^2 Rohrflöte, ab cs^2 konisch, 48 Pfeifen original
8	Rohrflöte	8′	C, D–c^0 Holz, ab cs^0 Metall, 36 von 48 Pfeifen original
	Tremulant		

2001 führte Reinhard Schäbitz eine Nachintonation durch.

Die Silbermann-Orgel im Bremer Dom ist ein lebendiges Zeugnis des barocken Orgelbaus, das, weit von seiner alten Heimat entfernt, etwas von der sächsischen Orgelbaugeschichte und Musikkultur in den norddeutschen Raum trägt. Die Silbermannschen Instrumente werden zwar den Anforderungen des Orgelspiels im evangelischen Gottesdienst gerecht, sind aber keine Konzertorgeln für jeden Zweck. Ihr Klangaufbau ist aber so konsequent, dass selbst kleine Positive mit ihrer kräftigen und vollen Intonation vielfältige Klangmöglichkeiten erlauben.

Das Silbermann-Positiv aus Etzdorf ist eins der wertvollsten der von Silbermann gebauten Kleinorgeln und bildet eine reizvolle Ergänzung des Bremer Musiklebens allgemein und der Musikkultur am Bremer Dom im besonderen: Raum und Instrument bieten ideale Voraussetzungen für kammermusikalische Veranstaltungen im Rahmen einer historischen Aufführungspraxis.

50 Domarchiv Bremen, Orgelakte, Dokumentation über die Restaurierung/Rekonstruktion der Farbfassung am Prospekt der Silbermannorgel zu Bremen, 24. 8. 1994.

51 Schütz, Hartmut: Das Silbermann-Positiv in Bremen und seine Kopie für das Silbermann-Museum in Frauenstein – die geometrische Konstruktion eines Orgelprospektes, Ars Organi, 43 (1995) 1, S. 7–15, hier S. 13–15.

52 Domarchiv Bremen, Orgelakte, Ansprache von Karsten Bahnson als Bauherr der St. Petri Domgemeinde am 23. 8. 1994, Manuskript.

53 Schütz et al., a.a.O., S. 12

Verlängerte Röhrchen der Rohrflöte 8' nach der Restaurierung

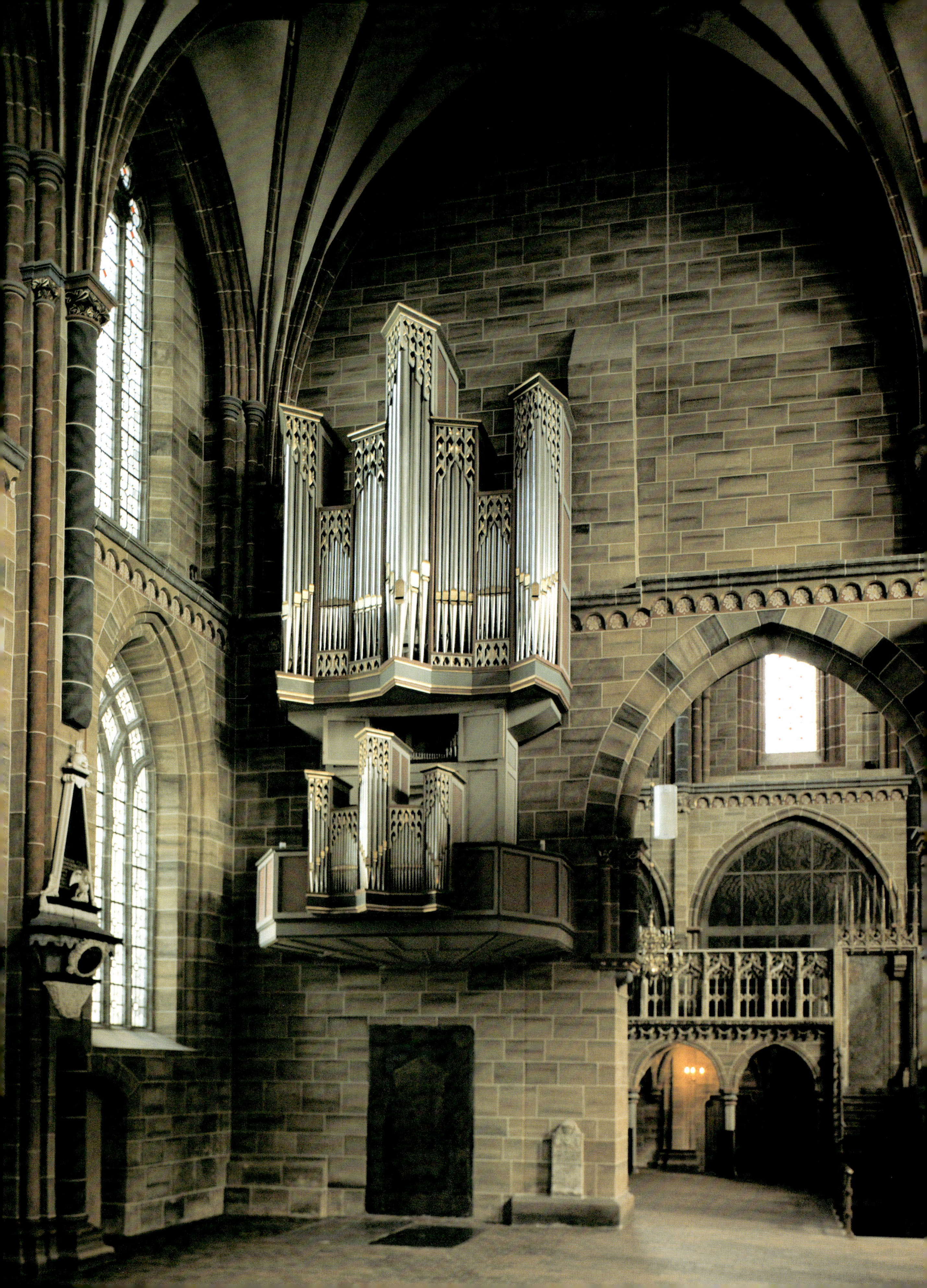

Uwe Pape
Die Bach-Orgeln im St. Petri Dom zu Bremen

Zeitgleich mit dem Umbau der Sauer-Orgel im Jahre 1939 erhielt der Dom ein dreimanualiges Instrument mit Schleifladen und mechanischer Spieltraktur zur Interpretation barocker Orgelmusik. Dieses Werk, das die Gemeinde ebenfalls von der Firma W. Sauer erbauen ließ, bekam mit Rücksicht auf seine Bestimmung den Namen „Bach-Orgel".

Bereits im Oktober 1936 wurde der Wunsch nach einem solchen Instrument deutlich. Rudolf von Beckerath, seinerzeit unabhängiger Sachverständiger in Hamburg, lieferte Ende 1936 einen Dispositionsvorschlag mit 45 Registern. Dieser Vorschlag und weitere Ideen gingen zwar in die Diskussion ein, wurden aber letztendlich nicht direkt berücksichtigt.[1]

Der Plan einer neuen Orgel wuchs vielmehr im direkten Gespräch zwischen Richard Liesche und Karl Ruther, dem Geschäftsführer der Firma W. Sauer. Einem Neubau-Kostenanschlag vom 5.10.1937 folgte relativ rasch der Auftrag am 23.12.1937. Von März bis Juni 1939 wurde das Instrument an der Nordwand des Querschiffs, gegenüber dem Eingang zur Ostkrypta, aufgestellt. Die Einweihung geschah im Rahmen des 26. Deutschen Bachfestes am 12.6.1939.[2]

Richard Liesche betont in seinem Beitrag über die neue Orgel:
„*Da der Bremer Dom die herrliche große Sauer-Orgel für alle Verwendungsmöglichkeiten besitzt, konnte die Disposition der Bachorgel ohne Zugeständnisse rein nach den Idealen der Orgelbaukunst gestaltet werden. Zum gravitätischen, monumentalen Prinzipalklang des Hauptwerkes gesellt sich der bewegliche, durchsichtige, glitzernde Klang des Obermanuals und der scharfe, eindringliche des Rückpositivs.*"[3]

Die Orgel hatte folgende Disposition:

Hauptwerk	II, C–g³	
Prinzipal	16′	Zink, Kupfer, Zinn
Quintadena	16′	Eiche, Kupfer, Zinn
Oktave	8′	Kupfer, Zinn
Rohrflöte	8′	Kupfer, Zinn
Oktave	4′	Kupfer, Zinn
Nachthorn	4′	Kupfer, Zinn
Nasat	2 ⅔′	Kupfer, Zinn
Oktave	2′	Zinn
Querflöte	2′	Kupfer, Zinn
Mixtur 8fach		Zinn
Trompete	16′	Becher Kupfer und Zinn
Trompete	8′	Becher Kupfer und Zinn
Rückpositiv	I, C–g³	
Gedackt	8′	Eiche, Kupfer, Zinn
Prinzipal	4′	Kupfer, Zinn
Prinzipal	2′	Kupfer, Zinn
Waldflöte	2′	Kupfer, Zinn
Oktave	1′	Zinn

1 Archiv des Bremer Doms, Akte Bach-Orgel, 19.12.1936, 15.9.1937.

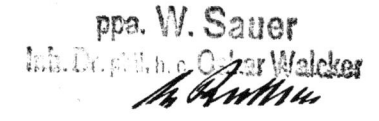

2 A.a.O., 5.10.1937, 23.12.1937, 29.3.1939, 23.5.1939; Musik und Kirche, 11 (1939) 3, S. 134.

3 Liesche, Richard: Die neue Orgel im Bremer Dom. In: Liesche, Richard: Die Orgeln im Bremer Dom, Bremen 1939, S. 28–29, Abbildungen auf S. 36–40.

links: Prospekt der neuen Bach-Orgel

unten: Blick vom Hauptschiff auf die alte Bach-Orgel

Sesquialter 2fach		Zinn
Scharf 6fach		Zinn
Rankett	16′	Becher Kupfer und Zinn
Krummhorn	8′	Becher Kupfer und Zinn
Regal	4′	Becher Kupfer und Zinn
Tremulant		
Oberwerk	III, C–g³	
Prinzipal	8′	Zink, Zinn
Quintadena	8′	Kupfer, Zinn
Koppelflöte	8′	Kupfer, Zinn
Oktave	4′	Zink, Kupfer, Zinn
Rohrflöte	4′	Kupfer, Zinn
Nasat	2 ⅔′	Zinn
Oktave	2′	Kupfer, Zinn
Gemshorn	2′	Zinn
Terz	1 ⅗′	Zinn
Quinte	1 ⅓′	Kupfer, Zinn
Glöcklein	2′ + 1′	Kupfer, Zinn
Scharf 6–7fach		Zinn
Kling. Zimbel 3fach		Zinn
Dulcian	16′	Becher Kupfer
Schalmei	8′	Becher Kupfer und Zinn
Trompete	4′	Becher Kupfer und Zinn
Tremulant		

Spieltisch der alten Bach-Orgel

Prospekt der alten Bach-Orgel

Pedal	C–f¹	
Prinzipal	16′	Zink, Kupfer
Subbaß	16′	Eiche
Oktave	8′	Kupfer
Gedackt	8′	Eiche
Oktave	4′	Kupfer, Zinn
Nachthorn	2′	Kupfer, Zinn
Rauschpfeife 3fach		Zinn
Mixtur 8fach		Zinn
Posaune	16′	Becher Kupfer
Trompete	8′	Becher Kupfer
Schalmei	4′	Becher Kupfer
Cornett	2′	Becher Zinn

Schleifladen, mechanische Spieltraktur, elektrische Registertraktur, zwei Manualkoppeln Rückpositiv-Hauptwerk und Oberwerk-Hauptwerk, zwei Pedalkoppeln Hauptwerk-Pedal und Oberwerk-Pedal (Koppeln mit pneumatischer Maschine), 6 freie Kombinationen, 3 freie Pedalkombinationen, Tutti, Zungen ab, Einzel-Zungenausschaltung, Manual 16′ ab.[4]

Trotz erheblicher Beschädigungen hat dieses Instrument den 2. Weltkrieg überstanden. Es war jedoch lange Zeit unspielbar, hauptsächlich infolge der Schadhaftigkeit des Nordschiffes, das zeitweise ohne Dach war. Im Sommer 1951 wurde die Bach-Orgel erfolgreich repariert und am 9.8.1951 ihrer Bestimmung wieder übergeben. Fritz Piersig lobte in einem Bericht sowohl die klanglichen Qualitäten des Instrumentes als auch Liesches Spiel der alten Meister, mit denen er das wiederhergestellte Werk einweihte.[5]

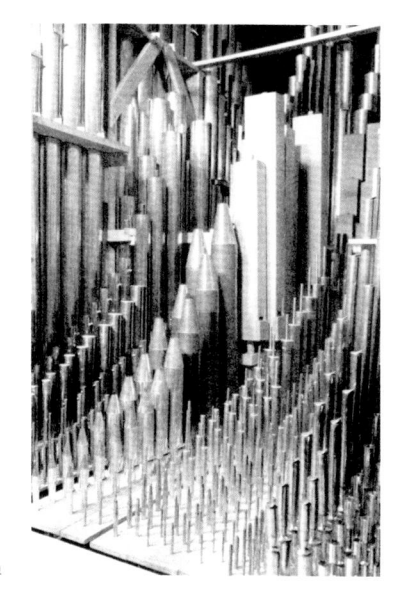

Pfeifen des Oberwerks der alten Bach-Orgel

5 Piersig, Fritz: Bach-Orgel im Dom eingeweiht, Bremer Nachrichten, 10.8.1951.

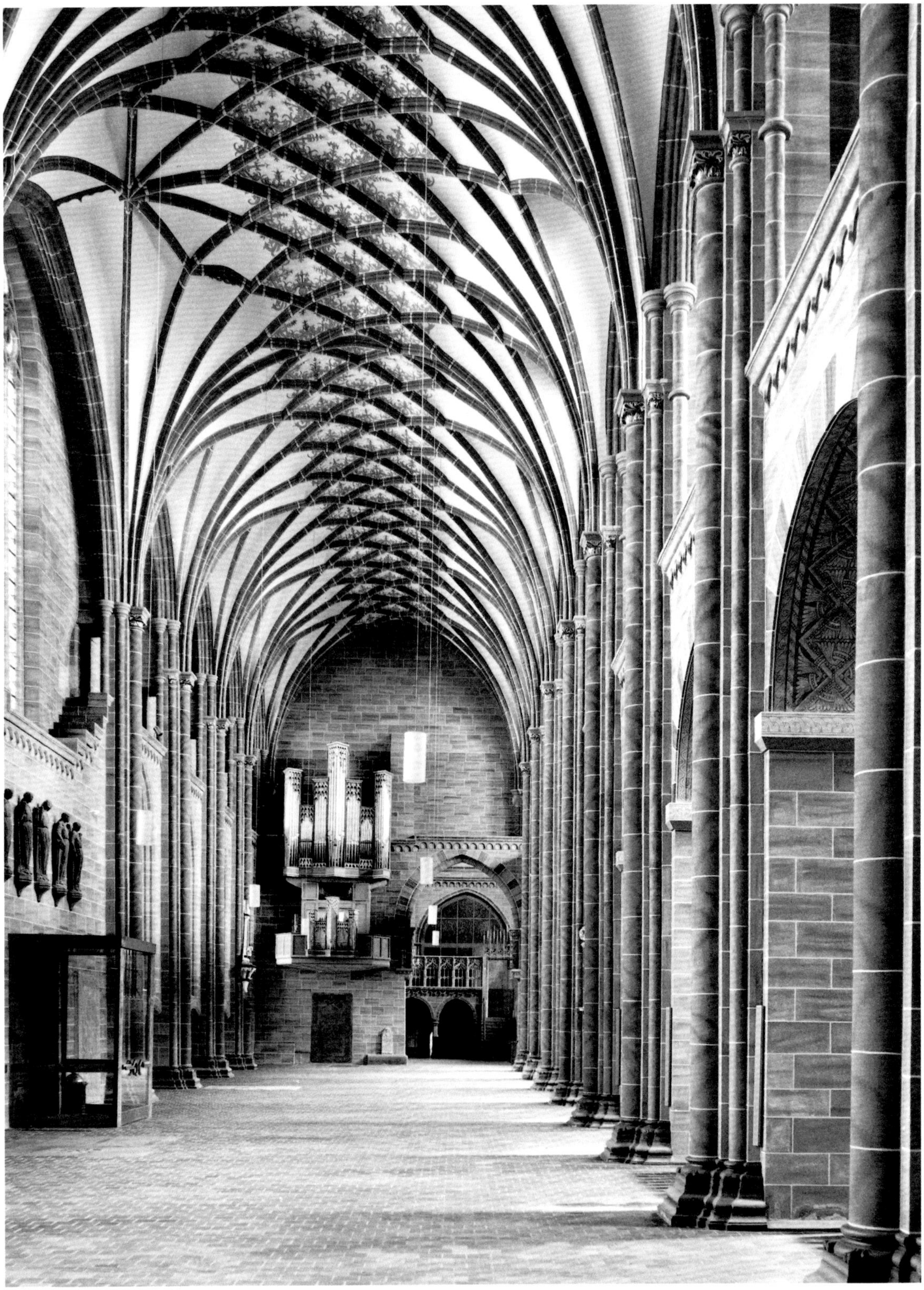

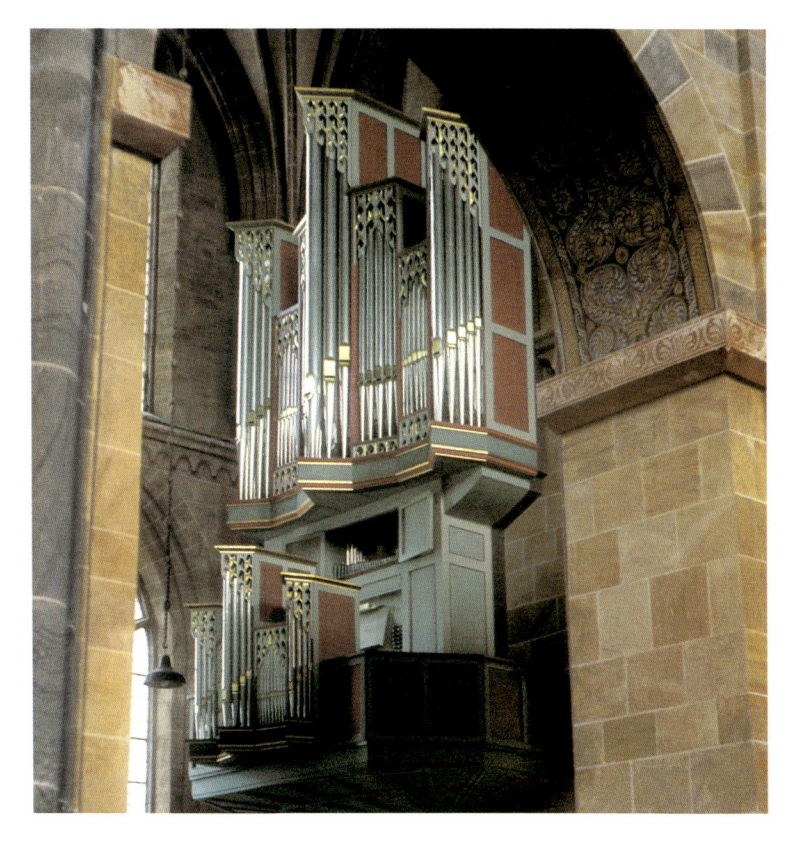

Blick vom Hauptschiff auf die Bach-Orgel

Mit der Übernahme des Organistenamtes durch Hans Heintze wurde der Wunsch laut, dieses in den Anfängen der Orgelbewegung entstandene Instrument durch ein neues zu ersetzen. Man möchte meinen, der Klang dieser recht vielseitig gestalteten Disposition entspräche wirklich den Attributen, die Liesche in seiner oben zitierten Beschreibung verwendete. Dem war nicht so, denn das Werk, in seiner technischen Anlage sehr grobschrötig gestaltet, besaß als eines der ersten großen mechanischen Orgeln unseres Jahrhunderts eine schwergängige Traktur und litt vor allem unter dem Materialmangel des beginnenden Krieges. Elektrolytzink und die extensive Verwendung von Kupfer, die auch im Prospekt deutlich wurde, hatten einen harten, wenig eleganten Klang zur Folge. 1965–1966 wurde diese Orgel durch einen Neubau der Firma Gebr. van Vulpen, Utrecht, ersetzt.[6] Die Firma Gebr. Vermeulen, Weert, übernahm das alte Instrument mit dem Ziel, sie in einer holländischen katholischen Kirche wieder aufzustellen.

Das neue Werk, das in einem massiven Eichenholz-Gehäuse steht, wurde an der Ostwand des Nordschiffes aufgestellt. Im März 1965 begann die Montage und Ende September die Intonation. Am 20. Februar 1966 wurde das neue Werk durch Käte van Tricht in einem Festgottesdienst eingeweiht.[7] Das Instrument ist unverändert erhalten.

6 Archiv des Bremer Doms, Akte Bach-Orgel, Kostananschlag mit Dispositionsentwurf 23.3.1962, Besprechung am 4.4.1962, zweiter Dispositionsentwurf 17.4.1962, Auftragserteilung 3.5.1962.

7 Festschrift anläßlich der Einweihung der neuen Bach-Orgel

Nordschiff mit Bach-Orgel

Spieltisch der Bach-Orgel

Hoofdwerk	II, C–g³	
Prestant	16′	im Prospekt
Prestant	8′	
Roerfluit	8′	
Octaaf	4′	
Spitsfluit	4′	
Quint	2 ⅔′	
Octaaf	2′	
Mixtuur 6–8 st.	1 ⅓′	
Trompet	8′	
Rugwerk	I, C–g³	
Prestant	8′	im Prospekt
Holpijp	8′	
Roerfluit	4′	
Gemshoorn	2′	
Nasard	1 ⅓′	
Sexquialter 2 st.		
Scherp 4 st.	1′	
Dulciaan	16′	
Kromhoorn	8′	
Tremulant		
Borstwerk	III, C–g³	
Houtgedekt	8′	
Ged. Fluit	4′	
Prestant	2′	
Siflet	1′	
Tertiaan 2 st.		
Cimbel 2 st.		
Vox humana	8′	
Tremulant		
Pedal	C–f¹	
Prestant	16′	Transmission aus dem Hauptwerk
Subbas	16′	
Octaaf	8′	
Gedekt	8′	
Octaaf	4′	
Nachthoorn	2′	
Mixtuur 6 st.	2 ⅔′	
Bazuin	16′	
Trompet	8′	
Schalmei	4′	
Cornet	2′	

Schleifladen, mechanische Traktur, zwei Manualkoppeln Rugwerk – Hoofdwerk, Borstwerk – Hoofdwerk, drei Pedalkoppeln

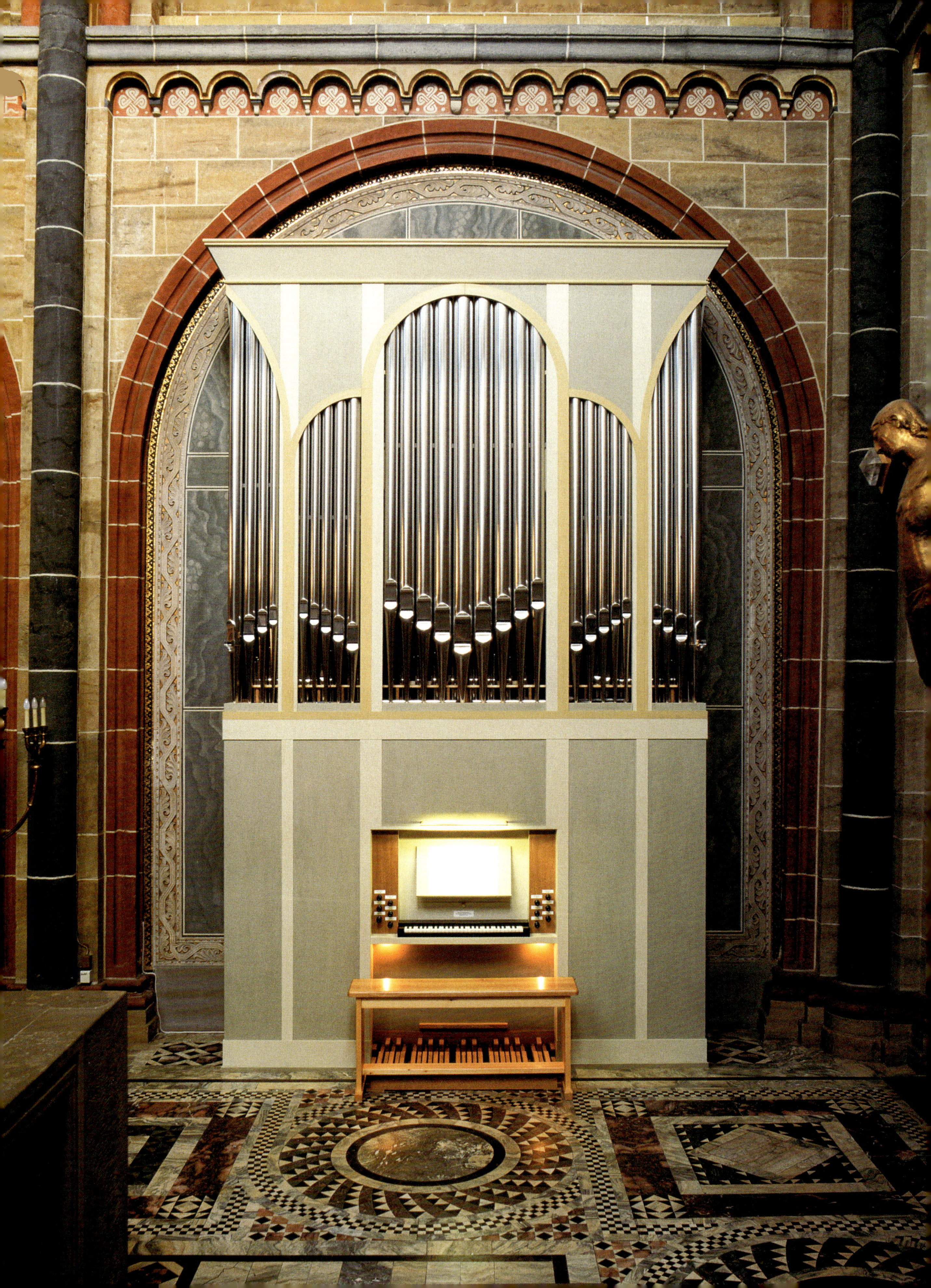

Uwe Pape
Weitere Orgeln im St. Petri Dom zu Bremen –
Die Wegscheider-Orgel im Hohen Chor

Die Domgemeinde besitzt außer den beiden großen Orgeln und dem Silbermann-Positiv noch fünf weitere Instrumente, die für unterschiedliche Aufgaben genutzt werden. Aber auch einige Instrumente, die im Besitz der Gemeinde waren, jedoch nicht mehr vorhanden sind, seien hier erwähnt. Bemerkenswert ist außerdem eine von Richard Liesche geplante Orgel.

1 Das Positiv zum Deutschen Bachfest 1934

Anläßlich des 21. Deutschen Bachfestes wurde 1934 ein Positiv der Firma E. Kemper & Sohn, Lübeck, aufgestellt. Dieses Instrument gehörte zu den ersten, die nach 1930 im Zuge der Orgelbewegung vorwiegend als Begleitinstrumente gebaut wurden. Der Begriff Positiv kommt vom lateinischen ponere = stellen, weil ein Instrument dieser Größe leicht an verschiedenen Orten aufgestellt werden kann und nicht wie eine größere Kirchenorgel an einen festen Platz gebunden ist.
1935 überließ man das Positiv der Rob.-Franz-Singakademie, Halle.[1]

1 Domarchiv, Orgelakte Kemper-Positiv.

2 Eine neue Orgel für die Ostkrypta

Im November 1939 erteilte Richard Liesche der Firma Wilhelm Sauer, Frankfurt/Oder, den Auftrag, für die Ostkrypta eine neue Orgel mit 16 Stimmen zu liefern.[2] Heute erstaunt, dass dieses Werk nicht nur Schleifladen, sondern auch vollmechanische Traktur erhalten sollte. Folgende Disposition war geplant:

2 Domarchiv, Orgelakte Neubau Ostkrypta, vor dem 22.11.1939 Neubau-Kostenanschlag von W. Sauer, 22.11.1939 Auftragserteilung mit Dispositionsvorschlag von Richard Liesche; 27.11.1939 Auftragserteilung an W. Sauer.

Hauptwerk	I, C–g^3	
Prinzipal	8′	
Koppelflöte	8′	
Rohrflöte	4′	
Oktave	2′	
Mixtur 4–5fach		
Oberwerk	II, C–g^3	
Gedackt	8′	
Praestant	4′	
Blockflöte	4′	
Nachthorn	2′	
Sesquialtera 2fach		
Cimbel 2fach		
Regal	8′	
Tremulant		
Pedal	C–f^1	
Subbaß	16′	
Bordun	16′	
Baßflöte	8′	
Trompete	4′	

Manualkoppel, Pedalkoppel I.

Orgel im Hohen Chor

Diese Orgel wurde infolge kriegsbedingten Arbeitsmangels nie fertiggestellt. Es gibt auch keinen Prospektentwurf.

3 Das Positiv von Paul Ott

Die Domgemeinde verfügte neben der Silbermann-Orgel vorübergehend über mehrere Positive. Das ältere Instrument wurde 1960 von Paul Ott, Göttingen erbaut und dem Dom für die Westkrypta geschenkt, solange die Silbermann-Orgel in der Ostkrypta stand. Nach der Aufstellung dieses Werkes in der Westkrypta wurde das Ott-Positiv in die Ostkrypta umgesetzt. In letzter Zeit stand das inzwischen verkaufte Werk vorübergehend im Hohen Chor und diente gottesdienstlichen Zwecken.

Manual	$C-f^3$
Gedackt	8′
Rohrflöte	4′
Prinzipal	2′
Mixtur 2–3fach	

Schleiflade, mechanische Traktur, angehängtes Pedal.

4 Die Orgel der Domkapelle am Osterdeich

In der Domkapelle am Osterdeich befindet sich eine zweimanualige Orgel von Rudolf von Beckerath aus dem Jahre 1967. Dieses Instrument hat folgende Disposition:

Hauptwerk	I, $C-g^3$	
Rohrflöte	8′	
Prinzipal	4′	
Waldflöte	2′	
Mixtur 4fach		
Oberwerk	II, $C-g^3$	
Holzgedackt	8′	
Rohrflöte	4′	
Nasat	$2\,2/3$′	
Prinzipal	2′	
Terz	$1\,3/5$′	ab f^0
Pedal	$C-f^1$	
Pommer	16′	
Nachthorn	8′	
Flöte	4′	

Schleifladen, mechanische Traktur, Manualkoppel, Pedalkoppel I, Pedalkoppel II.

Bremen, Domkapelle am Osterdeich

5 Die Truhenorgel von Alfred Führer

Ein zweites Positiv kam 1983 in die Kirche und wurde von Alfred Führer, Wilhelmshaven, geliefert. Die Vorzüge dieses Instruments sind vor allem praktischer Art. Es ist gut zu transportieren; die Größe einer Truhe (deshalb der Name) ermöglicht dem Spieler zudem einen guten und schnellen Sichtkontakt beim Zusammenspiel mit Sängern und Instrumentalisten. Es wurde mit Orgelkonzerten von Georg Friedrich Händel im August 1983 eingeweiht. Später diente es als Continuo-Instrument bei Oratorien und stand vorwiegend auf der Westempore.

$$
\begin{array}{ll}
\text{Manual} & \text{C–f}^3 \\
\text{Gedackt} & 8' \\
\text{Flöte} & 4' \\
\text{Principal} & 2' \\
\text{Quinte} & 1\,\tfrac{1}{3}' \\
\end{array}
$$

Schleiflade, mechanische Traktur, kein Pedal.

Nach der Anschaffung einer Truhenorgel von Gerrit Klop wurde das Instrument von Führer an die Klosterkirche der Karmeliter in Bonn veräußert.

6 Die Truhenorgel von Gerrit Klop

Im Dezember 1993 erwarb die Domgemeinde eine 1989 erbaute Truhe von Gerrit Klop, Garderen (Niederlande). Dieses Instrument hat wie das Vorgängerinstrument vier Register:

Manual	C–f^3		
Gedackt	8′		
Flöte	4′		
Principal	2′		
Quinte	1 ⅓′	Diskant	

Schleiflade, mechanische Traktur, kein Pedal.

7 Die Orgel der Ostkrypta

Im Sommer 2001 konnte die Gemeinde in der Ostkrypta ein schon lange bestehendes Defizit beheben: Dieser besondere Raum mit seiner reichen Kulturgeschichte und seiner intensiven theologischen Ausstrahlung hatte bisher kein adäquates Instrument. Es ist gelungen, eine aus Köln gekaufte und sich jetzt in Bremer Privatbesitz befindende kleine Orgel in der Ostkrypta aufzustellen, wo sie für alle gottesdienstlichen und konzertanten Zwecke zur Verfügung stehen wird. Die Orgel wurde 1991 von Gerrit Klop, Garderen (Niederlande), als „Organo die legno" im italienischen Renaissance-Stil erbaut, d. h. sie besteht ausschließlich aus Holzpfeifen und hat dadurch einen sehr milden, kammermusikalisch-intimen Klang. In der äußeren Gestaltung korrespondiert sie mit den Bogenformen des romanischen Raumes. Wie in vielen romanischen Kirchen wurde die Orgel links vom Altar seitlich aufgestellt. Diese Position symbolisiert die Verbindung von Theologie und Kirchenmusik.[3]

3 Text von Wolfgang Baumgratz, veröffentlicht in den Domnachrichten, Juni 2001.

Das Instrument hat folgende Disposition:

I. Manual	C–d^3		
Principale	8′		
Ottava	4′		
Decimaquinta	2′		
Vigesimaseconda	1′		
Flauto	4′		
Decimanona	1 ⅓′		
Vigesimasesta	⅔′		
Voce umana	8′	ab cs^1	
Tremulant			
Nachtigall			
II. Manual			
Regal	8′		

Geteilte Schleifen (c^1/cs^1)
Angehängtes Pedal (C–d^1), Pedalkoppeln I und II

Die Orgel der Ostkrypta

Die Orgel im Hochchor

8 Die Orgel im Hohen Chor

Seit vielen Jahren gehörte es zu den Wünschen der Domgemeinde, für die musikalische Gestaltung der zahlreichen Trauungen, der Abendmahls-Gottesdienste und anderer Veranstaltungen im Hohen Chor ein angemessenes Instrument zur Verfügung zu haben. Die Hauptorgel auf der Westempore ist fast 100 Meter weit entfernt, und die Bach-Orgel ist wegen der Klangabstrahlung in das Nordschiff schlecht zu hören.
Eine großzügige Stiftung von Frau Ingeborg Jacobs zum Gedenken an ihren im hohen Alter verstorbenen Mann Walther J. Jacobs, den Gründer der Firma „Jacobskaffee", ermöglichte den Neubau einer Chororgel durch die Werkstatt Kristian Wegscheider, Dresden. Das einmanualige Instrument mit transmittiertem Pedal wurde Ende 2001 aufgebaut, im Januar 2002 durch Reinhard Schäbitz intoniert und am 2. Februar 2002 eingeweiht[4]

4 Baumgratz, Wolfgang: Die Wegscheider-Orgel im Bremer Dom, Ars Orani, 2002, S.101–102

Manual	(C-f³)	
Principal	8′	93% Zinn, D-gs⁰ im Prospekt
Bordun	16′	C-F Eiche, Fs-h⁰ 35% Zinn, ab c¹ 12% Zinn
Viola die Gamba	8′	93% Zinn, D-ds⁰ im Prospekt
Gedackt	8′	12% Zinn
Octave	4′	93% Zinn
Rohrflöte	4′	12% Zinn
Nasat	3′	C-f¹ als Rohrflöte, 12%, ab c¹ konisch, 93% Zinn
Superoctave	2′	93% Zinn
Mixtur 3fach	1⅓′	93% Zinn
Pedal	(C-d¹)	
Subbass	16′	Wechselschleife mit Bordun 16′

Pedalkoppel als Trakturkoppel, Tremulant.

Stimmtonhöhe: 440 Hz bei 15 Grad Celsius, Stimmungsart: F-C-G-D, A-E-H-Fs 1/6 pyth. Komma enger, D-A, Fs-Cs-Gs-Es-B-F rein.

Motor, Drossel und kleiner Keilbalg im Unterbau der Orgel
Schleiflade aus massiver Eiche mit Fundamentplatte aus Eichensperrholz
Bordun-Holzpfeifen C-F im oberen Gehäusekranz
Manualklaviatur mit einarmigen Tasten, Tastenbeläge Knochen und Ebenholz
Pedalklaviatur Eiche, an separate Ventile angehängt
Gehäusemaße: 3 m breit, 5 m hoch, 0,86 m tief.

Wie in vielen Kathedralen wurde das Instrument im Chorraum an der Nordseite links vom Altar aufgestellt. Mit der sehr geringen Tiefe und der Adaption romanischer Bogensegmente sowie der Farbgestaltung gelang den Orgelbauern eine harmonische Integration in das Ambiente des im Osten gelegenen Hohen Chores. Durch die Fortsetzung der Prospektpfeifen auf den beiden Gehäuseseiten ergibt sich für den Betrachter der Eindruck einer schlanken und eleganten Lösung: die Orgel wächst gewissermaßen aus der Seitenwand heraus.

Die Klangästhetik orientiert sich am mitteldeutschen Orgelbau des späten 18. und frühen 19. Jahrhunderts in der Nachfolge der Schule Gottfried Silbermanns. Bemerkenswert sind ein breites tragfähiges Plenum und eine intensive warme Klangfülle aller Einzelregister. Gambe und Flötenregister eignen sich gut für vielfältige Begleitfunktionen mit vokalen und instrumentalen Solisten und erweitern die stilistischen Möglichkeiten für das Orgelrepertoire auch der Romantik.

9 Die Orgeln im Lehrerseminar

Zur Domgemeinde gehörte auch die sogenannte Aufbauschule, von 1897 bis 1926 Lehrerseminar, seit 1951 Oberschule an der Hamburger Straße. In der Aula, die auch zu Gottesdiensten genutzt wurde, befand sich bis zur Zerstörung im 2. Weltkrieg eine Orgel von 1897 der Firma P. Furtwängler & Hammer, Hannover, mit 11 Registern (II+P, Kegelladen, pneumatische Traktur).[5]
Dieses Instrument wurde so stark beschädigt und durch Diebstahl dezimiert, dass es beim Wiederaufbau der Aula nicht verwendet werden konnte.
Ein Übungsinstrument mit 3 Registern (II+P, Kegelladen, pneumatische Traktur), das ebenfalls 1897 aus Hannover erworben wurde,[6] ließ die Schule 1949 von Alfred Führer, Wilhelmshaven, abtragen.

[5] Archiv Emil Hammer, Arnum, Akte 356.

[6] Archiv Emil Hammer, Arnum, Akte 357.

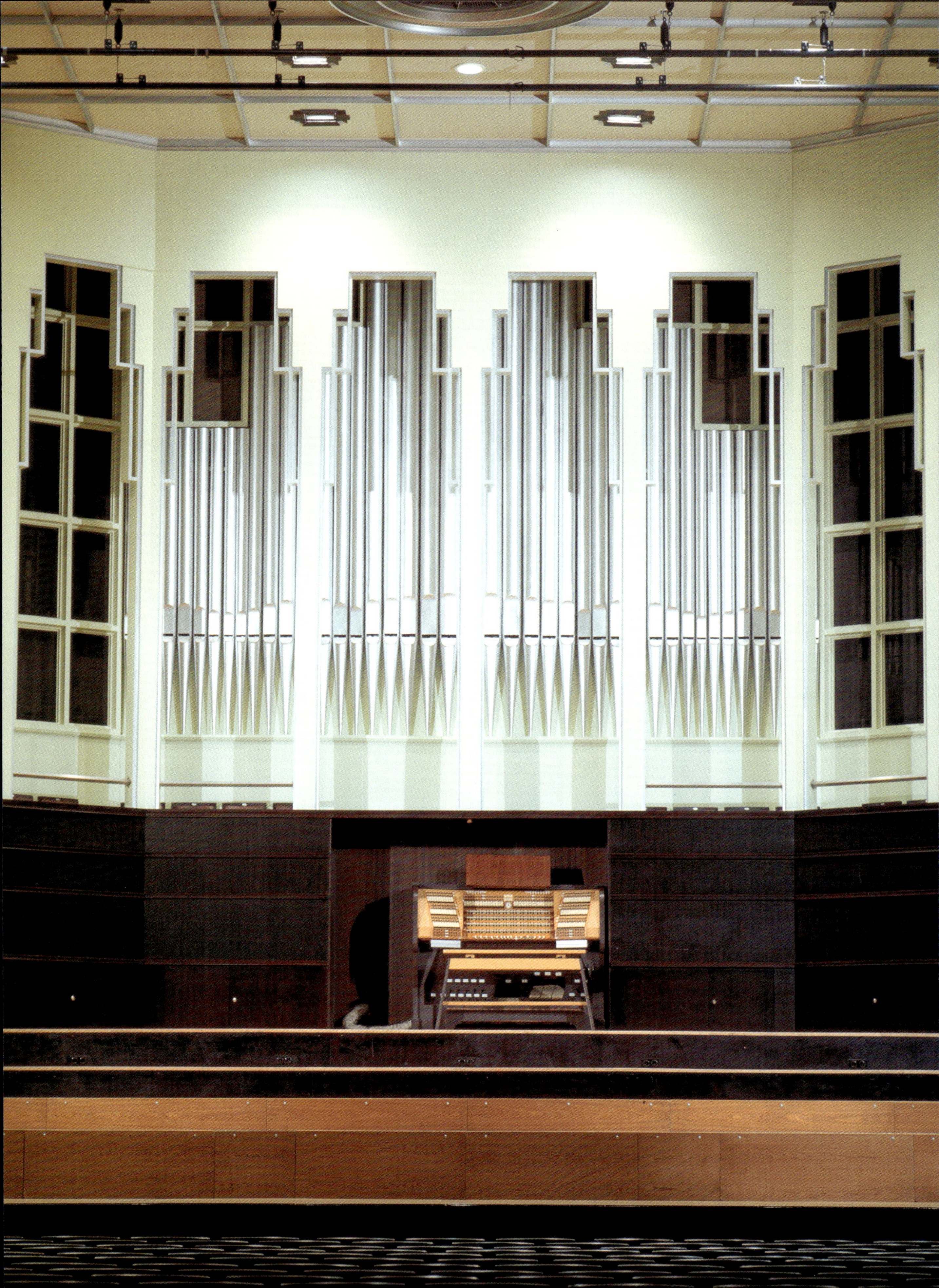

Hans Joachim Falkenberg
Die Orgel im Glockensaal in Bremen

Historisches und Aktuelles zur Frage der Konzertsaalorgel[1]

Im Sommer 1837 reiste Mendelssohn nach *Birmingham*, dirigierte dort seinen „Paulus" und improvisierte auf einigen Orgeln zur Bewunderung seiner Hörer. Auf Literaturspiel mußte er weitgehend verzichten: Die damaligen englischen Orgeln hatten keine entsprechenden Pedale. Das lag an der liturgischen Funktion der Orgel im anglikanischen Gottesdienst, wo sie einen großartigen Gemeindegesang einzuleiten und zu stützen hatte. Darum: „The English churchorgan had only a limited role to play as a solo-instrument."[2] Eine 1836 erschienene Ausgabe von „John Sebastian Bachs Grand Studies for Organ" brachte zwar drei Systeme, wies den Pedalpart jedoch dem Kontrabaß oder Violoncello zu. Es war deshalb eine für einen „weltlichen" Raum erbaute Orgel, auf der Mendelssohn Bach spielen konnte. Sie war drei Jahre zuvor von Hill für die *Birmingham Town Hall* gebaut, nicht als erste Saalorgel Englands, aber aus verschiedenen Gründen richtungsweisend.

In Deutschland gab es damals fast ausschließlich Kirchenorgeln. Vermutlich haben Mendelssohns Englandbesuche einen Wandel eingeleitet. Konzerthallen, später auch Universitäts- und Schulaulen und die bewußt als Mehrzweckgebäude errichteten Stadthallen erhielten Orgeln. Die Birminghamer Townhall Organ war so etwas wie ein unfreiwilliger Pate an der Wiege der Saalorgel von uns „continentals". Ihre Disposition sei deshalb mitgeteilt:[3]

[1] Nachdruck (mit geringfügigen Auslassungen) des Aufsatzes in Ars Organi, 32 (1984)3, S. 186–193. Der Herausgeber dankt Herrn Martin Balz, Redaktion Ars Organi, für die freundliche Genehmigung der Wiedergabe.

[2] N. Thistlethwaite: „E pur si muove" English Organ Building 1820–1851. In: The Organ Yearbook, Band 7, 1976, S. 101 ff.

[3] A.a.O., S. 106f.

Great Organ
Open Diapason	8′	
Open Diapason	8′	
Open Diapason	8′	
Open Diapason	8′	Holz
Stopped Diapason	8′	Holz
Principal	4′	
Principal	4′	
Principal	4′	Holz
Twelfth	2 2/3′	
Fifteenth	2′	
Sesquialtera IV		
Mixture III		
Posaune	8′	

Swell Organ
Double Dulciana	16′	
Open Diapason	8′	
Stopped Diapason	8′	Holz
Principal	4′	
Harmonica	4′	Holz
Fifteenth	2′	
Horn	8′	
Trumpet	8′	
Oboe	8′	
Clarion	4′	
Carillon		

Die Orgel der Glocke

Choir Organ
Open Diapason 8′
Open Diapason 8′ Holz
Dulciana 8′
Stopped Diapason 8′ Holz
Principal 4′
Flute 4′ Holz
Fifteenth 2′
Cremona + Basson 8′

Pedal Organ
Open Diapason 32′
Open Diapason 32′ Holz
Open Diapason 16′ Holz
Trumpet 16′ Holz
Trumpet 8′
Clarion 4′
Octave Clarion 2′

Solo Combination Organ
(4. Manual als Koppelklavier für Choir und Swell – ohne dessen 16′)

Die weitgehende Säkularisierung des deutschen Musiklebens nach 1848, die Liedertafeln mit ihren flächendeckenden Sängerfesten, die Musikvereine mit ihren Chören und Symphonieorchestern bewirkten ein übriges. Die ersten deutschen Saalorgeln entstanden im Rheinland. Nach einem tragikomischen Wettlauf konnten die IBACH-Orgeln der Festhalle „Concordia" (*Barmen*) mit III/51 am 28. September 1861, der „Konkurrent" „Casino" (*Elberfeld*, weitere Angaben fehlen) auf günstigem 2. Platz am 30. November desselben Jahres eingeweiht werden. Die rheinische Musikmetropole *Düsseldorf* bekam 1866 eine bedeutende Konzertorgel von Schulze, Paulinzella, (III/38). Sechs Jahre später vollendete LADEGAST sein Werk für das *Wiener Konzerthaus der Musikfreunde* (III/55). Damit geriet Orgelmusik im Konzertsaal prompt in die Schußlinie des „Kritikpapstes" EDUARD HANSLICK:

„Auch die Orgel wird Mode in unseren Concerten. An den beiden rühmlichst anerkannten Orgelvirtuosen Bruckner und Labor liegt es sicher nicht, sondern vermuthlich an einem Mangel in meiner musikalischen Natur, daß ich längeren Solovorträgen auf der Orgel nicht stand zu halten vermag. Für mich bleibt die Orgel das musikalische Organ der Kirche, des Gottesdienstes, und auch hier ein Instrument des Präludirens und Begleitens, das als selbständig auftretendes Concert-Instrument mich bald verwirrt und betäubt. FERDINAND HILLER, eingestandenermaßen kein Freund von Orgel-Productionen, hatte darüber manchen freundschaftlichen Streit mit Mendelssohn, der sich stets mit Wonne dem Orgelspiele hingab. Die Wonne ist mir sehr begreiflich, mit eigenen Händen und Füßen selbstherrlich die brausenden Wogen des Riesen-Instrumentes zu entfesseln und zu meistern. Aber Selbstspielen und Zuhören ist Zweierlei. Die erhabene Königin der Instrumente bleibt doch, rein musikalisch gesehen, ein lebloses Instrument. Das rein Mechanische der Or-

W. SAUER Orgelbauanstalt, Frankfurt a. Oder
Inhaber: Dr. phil. h. c. Oscar Walcker

Bremen
Konzertsaal in der „Glocke"

Die Bremer Presse schreibt:

... Leuchtende Klangfarben zauberte Prof. Nößler aus dem offenkundig vortrefflich disponierten Orgelwerke hervor ...

... An 6000 Pfeifen strömen ihren bezaubernden Klangreichtum verschwenderisch über den entzückend schönen Raum ...

... Ein Wunderwerk der Firma Sauer in Frankfurt/Oder, besonders in den Bässen ...

BREMEN, KONZERTSAAL IN DER „GLOCKE"
Werk 1376 :: Erbaut 1928

Disposition:

I. Manual, C–a'''
1. Principal 16'
2. Principal 8'
3. Viola di Gamba 8'
4. Flöte harmonique 8'
5. Gedackt 8'
6. Gemshorn 8'
7. Oktave 4'
8. Rohrflöte 4'
9. Dolcet 4'
10. Flachflöte 2'
11. Rauschquinte 2 2/3' 2'
12. Kornett 8' 1–5 fach
13. Mixtur 5 fach
14. Trompete 8'

II. Manual, C–a'''
Schwellwerk
15. Nachthorn 16'
16. Principal 8'
17. Rohrflöte 8'
18. Quintatön 8'
19. Salicional 8'
20. Lieblich Gedackt 8'
21. Prestant 4'
22. Blockflöte 4'
23. Schwiegel 2'
24. Sesquialter 2 2/3' 1 3/5'
25. Scharf 3–5 fach
26. Cymbel 3 fach
27. Rankett 16'
28. Krummhorn 8'
29. Singend Regal 4'
    Schwebung II

III. Manual, C–a''''
Schwellwerk
30. Lieblich Gedackt 16'
31. Geigenprincipal 8'
32. Nachthorn 8'
33. Konzertflöte 8'
34. Quintatön 8'
35. Viola 8'
36. Spitzflöte 8'
37. Aeoline 8'
38. Vox coelestis 8'
39. Principal 4'
40. Violine 4'
41. Nachthorn 4'
42. Zartquinte 2 2/3'
43. Flautino 2'
44. Terz 1 3/5'
45. Septime 1 1/7'
46. Sifflöte 1'
47. Kornett 3–4 fach
48. Mixtur 6–7 fach
49. Basson 16'
50. Trompette harm. 8'
51. Oboe 8'
52. Clairon 4'
    Schwebung III

IV. Manual, C–a''''
Echowerk
53. Bordun 8'
54. Dulciana 8'
55. Unda maris 8'
56. Principal 4'
57. Quintatön 4'
58. Vox humana 8'
    Schwebung IV

Pedal, C–f'
59. Untersatz 32'
60. Principalbaß 16'
61. Subbaß 16'
62. Lieblich Gedackt 16'
63. Oktavbaß 8'
64. Violoncello 8'
65. Baßflöte 8'
66. Choralbaß 4'
67. Nachthorn 4'
68. Nachthorn 2'
69. Rauschpfeife 4 fach
70. Mixtur 6 fach
71. Sordun 32'
72. Posaune 16'
73. Rankett 16'
74. Baßtuba 8'
75. Horn 4'
76. Singend Kornett 2'

Koppeln
1. Manualkoppel II an I
2. Manualkoppel III an I
3. Unteroktavkoppel III an I
4. Oberoktavkoppel III an I
5. Manualkoppel III an II
6. Unteroktavkoppel III an II
7. Oberoktavkoppel III an II
8. Manualkoppel IV an III
9. Unteroktavkoppel in IV
10. Oberoktavkoppel in IV
11. Koppel I an Pedal
12. Koppel II an Pedal
13. Koppel III an Pedal
14. Koppel IV an Pedal
15. Pedaloktavkoppel

Registrierhilfen
1. Handregistrierung
2. Freie Kombination 1
3. Freie Kombination 2
4. Freie Kombination 3
5. Freie Kombination 4
6. Handregistrierung z.d.fr.K.
7. Crescendo-Walze
8. Tutti
9. Tutti-Koppel
10. Normal-Koppeln
11. Freie automatische Pedalumschaltung II
12. Freie automatische Pedalumschaltung III
13. Freie aut. Pedalumschaltg. IV
14. Handregister ab
15. Walze ab
16. Rohrwerke ab
17. 16' ab
18. Pedal ab
19. Pedalkoppeln ab
20. Schweller II
21. Schweller III
22. Schweller IV

Werbeblatt der Firma W. Sauer

gel, welche keine Nuancierung der Tonstärke und keinen Accent zuläßt, macht Orgelvorträge bald unerquicklich; in einem Concertsaale wie der unseres Musikvereins wirkt sogar die rein physische Gewalt des vollen Werkes, das brausende Durcheinander der Accorde, beunruhigend. Die Orgel wirkt im Concertsaale vorzüglich als Begleiterin großer Chormassen; ihr Zauber als concertierendes Solo-Instrument ist mir verschlossen, und den Einfall, Recitative statt mit Clavier und Cello mit gehaltenen, langauspfeifenden Orgel-Accorden zu begleiten, wie dies jüngst hier in der Johannes Passion geschah, zähle ich zu den musikalischen Unglücksfällen." [4]

Allerdings waren sich die Orgelbauer schon vorher dieser Problematik bewußt. HILL hatte seine Orgel in Birmingham, die bis zum Auftreten Mendelssohns fast ausschließlich der Begleitung englischer Festivalchöre gedient hatte, auf eine dem festländischen Orgelbau unbekannte Anschmiegsamkeit hin entworfen: Schwell-

[4] Eduard Hanslick: Aus dem Konzertsaal, München-Berlin 1886, S. 356/57.

werk mit 4 Zungen, Koppelmanual II + III, vor allem aber eine Vergrößerung des Manualumfanges um eine volle Oktave zur Tiefe hin! Was konnte da ein geschickter Organist allein durch Manualwechsel, Oktavtransponierung und Schwelltritt an vom Dirigenten erwarteter Anpassung leisten – mühelos?

Auch SCHULZE tat das Seine, der Barkerhebel half ihm:

„Die Traktur des Hauptwerkes hat die pneumatische Hebelmaschine, die außerordentlich präcis arbeitet. Das Princip des pneumatischen Hebels ist aber auch sonst noch in mannigfacher Weise benutzt, besonders bei den Sperrventilen (Combinationspedalen); es bedarf daher nur eines leisen Fußtrittes, um ganze Gruppen von Stimmen zuzuziehen oder wieder abzustoßen. Das Öffnen und Schließen des Schwellerkastens geschieht gleichfalls durch einen pneumatischen Hebel. Der Schwellerkasten selbst ist in doppelten Holzwänden ausgeführt, die einen Zwischenraum zwischen sich lassen, der mit Hobelspänen ausgefüllt ist. Die Wirkung ist ein entsprechend sehr wirksames Crescendo und Decrescendo.“ [5]

Die Wohnungen hatten noch Gaslicht, als die Elektrizität schon die ersten Orgeltrakturen beflügelte. Im Sommer 1888 erbauten die GEBR. DINSE, Berlin, eine Orgel mit elektropneumatischer Traktur (III/25) für die *Berliner Singakademie* [6], im Herbst folgten SCHLAG UND SÖHNE, Schweidnitz, mit einer „Concertorgel mit Electro-Pneumatik" für die Berliner Philharmonie (III/50). In deren Abnahmegutachten vom 13. November 1888 heißt es u. a.:

„Die Funktion der Electro-Pneumatik ist präcise und die Combinationseinrichtungen sowie der Rollschweller und die Jalousieschweller sind ihrem Zweck entsprechend eingerichtet. Weiterhin hofften die abnehmenden Herren – Musikdirektor Dienel und Prof. Haupt – zukunftsfroh, daß die Orgel Berlin zur Ehre gereichen und auch für weitere Kreise ein Vorbild sein wird." [7] Nur, als Bruckner mit einem relativ engen Freundeskreis erschien, waren nach einigen Minuten feierlicher Improvisationskunst die Akkus leer…

Auch WILHELM SAUER lieferte große Saalorgeln. Sein letztes bedeutendes Werk kam als Opus 1100 in die *Görlitzer Musikhalle* (IV/72, 1910). Unter seinem Nachfolger entstand dann das vorläufige Nonplusultra:

„Den glänzenden Abschluß der romantisch-orchestralen, auf rein monumentale Klangmassen zustrebenden Epoche der Vorkriegszeit bildete die 1913 von Prof. Dr. KARL STRAUBE, Leipzig, eingeweihte 200stimmige Orgel in der Breslauer Jahrhunderthalle, *bei der in größtem Ausmaße das elektrische System von Paul Walckers gleichnamigem Sohn mit neuartiger Konstruktion angewandt wurde."* [8]

Nach dem 1. Weltkrieg und der Inflation erholte sich der Orgelbau innerhalb der wirtschaftlichen Scheinblüte zwischen 1925 und 1930 ziemlich schnell. Zwei Dinge trugen – ähnlich wie nach dem 2. Weltkrieg – bei: ein erheblicher Nachholbedarf und die (ersten) Auswirkungen der Orgelbewegung. Der Opferwilligkeit der Stadt Recklinghausen gelang bereits im Herbst 1925 für ihren Konzertsaal ein Neubau (III/80, WALCKER), dem eine programmatische Schrift zugesellt wurde:

---

5 (Anonym) Die neue Concert-Orgel in der Tonhalle zu Düsseldorf, Urania, 1867, S. 51 ff.

6 Catalog der Orgelbau-Anstalt Gebr. Dinse, Berlin SO, 1897 (Reprint Pape Verlag Berlin 1980)

Die Orgel der Stadthalle Görlitz

7 Bauten-Verzeichnis von Schlag und Söhne in Schweidnitz in Schlesien, 1896.

8 Festschrift zum 75jährigen Bestehen der Fa. Sauer, 1932, S. 11.

„*Alte und neue Stimmen*
Besonders charakteristisch ist der Einbau einer großen Zahl „alter" Register, die zum Teil genaue Kopien nach alten Meisterorgeln sind. Das Werk enthält deren nicht weniger als 17: 6 nach Silbermann, *6 nach* Praetorius *und 5 nach der* Lüneburger Orgel *in* St. Johannes. *Einige von diesen entstanden seit Jahrhunderten zum ersten Male wieder in einer deutschen Orgel (wobei die* Freiburger „Praetorius"-Orgel *füglich außer Betracht bleiben darf). Daß daneben auch die neueren Charakterstimmen in großer Zahl eingebaut wurden, sei gerade denen gegenüber betont, die dem Orgelbauer das Recht, solche Stimmen zu schaffen, bestreiten. Weshalb soll dem heutigen Orgelbauer verwehrt sein, was dem früheren gerade von diesen „Historikern" als besonderes Verdienst angerechnet wird: die Schaffung neuer charakteristischer Stimmen – die Nachahmung von „Orchesterfarben"? Gerade Praetorius gibt wertvolle Aufschlüsse über dieses Bestreben der alten Meister. Soll denn der Orgelbau der einzige Zweig unseres Schaffens sein, der stillsteht und sich auf überkommenes beschränkt?"* [9]

9 Franz Plantenberg: Die große Walcker-Orgel im Städt. Saalbau zu Recklinghausen, Köln 1926, S. 13.

Die Kompromißorgel war geboren, gefeiert – und zum Prinzip erhoben, denn im Abnahmegutachten hieß es abschließend:
„*Neu und von grundsätzlicher Bedeutung ist der Umstand, daß die Disposition eine Anzahl nach alten Vorbildern rekonstruierter Register enthält. Durch sie ist die Möglichkeit gegeben, auf einem und demselben Instrument Bach und den alten Meistern mit köstlichen, der Barock- und Silbermann-Orgel entnommenen historischen Farben in stilgerechter Strenge, Liszt und Reger hingegen in denkbar feinster Klangdifferenzierung und mit den Ausdrucksmitteln der modernen Orgel gerecht zu werden.*
Diese von Kennern schon seit langem vorausgesehene Zusammenfassung der Eigentümlichkeiten alter und neuer Orgelbaukunst bedeutet ein Programm. Der deutsche Orgelbau wird dazu Stellung nehmen müssen. Dabei wird ohne Zweifel ins Gewicht fallen, daß sich das Programm in Recklinghausen bereits in hervorragendem Maße bewährt hat.
Alfred Sittard,
Organist und Leiter der Kirchenmusik
zu St. Michaelis in Hamburg,
Professor an der staatl. Akademie für
Kirchen- und Schulmusik in Charlottenburg." [10]

10 A.a.O., S. 42.

[…] Zwei Jahre später stellte man die Sauer-Orgel in der *Magdeburger Stadthalle* (IV/131) vor; am 24. Mai 1928 erklang vor etwa 3000 Hörern das
„*Einweihungskonzert mit dem Magdeburger städtischen Orchester. Leitung: Generalmusikdirektor Walter Beck, Solist: Studienrat* Georg Sbach […]"
Sbach hatte die Disposition entworfen, die Fertigintonation an Ort und Stelle lag in den Händen des Orgelbautechnikers Kramer. Winddruck 100 mm WS, Solowerk bis 300 mm WS (Tuba mirabilis).

Die Orgel der Stadthalle Magdeburg

Das Fernwerk stand auf dem Dachboden und war wegen der großen Entfernung nur bei energischem „Weghören" zu spielen; gemessen an der großen Registerzahl war seine Wirkung kümmerlich.

Währenddessen waren die Frankfurter Orgelbauer bereits in Bremen und bauten in den „Glockensaal", der nach dem Brande von 1915 in moderner Klinkerbauweise neu errichtet worden war, eine weitere Konzertorgel ein. Es ist anzunehmen, daß die Disposition vom damaligen Domorganisten mit der Firma SAUER gemeinsam entworfen wurde, da manches an Veränderungen erinnert, die er an der Bremer Domorgel vornehmen ließ:

Die Glocke

I. Manual	C–a³
Principal	16′
Principal	8′
Viola di Gamba	8′
Flûte harmonique	8′
Gedackt	8′
Gemshorn	8′
Oktave	4′
Rohrflöte	4′
Dolcet	4′
Flachflöte	2′
Rauschquinte	2′
Kornett 1–5fach	8′
Mixtur 5fach	
Trompete	8′
II. Manual	C–a³ (Schwellwerk)
Nachthorn	16′
Principal	8′
Rohrflöte	8′
Quintatön	8′
Salicional	8′
Lieblich Gedackt	8′
Prestant	4′
Blockflöte	4′
Schwiegel	2′
Sesquialter 2fach	
Scharf 3–5fach	
Cymbel 3fach	
Rankett	16′
Krummhorn	8′
Singend Regal	4′
(Schwebung II)	
III. Manual	C–a³ (Schwellwerk)
Lieblich Gedackt	16′
Geigenprincipal	8′
Nachthorn	8′
Konzertflöte	8′
Quintatön	8′
Viola	8′
Spitzflöte	8′
Aeoline	8′
Vox coelestis	8′

Principal	4′
Violine	4′
Nachthorn	4′
Zartquinte	2 ⅔′
Flautino	2′
Terz	1 ⅗′
Septime	1 ⅐′
Sifflöte	1′
Kornett 3–4fach	
Mixtur 6–7fach	
Basson	16′
Trompette harm.	8′
Oboe	8′
Clairon	4′
(Schwebung III)	

IV. Manual	C–a³ (Echowerk)	
Bordun	8′	
Dulciana	8′	
Unda maris	8′	
Principal	4′	
Quintatön	4′	
Vox humana	8′	
(Schwebung IV)		

Pedal	C–f¹	
Untersatz	32′	
Principalbaß	16′	
Subbaß	16′	
Lieblich Gedackt	16′	Transmission aus II
Oktavbaß	8′	
Violoncello	8′	
Baßflöte	8′	Transmission aus II
Choralbaß	4′	
Nachthorn	4′	
Nachthorn	2′	
Rauschpfeife 4fach		
Mixtur 6fach		
Sordun	32′	
Posaune	16′	
Rankett	16′	Transmission aus II
Baßtuba	8′	
Horn	4′	
Singend Kornett	2′	

Auch hier betonte das Abnahmegutachten die Vielseitigkeit des Werkes:

„*Die Firma W. Sauer, Inhaber Dr. phil. h.c. Oscar Walcker, Frankfurt a.d.Oder, hat durch die rechtzeitige Ablieferung dieses wundervollen Orgelwerkes das bei Erteilung des Bauauftrages ihr entgegengebrachte Vertrauen nach jeder Hinsicht vollauf gerechtfertigt und ein Werk geschaffen, das unter Berücksichtigung der heutigen hohen Forderungen im Orgelbau technisch und klanglich als vollendet gelungen bezeichnet werden kann. Die Schönheit dieses Werkes und der Adel seines Klanges beruhen in dem inneren Reichtum feiner und feinster Klangdetails und in der Anpassung der Intonation sämtlicher klin-*

Der Spieltisch der Orgel in der Glocke

genden Stimmen an den fein empfindlichen, akustisch wundervollen Raum des großen Glockensaales. Die Zweckmäßigkeit des Werkes beruht in der glücklichen Mischung von Barockregistern, Füllstimmen und Mixturen, die dem Spieler die Möglichkeit geben, die Literatur vergangener Zeiten, wie die der Gegenwart, einwandfrei wiederzugeben. Für die Haltbarkeit des Werkes spricht die Güte des Materials. Die Firma W Sauer hat mit der Lieferung dieses herrlichen Orgelwerkes ihrem hohen Ruhme aufs neue ein glänzendes Zeugnis ausgestellt.

Bremen, den 26. Oktober 1928   *gezeichnet: Domorganist Professor Eduard Nössler"*

[…] Fast alle großen Konzertorgeln sanken während des Krieges in Schutt und Asche, die *Magdeburger* noch Ende April 1945. Sauers Stadthallenorgel *Wuppertal-Elberfeld* (IV/56, 1900) büßte zwar das auf dem Dachboden stehende Fernwerk ein, wurde aber sonst unbeschädigt bei der Renovierung des Gebäudes zunächst ausgebaut und nach einigem Bedenken verschrottet. Die *Görlitzer* ist noch erhalten [und wurde inzwischen restauriert] und als einzige Saalorgel Sauers in Westdeutschland die in *Bremen*. Die Bremer Orgel kam mit Löschwasserschäden und einigen Beulen in den Prospektpfeifen glimpflich davon, wurde in den ersten Nachkriegsjahren sogar gelegentlich gespielt.

Eine vor einigen Jahren stattgefundene Besichtigung des Werkes fand es stark verschmutzt vor; klangliche Eindrücke konnte man kaum gewinnen, da zuviel Heuler und Versager empfindlich störten. Aber was da bruchstückhaft tönte, führte zu der Diagnose: Ernst, aber nicht hoffnungslos!

Nach der nun stattgefundenen Renovierung durch die BERLINER ORGELBAUWERKSTATT KARL SCHUKE sei eine Charakterisierung des wiedererstandenen Werkes erlaubt. Es ist verhältnismäßig eng hinter den als $5/8$-Schluß konzipierten Orchesterraum eingebaut, das Hauptwerk links, das Pedal rechts der Mitte. Ausnahme: Untersatz 32′, Prinzipal 16′ und Posaune 16′ – alles Holz – stehen auf eigener Lade hinter dem Hauptwerk unmittelbar auf dem Fußboden. Das „Mittelfeld" ist in zwei Etagen unterteilt: auf der unteren stehen etwa in Höhe des (stummen) Prospektes die kleinen Hauptwerks- und Pedalregister, auf der oberen die großen. Die große Oktave des Prinzipal 16′ (I. Manual) ist deshalb akustisch unschön! Das II. Manual ist links, das III. rechts oben mit je zwei Laden auf gleicher Ebene, zwischen denen ein Stimmgang läuft, plaziert. Der kleine Schwellkasten des IV. Manuals – kein Fernwerkskanal! – ist ebenfalls rechts oben. Das Pfeifwerk – bis zu $2\,2/3$′-Länge aus Zink, Zungenbecher überwiegend Kupfer – steht auf elektropneumatischen Taschenladen. Die Schwellwände werden, unterteilt auf 8 Stationen, durch je 2 Bälge bewegt.

Die Wiederherstellungsarbeiten haben sich bewußt darauf beschränkt, die alte Orgel wieder spielbar zu machen. Etwa 5000 Taschen mußten erneuert werden, ebenso das alte, unruhig laufende Gebläse. Der Spieltisch, 1928 wie der Magdeburger unmittelbar vor dem Dirigentenpult und ebenfalls versenkbar (!) stehend, bekam einen neuen Platz direkt vor der Orgel. Er bedurfte einer Generalüberholung. Manche Mühe machte auch die Wiederherstellung der Intonation, zumal ein Teil der Holzpfeifen sehr unter Feuchtigkeit (Löschwasser!) gelitten hatte.

Das Ergebnis? Ein Instrument einer wichtigen Epoche des Orgelbaues ist als eines der ganz wenigen Vertreter seiner Gattung gerettet worden. Der klangliche und technische Eindruck dieses Werkes ist zunächst als ein lebendiges Stück Musikgeschichte be-

Die Orgel der Glocke mit altem Spieltisch

deutsam, weil die Orgel erheblich anders klingt, als ihre Disposition vermuten läßt. Kurz skizziert: Alles klingt rund und „schön", es gibt kaum Vorläufertöne, alles Spröde, Herbe ist vermieden. Daran ändern auch die barocken Registernamen nichts. Das Krummhorn 8′ ist eine schlanke Klarinette, Sordun 32′, Rankett 16′, Regal 4′ sind sehr zurückhaltend intoniert; das in allen Lagen zwischen 16′ und 2′ begegnende Nachthorn erinnert mehr an ein Cor de nuit als an Praetorius. Blockflöte, Schwiegel, Flachflöte sind die um einiges erweiterte Spitzflöte, schon – oder noch – vom alten Sauer gerne gebaut. Die Einzelaliquoten im III. Manual sind sehr zurückhaltend. So entspricht das meiste dem Registerfundus um 1910, trotz des Winddruckes von 100–120 (!!) mm WS etwas lockerer klingend. Demnach erinnert das Hauptwerk an ein vergleichbares I. Manual einer Sauer-Orgel um 1890, das II. Manual steuert „Positivcharakter" an, ohne „norddeutsch" sein zu wollen; das III. Manual grüßt Albert Schweitzer und Emile Rupp, und das Echowerk ist eine freundliche Beigabe. Dagegen bahnte das Pedal in seiner Besetzung, Mensuration und Intonation hervorragend Neues an. Es stellt das Plenum auf eine ebenso profunde wie klar zeichnende Basis. Ähnlich überzeugend war das Magdeburger Pedal. Auch nach fast fünf Jahrzehnten sei der Vergleich gewagt: In der dortigen Stadthalle bestimmten die 27 Zungen und die sehr hellen Mixturen den Orgelklang; insgesamt ergab er ein geradezu „optimistisches" Tutti, das, auf solider Pedalbasis stehend, den Riesenraum durchflutete. Die Bremer Orgel klingt prinzipalbetonter, sit venia verbo „kerniger". Überhaupt fallen einem bei dem Versuch, die Klänge dieser Orgel zu beschreiben, verbale Requisiten der Jahrhundertwende ein, in damaligen Orgelgutachten nachzulesen. Aber der Gesamtklang der Glockenorgel ist von „großartiger Geschlossenheit", die (wenigen) Streicher sind „charakteristisch", Konzertflöte 8′, im Diskant doppelt labiiert, klingt tatsächlich „orchestral", und das Quintatön 4′ (IV) kam „bestrickend" zur Geltung, die dynamische Anpassungsfähigkeit ist in der Tat „phänomenal".

Das Wiedereinweihungskonzert vom 6. Dezember 1983 stellte Orgel und Spieler (Domorganist Wolfgang Baumgratz) auf eine harte Probe. Hier das Programm:

J. S. Bach/M. Duruflé: „Jesus bleibet meine Freude"
J. S. Bach: Passacaglia c-Moll
F. Poulenc: Orgelkonzert g-Moll mit Streichorchester und Pauken
C. Saint-Saëns: Dritte Symphonie („Orgelsymphonie") c-Moll.

[…] Der bis auf den letzten Platz gefüllte Saal gab dem Philharmonischen Staatsorchester Bremen (Leitung: Peter Schneider), vor allem aber seinem Organisten Wolfgang Baumgratz, einen donnernden, langanhaltenden Applaus, wohl auch deshalb, weil er die Philharmonische Gesellschaft von der Notwendigkeit einer solchen Renovierung überzeugt hatte. Auch ihr sei Dank!

ST. PETRI DOM zu BREMEN
GLOCKENRAUM im NORDTURM

INGRID WEIBEZAHN
DIE GLOCKEN DES ST. PETRI DOMS IN BREMEN
ZUR GESCHICHTE DER DOMGLOCKEN SEIT 1336

VIVOS VOCO – MORTUOS PLANGO – FULGURA FRANGO

„Was in des Dammes tiefer Grube
Die Hand mit Feuers Hilfe baut,
Hoch auf des Turmes Glockenstube
Da wird es von uns zeugen laut.
Noch dauern wird's in späten Tagen
Und rühren vieler Menschen Ohr
Und wird mit dem Betrübten klagen
Und stimmen zu der Andacht Chor."

Schillers eindrucksvolle Beschreibung in seinem „Lied von der Glocke" gilt natürlich auch für die Glocken des St. Petri Doms: Vivos voco – die Lebenden rufe ich – Mortuos plango – die Toten beklage ich – Fulgura frango – die Blitze breche ich. Diese drei wichtigsten Aufgaben, wie sie Schiller im weiteren Verlauf des Glockenliedes schildert, haben die Domglocken vor jeher erfüllt, aber wie so vielen Geläuten war auch den Bremer Domglocken durch Kriege und Unglücksfälle im Laufe der Jahrhunderte ein wechselvolles Schicksal beschieden. Die Geschichte der Glocken des St. Petri Doms mit ihren Höhe- und Tiefpunkten soll im folgenden anhand von Unterlagen aus dem Domarchiv und anderen Quellen nachgezeichnet werden.

Braun/Hogenberg,
Der Bremer Dom im 16. Jahrhundert, Ausschnitt aus dem ältesten Bremer Stadtplan, Kupferstich 1588/89

DIE GLOCKEN DES ST. PETRI DOMS IN DER ZEIT
VON 1336 BIS 1945

Zu seinem besten Zeiten muß der Dom mindestens acht Glocken besessen haben. Diese Zahl ist der Beschreibung eines schweren Unglücksfalls zu entnehmen, der den Dom im Jahre 1638 traf. In einer alten Chronik heißt es dazu:
„Den 27. Januar 1638 Sonnabend nachmittags um zwei Uhr ist der kleine Domturm bei stillem Wetter umgefallen, oder vielmehr er ist mit den darin hängenden acht großen und kleinen Glocken heruntergestürzt, wobei die beiden nächsten Häuser ganz zerschmettert und acht Personen darin getötet wurden." [1]
Diesem kurzen Bericht ist zu entnehmen, daß im Südturm – dem im Mittelalter nicht vollendeten und daher „kleinen" Domturm – zum damaligen Zeitpunkt acht große und kleine Glocken hingen, die allesamt beim Einsturz des Turmes mit zu Fall kamen. Nun scheint es kaum glaubhaft, daß von diesen acht Glocken überhaupt irgendeine unversehrt den Sturz überstanden haben soll. Dies muß aber der Fall sein, denn als älteste Glocke des heutigen

[1] Aus der Koster-Chronik, zitiert nach Herbert Schwarzwälder, Bremen im 17. Jahrhundert, Bremen 1996, S. 81.

St. Petri Dom, Nordturm, Aufhängung der drei Glocken „Hansa", „Maria Gloriosa" und „Felicitas", perspektivische Ansicht. Zeichnung: S. Kleemeyer, 1999.

153

Geläuts ist die „Maria Gloriosa" von 1433 erhalten. Sie ist gleichzeitig die einzige alte Glocke, die der Dom überhaupt noch besitzt, alle anderen einstmals vorhandenen Glocken sind verloren, auf welche Weise, sollen die folgenden Zeilen erhellen.

Die „Susanna" von 1336/38

Noch vor der „Maria Gloriosa" gab es am Dom eine ältere Glocke, die „Susanna"; sie stammte aus dem 14. Jahrhundert. Die Vorgeschichte ihres Gusses schildert Dombauherr GERHARD MEYER 1828 in seiner Dombeschreibung[2] nach alten Zeugnissen: „Von den Glocken erzählen die Chroniken Schreiber: Im Jahre 1336 in dem Augenblicke, wo der Erzbischof Borchard Grelle habe aufs Chor gehen wollen, sey eine Seitenmauer geborsten, hinter welcher sich die Körper des Cosmas und Damianus hätten aufbewahrt gefunden. Diesen zu Ehren wären große Feierlichkeiten veranstaltet und ein großes Turnier auf dem Domshofe gegeben worden, wobey es viele und reiche Geschenke an Juwelen, Gold, Silber und Geld gegeben, die von dem Bürgermeister und Structuarius Hinrich Doneldey in einem hölzernen Kübel von 1 Fuder Größe wären empfangen worden. Derselbe habe davon die beiden obersten Werke des Domsthurms bauen, die große Susannenglocke gießen und darin aufhängen lassen."[3]

Diese Schilderung deckt sich mit der Darstellung des Vorgangs in der Chronik von JOHANN RENNER, geschrieben zwischen 1568 und 1580. Er führt zu den Ereignissen des Jahres 1335 u.a. aus: „… da buwede he [Hinrich Doneldey] do van de oversten twe wercke tho dem siden torne, und goth darna ock darvan de groten klocken, Susanna genomet."[4] Dieser Text ist fast wörtlich aus der noch älteren Rinesberch-Schene-Chronik übernommen, in der es zu diesen Ereignissen heißt: „dar buwede he [Hinrich Doneldey] do van de overste twe warke uppe deme sidentorne unde goet darto lange na de groten klocken."[5]

Offensichtlich hatte also die Auffindung der Gebeine der im Mittelalter hochverehrten Heiligen Cosmas und Damian der bremischen Kirche einen bedeutenden Impuls gegeben: Bürgermeister und Dombauherr HEINRICH DONELDEY ließ daraufhin ein großes Fest veranstalten, bei dem zu Ehren der beiden Heiligen so viel gespendet wurde, daß man davon die beiden obersten Geschosse der Kirchtürme erbauen und zusätzlich noch die Susannenglocke gießen konnte. Etwas Kopfzerbrechen bereitet die Formulierung der Chronisten RINESBERCH und SCHENE, die große Glocke sei „lange na" gegossen worden, weil dies den angenommenen Fertigstellungszeitpunkt der Glocke (bald nach 1336) etwas in Frage stellt. Man wird diese Angabe wohl so verstehen können, daß die Glocke im Anschluß an die Errichtung der beiden

2 Vgl. Gerhard Meyer, Einiges über die Denkwürdigkeiten der Domkirche in Bremen, Manuskript, Domarchiv. Diese im Juni 1828 vollendete Handschrift enthält interessante Informationen zu Geschichte und Inventar des Domes; sie ist vor kurzem in einer transkribierten und mit ausführlichen Kommentaren und mehreren wissenschaftlichen Aufsätzen versehenen Ausgabe erschienen.

3 Vgl. Meyer, Gerhard: Einiges über die Denkwürdigkeiten der Domkirche in Bremen, Beihefte zum Jahrbuch der Wittheit zu Bremen I. Bremen 2001, S. 57

4 Vgl. Johann Renner, Chronica der Stadt Bremen. Dat erste deil. Hrg. v. Lieselotte Klink, Bremen 1995, Bd. 1 (Von den Anfängen der Stadt Bremen bis zum Jahre 1511), S. 274.

5 Vgl. Die Chroniken der Niedersächsischen Städte. Bremen Hrg. durch die Historische Kommission bei der Bayerischen Akademie der Wissenschaften, Bremen 1968, S. 123.

obersten Turmgeschosse – die ja auch eine gewisse Zeit beanspruchte – um das Jahr 1337/38 gegossen wurde.[6]

Leider ist der Name des Gießers dieser Glocke nicht überliefert. Für das Jahr 1337 ist allerdings der Guß eines Taufbeckens für die Martinikirche durch einen Meister Otto bezeugt,[7] und da man sich in jener Zeit der Kunst wandernder Handwerksmeister oftmals gleich für mehrere Objekte versicherte, wäre eine Fertigung der „Susanna" durch ebendiesen Meister Otto nicht völlig ausgeschlossen. Nähere Kenntnisse über diesen Bronzegießer und sein Werk liegen leider nicht vor.

Über das weitere Schicksal dieser alten Glocke ist nur wenig bekannt. 1648 hatte der Rat der Stadt das Interesse bekundet, die „Susanna" für die Ansgariikirche zu kaufen, falls sich ihr Klang – nach dem Sturz vom Glockenturm – noch als gut erweise.[8] Aus der Tatsache, daß dieser Ankauf nicht zustande kam, läßt sich vermuten, daß die Glocke doch etwas gelitten hatte und schließlich wohl irgendwann eingeschmolzen wurde. Dombauherr MEYER weiß jedenfalls über ihren Verbleib nichts Genaues zu berichten: „Ob nun diese Susannenglocke im Jahre 1638 beim Einsturz des Thurms in den Trümmern untergegangen oder nach dem Martini-Thurme, wo sich eine Glocke dieses Namens befindet, gebracht worden ist, darüber finden sich keine Berichte."[9] Am Dom erinnert jedenfalls nichts mehr an diese alte Glocke; ihre einstige Existenz ist, wie hier ausgeführt, nur durch Schriftquellen zu belegen.

DIE „MARIA GLORIOSA" VON 1433

Ganz anders hingegen die „Maria gloriosa". Sie konnte über alle Gefahren gerettet werden und tut noch heute ihre Dienste. Sie ist ein Werk des berühmten niederdeutschen Glockengießers GHERT KLINGHE. Schon Bauherr GERHARD MEYER war sich 1828 ihrer Besonderheit bewußt und hat ihr Äußeres samt ihrer Inschrift ausführlich in seiner Dombeschreibung dokumentiert:[10]

„Cum Structuarius Meynardus no(m)i(n)e dictus hic opus ecc(lesia)e respexit, tractus amore Petri clavigeri vas fecit hoc fieri" (= „Als der Bauherr Meinard – so lautet sein Name – hier den Kirchenbau beaufsichtigte, hat er aus Liebe zum Schlüsselträger Petrus dieses Gefäß herstellen lassen.")

Hinter dem Namen Meinard verbirgt sich übrigens, wie Börtzler erläutert,[11] der Domvikar und Baumeister MEINARD PETERSHAGEN, ein Domgeistlicher, der in den 1420er und 30er Jahren mehrfach als Geschäftspartner bei Kaufverträgen aktenkundig wurde.[12]

Unter der lateinischen Glockeninschrift folgt eine mittelniederdeutsche, von Meyer folgendermaßen überliefert:[13]

---

6 Liselotte Klink nennt (ohne nähere Quellenangabe) das Jahr 1338 als Gußdatum. Vgl. Johann Hemeling, Diplomatarium fabricae ecclesiae bremensis. Hrg. von Lieselotte Klink, Bremen 1988, S. 152.

7 Vgl. Johann Focke, Bremische Werkmeister aus älterer Zeit, Bremen 1890, S. 171.

8 Vgl. Bericht über die Vorarbeiten für eine historische Sammlung. In: Bremisches Jahrbuch, Bd. 6, 1872, S. XC.

9 Wie Anm. 3. Die von Meyer erwogene Verbringung der Susanna vom Dom in die Martinikirche kann definitiv nicht stattgefunden haben, denn die dortige „Susanne" genannte Glocke trug die in Buchstaben ausgeschriebene lateinische Jahreszahl 1393 (MCCC nonagesimo tertio), kommt also für den Guß um 1337/38 nicht in Frage.
Vgl. zum Inschrifttext A. Börtzler, Lateinische Inschriften Bremens, Schriften der Wittheit, Reihe D, Bd. 20, H. 1., Bremen 1952, S. 104.

10 Meyer liest allerdings das erste Wort als „Dns" (= Dominus), es muß aber stattdessen, wie Börtzler hervorhebt, das Wort „Cum" (= als) gelesen werden, weil sich nur so die Worte zu einem sinnvollen Satz zusammenfügen.
Vgl. Meyer, wie Anm. 3, und A. Börtzler, S. 100.

11 Börtzler, S. 101.

12 Vgl. Bremisches Urkundenbuch (im folgenden zitiert als BUB), hrg. v. R. Ehmck u. W. v. Bippen, Bd. 5, Bremen 1902, Nrn. 289, 451 und 486.

13 Wie Anm. 3.

Glocke „Maria Gloriosa",
Detail: Damian (Papierabklatsch).
St. Petri Domgemeinde,
Fotoarchiv.

14 Soll vermutlich heißen „Lowe"(Lobe), eine durch die bei Glocken stets komplizierte Anbringung der Inschrift verzeihliche Buchstabenverstellung.

15 Auf alten Grabplatten sind diese beiden Buchstaben gewöhnlich eine Kürzung für „pacem" oder „pace" (=Frieden), was an dieser Stelle jedoch nicht sinnvoll erscheint. Meyer fügt dahinter in Klammern ein „ave" ein und bezieht dies offenbar auf Maria („gegrüßet seist du, Maria"); auch dies wirkt nicht überzeugend.

16 Wie Anm. 3.

17 Vgl. BUB, Bd. 1, Bremen 1873, Nr. 102.

„Anno domini MCCCCXXXIII.
Meister Ghert Klinge de mi geghoten hat.
Ghot gheve siner Sele Rat
in de Ere sunte Peters Kosme unde Damian
Ghot late se lange to eren Loew[14] ghan
Jhesus pc (ave) Maria Gloriosa."

„Im Jahre des Herrn 1433.
Meister Ghert Klinghe, der mich gegossen hat,
Gott gebe seiner Seele Rat,
zu Ehren von St. Petcr, Cosmas und Damian,
Gott lasse sie lange zu ihrem Lobe gehen.
Jesus pc~ Maria Gloriosa."

Dieser Inschrifttext liefert uns einige interessante Informationen: Mit der Nennung der Jahreszahl ist die ansonsten urkundenmäßig nicht faßbare Fertigstellung der Glocke im Jahre 1433 belegt; sodann wird – wie auf vielen anderen Glocken unserer Gegend ebenfalls – der Gießer GHERT KLINGHE genannt, auf den weiter unten noch ausführlicher eingegangen werden soll. Leider ist die Entschlüsselung der Bedeutung der Buchstaben „pc~" an dieser Stelle bislang nicht gelungen.[15] Zuletzt gibt der Glockentext Hinweise auf wichtige Heilige, deren Verehrung am Dom im Mittelalter eine große Rolle spielte.

Daß die Nennung der Heiligen in einem Zusammenhang mit der Heiligenverehrung am Bremer Dom steht, wird auch durch die Verzierungen an der „Maria Gloriosa" bestätigt. Da eine Besichtigung vor Ort in der Glockenstube wegen baulicher Hindernisse und Lichtproblemen nie so ganz befriedigend ist, lassen wir uns von Gerhard Meyer als ältestem Chronisten unterstützen. Er beschreibt das Äußere der Glocke: „Auf der Nordseite derselben befindet sich noch das Bildnis Petri neben einem anderen Heiligen, auf der Westseite die Verkündigung Mariae und unter derselben eine kleine Glocke. Auf der Südseite die Kreuzigung Christi nebst Maria und Johannes. Auf der Ostseite die beiden Heiligen Kosmas und Damian."[16]

Diese äußerst reiche Dekoration berücksichtigt also einige der bedeutendsten Heiligen des Doms:
– die Gottesmutter Maria; ihr war im Mittelalter der Hauptaltar im Ostchor geweiht,
– den Apostel Petrus als Namenspatron des Domes,
– den Jünger Johannes als wichtigen Zeugen der Kreuzigung und damit Bestandteil jeder Kreuzigungsdarstellung; ihm war seit 1206 im St. Petri Dom ebenfalls ein Altar geweiht,[17]
– und schließlich die Heiligen Cosmas und Damian, die beiden im Mittelalter hochgeschätzten Arztheiligen, deren Gebeine, durch

Erzbischof Adaldag 965 aus Rom mitgebracht, im Dom seit der Wiederauffindung 1335 eine besondere Verehrung genossen.[18]
Unter den auf dem Glockenrund angebrachten Heiligengestalten war eine, die Dombauherr Meyer offensichtlich nicht näher benennen konnte, er erwähnt die Figur neben Petrus nur als „einen anderen Heiligen". Aber auch anderen Kunstfreunden des 19. Jahrhunderts fiel eine genaue Benennung dieser Gestalt schwer. HERMANN ALEXANDER MÜLLER, Verfasser einer ausführlichen Bau- und Kunstgeschichte des Domes,[19] läßt erstaunlicherweise in seinem 1861 erschienenen Werk die Glocken des Domes ganz außer Betracht; der Maler, Dichter und Kunstsachverständige ARTHUR FITGER erwähnt die Glocken zwar recht ausführlich, kann aber die Gestalt neben Petrus ebenfalls nur als „eine weibliche Person mit einem Kruge" bezeichnen.[20] Erst JOHANN FOCKE untersucht für seinen Aufsatz über die Glockengießerfamilie Klinghe die Domglocken genauer und liefert des Rätsels Lösung:[21] Bei der weiblichen Figur mit Krug kann es sich nur um Maria Magdalena handeln, die nach der biblischen Überlieferung den Herrn mit einem köstlichen Öl salbte[22] und deshalb gerne mit einem Salbgefäß abgebildet wird.
Die gemeinsame Darstellung von Petrus und Maria Magdalena mag auf den ersten Blick verwunderlich erscheinen, doch gewinnt sie bei genauerer Betrachtung gerade auf einer Glocke des Bremer Domes eine gewisse Berechtigung. Es muß nämlich im 13. Jahrhundert in der Westkrypta des Domes einen Altar gegeben haben, der entweder beiden Heiligen gemeinsam, oder zunächst Petrus und später Maria Magdalena geweiht war.[23] Auf diese Weise hatte der Glockengießer in der Anbringung der Heiligenfiguren – wenn man so will – der Tradition Genüge getan (Petrus) und gleichzeitig die neuere Entwicklung (Maria Magdalena) berücksichtigt. Damit waren die bedeutendsten Heiligen des Domes auf dem Glockenrund versammelt.

DER GLOCKENGIESSER GHERT KLINGHE

Wer war nun eigentlich jener GHERT KLINGHE, der sich durch die Namensinschrift auf dem Glockenrund so selbstbewußt ins Gespräch brachte? Über seine Herkunft und Einzelheiten seiner Person wissen wir erstaunlich wenig, so daß sich sein Lebenslauf hauptsächlich an den von ihm und seiner Sippe gegossenen Glocken und Taufbecken ablesen läßt. BARBARA HELLWIG hat diesem Künstler 1967 eine Monographie gewidmet, auf deren Ergebnisse sich die folgenden Ausführungen, soweit sie seine Arbeiten für den Bremer Dom betreffen, in der Hauptsache stützen.[24] Demnach sind Geburtsdatum und -ort des Meisters unbekannt, als erste Nennung erscheint seine Eintragung ins Bremer Bürgerbuch von 1428. Wir können also davon ausgehen, daß Klinghe vielleicht

18 Vgl. Peter Ulrich, Die beiden Heiligen Cosmas und Damian und ihre Verehrung in Bremen. In: Wilhelm Tacke, Allerlei Erbauliches und Beschauliches über den St. Petri Dom und den Bleikeller. Jahrbuch des Vereins für Niedersächsisches Volkstum e.V., Bremen 1996, S. 117 - 134 (dort auch die ältere Literatur).

19 Hermann Alexander Müller, Der Dom zu Bremen und seine Kunstdenkmale. Bremen 1861.

20 Vgl. Arthur Fitger, Der Dom zu Bremen. Bremen 1876, S. 51.

21 Vgl. Johann Focke, Die Glockengießer Klinge aus Bremen. In: Jahrbuch der bremischen Sammlungen, 2. Jg. (1909), S. 10–33.

22 Vgl. Joh. 12, 3.

23 Vgl. BUB Bd. 1, Nr. 336: Im Jahre 1268 Erwähnung des Petrusaltars in der Westkrypta mit Zusatz des 14. Jh. auf der Rückseite: „altaris sancte Marie Magdalene".
In Urkunde Nr. 383 von 1278 wird offensichtlich derselbe Altar als Altar der Maria Magdalena bezeichnet, d. h. es war eine Umwidmung erfolgt.

24 Vgl. Barbara Hellwig geb. Plate, Ghert Klinghe. Ein norddeutscher Erzgießer des 15. Jahrhunderts. Hildesheim 1967.
Für die Domglocke „Maria gloriosa" insb. S. 62–83.

Glocke „Maria Gloriosa",
Detail: Cosmas (Papierabklatsch).
St. Petri Domgemeinde, Fotoarchiv.

25 Lt. Werkverzeichnis bei Hellwig a.a.O., S. 193 f. waren Klinghes Aufenthaltsorte 1436: Hambergen und Lüneburg; 1437 Walsrode. 1447 Wiesens, Geerdswer-Wybelsum, Segeberg; 1448 Wildeshausen. Diese kurzen Angaben ließen sich fortsetzen.

26 Vgl. Werkskatalog bei Hellwig a.a.O., S. 164 f.

27 Vgl. Hellwig, S. 72 f.

28 Vgl. Hellwig, S. 193.

29 Vgl. Hellwig, S. 191.

um das Jahr 1400 geboren wurde. Seine letzte schriftliche Erwähnung ist in einem Lübecker Memorialbuch von 1466 zu finden; sein Name taucht auf Glockeninschriften aber noch bis ins Jahr 1474 auf. Außer dem Namen Ghert sind in der norddeutschen Künstlerlandschaft jener Zeit auch noch die Namen Bartold, Berend, Goteke, Hermann und Hinrik Klinghe zu finden, möglicherweise Söhne oder Neffen von Ghert, die den Altmeister in seinen letzten Lebensjahren bei seiner Arbeit unterstützt haben mögen.

Die Liste der bekannten Werke Ghert Klinghes ist beeindruckend. Sie beginnt mit unserer „Maria Gloriosa" von 1433 und reicht bis zur „Maria" von *St. Jürgen* aus dem Jahre 1474. Für diese 41 Jahre sind 61 Werke Klinghes überliefert, davon vier Taufbecken, alles andere Glocken. Klinghes Wirkungsstätten reichten von *Segeberg* und *Lübeck* im Norden über das Elbe-Weser-Ems-Gebiet bis nach *Emmen* in Holland. Wie in jenen Jahren für Kunsthandwerker üblich, wurde Klinghe von einem zum anderen Bauprojekt weiterempfohlen und mußte häufig seine Arbeitsstätte wechseln. Sein Können muß hochgeschätzt gewesen sein, so daß er häufig binnen Jahresfrist mehrfach seinen Aufenthaltsort wechselte.[25]

Mit der „Maria Gloriosa" mag Klinghe ziemlich am Anfang seines Wirkens gleich ein künstlerisches Meisterstück – um nicht zu sagen – sein Meisterstück geliefert haben, weist diese Glocke doch außer den beiden Inschriften einen besonders reichen figürlichen Schmuck auf. Gewöhnlich bildeten nur eine oder zwei Gestalten (Madonna/Heiliger oder Kreuzigung/Heiliger) den figürlichen Schmuck seiner Glocken.[26] Wie Barbara Hellwig überzeugend darstellt, ist allerdings davon auszugehen, daß Klinghe für den Entwurf und die Anbringung dieser Figuren oder Szenen auf der Innenwand des Lehmmantels der Glocke eigens einen künstlerisch geschulten Mitarbeiter heranzog; die technische Umsetzung dieses Vorganges beim Gießverfahren blieb Arbeit und Mühsal genug! Hellwig widmet der kunsthistorischen Einordnung der Ritzzeichnungen der „Maria Gloriosa" in die zeitgenössische Kunstszene breiten Raum; sie leitet den Stil der Darstellungen sehr zutreffend vom westfälischen Kunstkreis, etwa aus der Umgebung des Meisters KONRAD VON SOEST, her.[27]

Die genauen technischen Daten dieser historischen Glocke sind im Anhang aufgeführt.

DIE „MARIA" VON 1442

Die „Maria Gloriosa" war übrigens keineswegs Klinghes einziges Werk für Bremen. Er schuf im Laufe der Jahre noch weitere Glocken für die Hansestadt, und zwar 1434 eine Schlag- und 1439 eine Läuteglocke für *St. Ansgarii*,[28] 1442 eine Glocke namens „Maria" für die Kirche in *Burg* und schließlich 1474 eine Glocke mit Namen „Katrina" für die Kirche in *Wasserhorst*.[29]

Die „Maria" aus der Burger Kirche hatte ein sehr bewegtes Schicksal. Domprediger Dr. DIETSCH ist dem Lebensweg dieser Glocke nachgegangen: „1442 goß Meister Klinghe eine weitere Glocke, die zunächst für die Kirche in Burg bestimmt war. Später hing sie im Dachreiter der Maria-Magdalenen-Kapelle des erzbischöflichen Palastes in Bremen, bis sie das Domkapitel 1587 nach Burg schenkte. Nach der Zerstörung der Burger Kirche im Jahre 1654 wanderte sie wieder nach Bremen in den nördlichen Domturm. ... An der Flanke befand sich ein Bild der Gottesmutter mit dem Christuskind, darunter eine Glocke als Gießerzeichen, gegenüber der Heilige Nikolaus, der Schutzheilige der Kirche zu Burg."[30] – Wir finden also auch hier die bei Klinghes Glocken so häufig verwendete Ausstattung mit je einer Madonnen- und einer Heiligenfigur, wobei für die Burger Glocke der Schutzpatron der Kirche ausgewählt wurde.

30 Vgl. Walter Dietsch, Der Dom St. Petri zu Bremen, Bremen 1978, S. 289.

Glücklicherweise hat Johann Focke bei seinen Recherchen für den Aufsatz zur Gießerfamilie Klinghe[31] das Äußere der Glocke genau untersucht und auch einen Papierabklatsch angefertigt, der einen Vergleich mit Gerhard Meyers Angaben von 1828 ermöglicht.
Dem rührigen Dombauherrn waren die Irrwege dieser Glocke offenbar unbekannt, denn er erwähnt ohne näheren Kommentar nur ihre Inschrift:

31 Vgl. Johann Focke (1909), S. 10–33.

„Anno Dni MCCCCXLII
Maria bin ick gheheten,
de van Borgh hebbet mi laten gheten."

„Im Jahre des Herrn 1442
Maria bin ich geheißen,
die aus Burg haben mich lassen gießen."

Darunter:
„Got gheve syner Sele Rat
de mi ghegoeten hat.
Ghert Klinge,
Caspar, Melchior, Baltasar
+ Peter + Paulus + Johannes + Andreas
+ Jacobus + Bartolomaeus + Matias + Simon."[32]

32 Wie Anm. 3.

Der (leider nicht mehr ganz vollständige) Papierabklatsch im Focke-Museum ermöglicht ein genaues Studium der beiden Textfolgen.[33] In zwei unterschiedlich großen Buchstabenreihen sind zwei Texte übereinander angebracht, die in der richtigen Reihenfolge folgendermaßen lauten:

33 Ich danke den Mitarbeitern des Focke-Museums, insbesondere Herrn Dr. Löhr, für die Ermöglichung des Zugangs zu diesen empfindlichen historischen Zeugnissen.

anno + dni [unvollständig] maria + bin + ik + gheheten +
caspar + melghyor + bal .... us + s + johannes + andreas
+ s + yacobus + s + bartolo...

+ de + van + der + borgh + hebbet + mi + laten ...

aeus + matias + s + simon + got + gheve + syner + sele + rat + de
+ mi + ghegottn + hat + ghert + kling... [34]

Die Madonna zeigt in ihrem Heiligenschein die Beschriftung „ave amrya[35] ora pro", der hl. Nikolaus die Worte „S. nicolaus patro.. (nus)."
Die Nennung von zwölf Heiligen in der Glockeninschrift ist ein interessantes Detail, das sicherlich auch bei dieser Glocke mit der Heiligenverehrung in Burg zu tun hatte. Und nach der mittelalterlichen (und teilweise auch heute noch vorhandenen!) Volksweisheit „Viel hilft viel" kann davon ausgegangen werden, daß die Zahl der heiligen Namen nach Möglichkeit groß gewählt wurde, um sich der schützenden Wirkung besonders vieler Heiliger zu versichern.[36] In diesem Zusammenhang weist Hellwig darauf hin, daß nach dem Volksglauben insbesondere die Nennung der Heiligen Drei Könige (Caspar, Melchior, Balthasar) die Wirkung von Glocken bei der Abwendung von Unwettern verstärkt hätte.[37] Blitz und Hagelschlag waren im Mittelalter angesichts der vielen strohgedeckten Häuser und der Ernteverluste eine stete Bedrohung für Leib und Leben, die man mit allen zur Verfügung stehenden Mitteln abzuwenden bemüht war.

DER GLOCKENBESTAND AM ST. PETRI DOM IM 16.–19. JAHRHUNDERT

Leider sind die Erwähnungen von Glocken immer mehr oder weniger sporadisch, so daß sich eine regelrechte chronologische Abfolge in den seltensten Fällen rekonstruieren läßt. Im 15. und 16. Jahrhundert wird der St. Petri Dom wahrscheinlich nur die beiden inzwischen näher bekannten Glocken „Susanna" und „Maria Gloriosa" besessen haben. Wann sich der Bestand so bedeutend erweiterte, daß im Jahre 1638 beim Einsturz des Südturms acht Glocken hinabfielen, wissen wir nicht. Nach Einsturz des Turmes sind die verbliebenen Glocken in den Nordturm verbracht worden. 1654 kam dann die Marienglocke aus der zerstörten Burger Kirche dazu, vielleicht auch, um den Glockenbestand wieder ein wenig aufzubessern, falls beim Turmeinsturz doch einige Glocken beschädigt oder zerstört worden waren. 1656 traf dann mitten im Winter ein Blitz den Nordturm. Bauherr Meyer schildert anschaulich: „1656 den 4ten Februar Morgens 9 Uhr zündete ein ganz unerwarteter Blitzstrahl die hohe Spitze des Thurms, der bis auf das

---

34 Obere Reihe ca. 6 cm hoch, untere Reihe ca. 2 cm hoch.

35 „amrya"= „Maria" (Wie beruhigend, daß diese Art Buchstabenverwechslung auch schon bei unseren Vorfahren auftrat!) = Sei gegrüßt, Maria, bitte für ..[ergänze: „uns"].

36 So finden wir in Sillenstede, St. Florian, an der Glocke „Maria" von 1440 die Nennung von neun Heiligen (vgl. Hellwig, S. 169).

37 Vgl. Hellwig, S. 50.

*Johann Nutzhorn,
Die Fassade des St. Petri Doms
nach dem Einsturz des Südturms (1638)
und dem Brand des Nordturms (1656)*

Erik Dahlberg, Ansicht des Bremer Marktplatzes, Zeichnung vom 9. Juli 1667. Vom Südturm des Domes ist nur noch eine abbröckelnde Mauer zu erkennen, Nordturm wurde nach dem Brand mit einem Notdach versehen.

Mauerwerk abbrannte. Die Kirche wurde zwar gerettet; allein das Kirchendach bis an das Chor ein Raub der Flammen."[38] Adam Storck ergänzt: „Der Zeiger der Domuhr blieb bis auf 1/4 vor 12 stehen ... Man hörte die Domglocke zum letzten Mal zwölf schlagen."[39] Im folgenden Jahr wurde laut Meyers Bericht die Glocke am 6. Juli wieder aufgezogen und am 10. Juli zum ersten Mal wieder geläutet.

Über den Glockenbestand im 18. Jahrhundert sind keinerlei Einzelheiten überliefert; Anfang des 19. Jahrhunderts sind jedenfalls nur die beiden Klinghe-Glocken „Maria" und „Maria Gloriosa" am Dom vorhanden. Ein entscheidender Wandel trat dann zur Zeit der großen Domrestaurierung am Ende des 19. Jahrhunderts ein.

38 Vgl. Meyer, S. 67.

39 Vgl. Adam Storck, Ansichten der Freien Hansestadt Bremen, Frankfurt 1822, S. 241.

Die Neuanschaffungen nach 1888

1888 feierte die Domgemeinde das 1100jährige Bestehen der bremischen Kirche in Erinnerung an die Gründung des Bistums Bremen durch Karl den Großen. Große Ereignisse kündigten sich an. Der zu damaliger Zeit – genau 250 Jahre nach Einsturz des Südturmes – noch immer ruinenhafte Zustand des Domes sollte endlich beseitigt werden! Auf Initiative eines der ganz großen, bedeutenden Bauherren der Domgemeinde, FRANZ SCHÜTTE, konnte eine Spendensammlung ins Leben gerufen werden, mit deren Hilfe das marode Kirchengebäude einer grundlegenden Sanierung unterzogen wurde. Der Dom sollte im Inneren und Äußeren wieder dem Bauzustand der Spätromanik angeglichen werden; dazu wurden ein Vierungsturm errichtet, die Westfassade erneuert und das Kircheninnere neu ausgestaltet.

Wichtiger Bestandteil der Erneuerung der Turmfassade war natürlich auch die Anschaffung eines neuen Glockengeläuts. Zu diesem Zweck griff man auch zu Mitteln, die uns heute ziemlich befremd-

40 Vgl. Fitger, S. 51.

lich anmuten: Die kleine Marienglocke aus der Burger Kirche, das Werk des Gießers Ghert Klinghe von 1442, wurde, nachdem sie immerhin 240 Jahre im Dom ihren Dienst als Schlag- oder Alarmglocke[40] versehen hatte, im Jahre 1894 – horribile dictu! – eingeschmolzen, um daraus eine neue Glocke zu gießen.

Mit der Ausführung beauftragt wurde die Gießerei Otto in Hemelingen. 1874 gegründet, erfreute sich diese Gießerei alsbald eines sehr guten Rufes. Schon wenige Jahre nach der Firmengründung versorgte die Gießerei viele Kirchen im gesamten Deutschen Reich mit Glocken. Bereits verschiedentlich ausgezeichnet, erhielt die Gießerei Otto 1888 bei einer Ausstellung im Vatikan eine Silbermedaille für „hervorragende Leistungen" und 1890 auf der nordwestdeutschen Gewerbe- und Industrieausstellung in Bremen eine Bronzemedaille.[41] Bei so hochrangigen Auszeichnungen ergab es sich fast von selbst, daß die Gießerei Otto bei der Ausschreibung für die Domglocken den Zuschlag erhielt.

41 Vgl. Karl Wüstefeld, Die Glockengießerei F. Otto, Duderstadt 1924, S. 9.

D.A. Ernsting, Blick vom Marktplatz auf den Dom, Kupferstich, um 1800. Der Nordturm ist seit 1766 mit einer sogenannten welschen Haube, d.h. mit einem barocken Turmaufsatz versehen.

Der Dom erhielt damals ein Geläut aus insgesamt fünf neuen Glocken:

die Hansa (1893), 2037 kg, Tonhöhe Des
die Willehad (1893), 1437 kg, Tonhöhe Es
die (neue) Maria (1895), 990 kg, Tonhöhe F
die Felicitas (1896), 800 kg, Tonhöhe Ges
die Brema, 7250 kg, Tonhöhe Ges, wurde im Jahre 1894 von der Stadt geschenkt.

Die vier anderen Glocken gelangten als Spenden bremischer Familien in den Besitz des Domes und wurden mit entsprechenden Widmungen versehen.

Die „Hansa" trug die Inschrift
„O Land, Land, Land, Höre des Herrn Wort A.D. 1893
Hansa bin ich genannt
Hermann Skröder Gerdes
Konsul von Schweden und Norwegen in Bremen
hat mich lassen gießen."

Die „Willehad" zierte die kurze Inschrift
„Dein Reich komme, Halleluja, Amen,
Willehad bin ich genannt. A.D. 1893."

Auf der Glocke „Maria" stand
„Eins ist noch noth,
naht Euch zu Gott!
Ich gebe guten Rath:
Kommt wie Maria tat!"
„Maria heiß ich zum Andenken an Frau Maria Kellner geborene Weyhausen,
gestiftet von Heinrich Kellner und seinen Söhnen Ernst und Fritz. A.D. 1895."

Die „Felicitas" trug die Inschrift
„Ehre sei Gott in der Höhe und Friede auf Erden!
Felicitas bin ich genannt.
Gestiftet von Rud. Tewes und Frau. A.D. 1896."[42]

Mit der „Brema" hatte es eine besondere Bewandtnis: Schon immer waren ja Glocken in Kriegszeiten eingeschmolzen und zu Kanonen gegossen worden. Im Falle der „Brema" geschah der Vorgang in umgekehrter Reihenfolge. Sie wurde aus zwei französischen Geschützrohren gegossen, die im deutsch-französischen Kriege 1870/71 erbeutet worden waren. Stifter des Ausgangsmaterials war kein Geringerer als Kaiser WILHELM II., der stets regen Anteil an der großen Domrestaurierung nahm. Von dieser besonderen Vorgeschichte legen auch die beiden Inschriften Zeugnis ab:

„Conserve Domine Hospitium Ecclesiae Tuae
Gestiftet von der Stadt Bremen A.D. 1894"

Mit den Worten „Bewahre, Herr, das gastliche Haus deine Kirche" wurde ein alter Spruch wiederaufgegriffen, der am Brückentor an der Wachtstraße gestanden hatte[43]. Die darunter anschließenden, von Arthur Fitger verfaßten Worte sollten mehr an den politischen Aspekt dieser Schenkung erinnern:

42 Vgl. zu den Glockeninschriften Bremer Tageblatt, 2. 8. 1917.

43 Vgl. Börtzler, S. 102.

„Brema heiß ich,
Gott preiß ich.
Mein Erz im Krieg erbeutet,
zu Friedensfeiern läutet.
Sei jedem, der mich hört,
Frieden im Herz beschert."

Die Glocke „Brema" sollte auf Wunsch der Stifter „nicht allein bei hohen Kirchenfesten, sondern insbesondere auch bei ernsten öffentlichen Feierlichkeiten, namentlich vaterländischen Gedenktagen, geläutet werden."[44]

44 Vgl. Bremer Courier, 6. Oktober 1892.

Hermann Aßmann, Der Bremer Marktplatz, Farblithografie 1865. Die Westfassade blieb rund 250 Jahre in diesem ruinenhaften Zustand, ehe sie ab 1887 bei einer umfassenden Domrestaurierung im spätromanischen Stil wieder aufgebaut wurde.

Neuanschaffungen nach dem 1. Weltkrieg

Leider hat die „Brema" nicht nur Friedenszeiten erlebt. Genau 20 Jahre nach ihrer feierlichen Weihe mußte sie auch in Kriegszeiten läuten; wegen ihrer Größe – unterer Durchmesser 2,20 m, Gewicht 7250 kg – wurde sie ebenso wie die historische „Maria Gloriosa" nicht zur Materialspende herangezogen, während die vier anderen Domglocken vom Kriegsministerium beschlagnahmt wurden. Zwei der vier abgelieferten Glocken, „Hansa" und „Willehad," wurden eingeschmolzen, die beiden anderen („Maria" und „Felicitas") konnten bei Kriegsende von der Kriegsmetall AG in Hamburg zurückgekauft werden.

Mit der Glocke „Brema" hatte die Gießerei Otto übrigens nachhaltiges Pech: Am Buß- und Bettag des Jahres 1919 sprang die Glocke während des Festgeläuts; ein 40 cm langer Riß zeigte sich im Glockenrund, gerade an der Stelle, wo der Klöppel anschlägt.[45] Die Domverwaltung hoffte zunächst, daß der Riß sich schweißen ließe, doch war dies mit den damaligen technischen Mitteln nicht zu bewerkstelligen. Angesichts der schwirigen politischen und finanziellen Lage war erst nach der Inflation an einen Neuguß zu denken; er erfolgte 1925. Man nahm damals die Gelegenheit wahr, das Geläut des Doms zu vervollständigen. Zusätzlich zum Neuguß der „Brema" sollten die beiden aus dem Krieg zurückgekehrten Glocken „Maria" und „Felicitas", deren Ton als schrill empfunden wurde, umgegossen werden, und zwar unter Wiederverwendung der alten Namen zur Glocke „Hansa" und „Maria-Felicitas" mit Übernahme der Inschriften beider alter Glocken. Den Guß der drei Glocken übernahm wiederum die Gießerei Otto in Hemelingen. Am 26. Juni 1927 erfolgte ein erstes Probeläuten der neuen Glocken; es zeichnete sich laut Bremer Nachrichten durch „einen schönen und wohltuenden Zusammenklang" aus.[46]

Aber nur wenige Jahre nach der Vervollständigung des Domgeläuts kam es erneut zu einem Einschnitt, der das Schicksal auch dieser Glocken besiegeln sollte: Bereits im April 1940 schickte der Präsident der Bremischen Evangelischen Kirche an die „Herren Gemeindeführer" einen mehrseitigen Fragebogen zur „Erfassung von Nichteisenmetallen", auf dem genaue Angaben über Material, Größe, Tonhöhe, Alter und Gewicht der Glocken erhoben wurden.[47] Eine kleine Protokollnotiz einer Kirchenvorstandssitzung vom April des Jahres läßt die Befürchtung des Kirchenvorstandes ahnen, daß womöglich auch Ghert Klinghes kostbare „Maria Gloriosa" von der Beschlagnahmung bedroht wäre.[48] Am 1. Dezember 1941 kündigte die Gießerei Otto bereits die Abnahme der Glocken an, zur Ablieferung kam es jedoch erst im Sommer 1943, die „Maria Gloriosa" wurde glücklicherweise verschont. So wanderten also erneut die Domglocken „Brema" (Tonhöhe G), „Hansa" (D), und „Maria-Felicitas" (E) zur Erfassungsstelle. Diesmal – 1945 – kehrte keine Glocke zurück.

Der Glockenbestand nach 1945

Neuanschaffungen 1951

Zwar hegte man zunächst die Hoffnung, wenigstens die „Brema" wieder zurückzuerlangen; sie war angeblich auf dem großen Glockensammelplatz in Hamburg gesichtet worden, doch erwies sich dies später als Irrtum. Bis auf weiteres konnte nur die „Maria

45 Vgl. Schreiben der Domkanzlei an die Bauherren vom 20. 11. 1919. Domarchiv, Akte B.2.e.Nr. 2,1.

46 Vgl. Bremer Nachrichten 27. 6. 1925.

47 Vgl. Domkanzlei, Akte „Glocken".

48 „Es wird versucht werden, im Rahmen der Durchführungsbestimmungen die Belassung der „Maria Gloriosa" zu bewirken." Vgl. Domkanzlei, Akte „Glocken".

Gloriosa" die Gemeinde zum Gottesdienst zusammenrufen. Aber natürlich sollte diese Beschränkung nicht von Dauer sein, und ein glücklicher Umstand fügte es, daß der Dom schon wenige Jahre nach Kriegsende neue Glocken erhielt. Ein nach USA ausgewanderter Bremer hatte seine Heimatkirchengemeinde testamentarisch bedacht und eine beachtliche Summe zur Wiederherstellung des Inneren des St. Petri Domes ausgesetzt. Mit dieser Daniel-Schnakenburg-Stiftung gelang es, die notwendigen Mittel für eine Erneuerung des Domgeläuts zu erbringen, und so konnte Bauherr GEORGE ALBRECHT am 30. Oktober 1950 der bewährten Firma Otto den Auftrag für zwei neue Glocken in den Tonlagen D und E erteilen.

Am 26. Februar des folgenden Jahres wurden die fertigen Glocken mit großem technischen Aufwand angeliefert: „Auf einem geschlossenen Lastkraftwagen rollten gestern zwei neue Glocken von Hemelingen bis vor das nördliche Portal des St.-Petri-Domes. Über eine Gleitbahn aus Vierkanthölzern und Stahlrollen wurden die beiden tonnenschweren Glocken die Domtreppen hinauf zum Eingang gewunden. Dort standen sie, mit Tannenreisig geschmückt, und die im Mantel gegossenen lateinischen Glockensprüche warfen millimeterlange Schatten in dem fahlen Licht, das durch die Kirchenfenster fiel."[49]

49 Vgl. Weserkurier, 27. 2. 1951.

Die Inschriften der Glocken waren – nach den Schrecken des Krieges – mit Bedacht gewählt.

Bei der Glocke „Hansa": „Verbum Domini manet in aeternum – Anno Domini MCMLI" (Des Herrn Wort bleibt in Ewigkeit – Anno Domini 1951).[50]

50 Vgl. 1. Petr. 1, 25.

Bei „Felicitas": „Dona pacem Domine diebus nostris – Anno Domini MCMLI" (Verleih uns Frieden, Herr, zu unserer Zeit – Anno Domini 1951.[51] Am 11. März 1951 wurden die beiden neuen Glocken unter großer Anteilnahme der Öffentlichkeit im Hauptgottesdienst geweiht.

51 Vgl. Sirach 50, 25.

GLOCKENSPENDE 1962

Gut zehn Jahre später, 1962, gab es noch einmal eine bedeutsame Zeit in der Geschichte der Domglocken. Der Verlust der großen „Brema" lastete noch immer auf der Domgemeinde. Dies bewog eine Bremer Kaufmannsfamilie, durch eine großherzige Spende für den Neuguß der „Brema" Sorge zu tragen. Mit dem Erklingen der neuen Glocke sollte der vielen Toten gedacht werden, die in aller Welt und auch in dieser Familie durch den 2. Weltkrieg zu beklagen waren. Damit übernahm die neugestiftete Glocke auch die Funktion eines Kriegerdenkmals. Wiederum wurde die altbekannte und bewährte Glockengießerei Otto mit dem Neuguß beauftragt. Am 11. April 1962 wurde die neue Glocke in feierlichem Zug durch Bremen geleitet und schließlich an ihren Platz in luftiger Höhe des Südturms gebracht.

Die Glocke „Brema", in der Tonlage G, 7112 kg schwer, trägt die Inschrift:[52]

52 Für den letzten Vers vgl. Off. Joh. 2, 10.

Brema
in Krieg und Not verloren
neu erstanden Ostern 1962

Die Toten zu ehren
die Lebenden zu mahnen
Sei getreu bis an den Tod
so will ich dir die Krone des Lebens geben.

Glocke „Brema", Transport zum Dom, April 1962.
Foto: G. Ruempler, Bremen.

Die Glockenweihe am Ostersonntag des Jahres 1962 gestaltete sich nach einem feierlichen Ritual:

„Eine atemlose Stille der Ergriffenheit lag über dem großen Gotteshaus, als Pastor GERNER-BEUERLE von der Kanzel sagte: ‚So laßt uns die Glocken rufen, daß sie die große Schwesterglocke aufnehmen [...] Hansa-Glocke, ich rufe dich, künde es laut mit ehernem Mund: Alles vergeht, Gott aber stehet. Verbum domini manet in aeternum.' Aus der Höhe des Nordturmes gab eine helle Glockenstimme Antwort. ‚Felicitas-Glocke, ich rufe dich: Bete du weiter um den Frieden der Welt, bete um den Frieden unserer Herzen. Dona pacem domini in diebus nostris.' Daraufhin erklang die zweite Glockenstimme. ‚Maria Gloriosa, ich rufe dich: Mische dich ein zum dreifachen Klang, daß jubelnd ertöne der Lobgesang. Gloria, Gloria, Gott in der Höh.'

53 Vgl. Weserkurier 24. 4. 1962.

Nach einer Pause, in der die Gemeinde dem Dreiergeläut lauschte, sagte der Geistliche: ‚Nun öffne auch du deinen mahnenden Mund, Brema-Glocke, in ernster Stund. Rufe es tröstend in alle Not: Es siegt das Leben über den Tod.' Da klang der dunkle Ruf vom Südturm des Domes, leise erst, dann immer machtvoller: die Stimme der großen neuen Glocke."[53]

Die Domglocken in heutiger Zeit

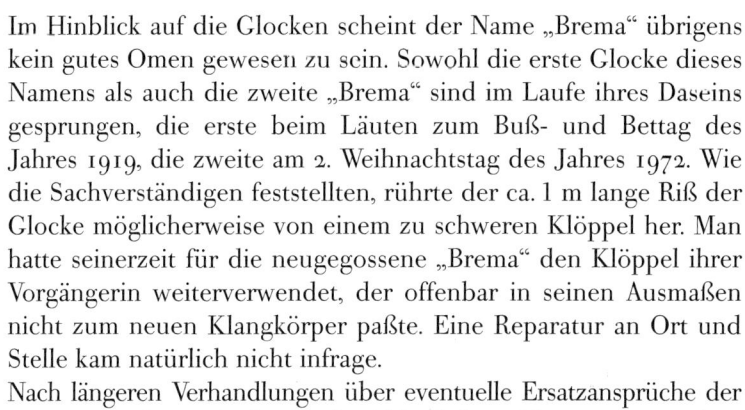

Im Hinblick auf die Glocken scheint der Name „Brema" übrigens kein gutes Omen gewesen zu sein. Sowohl die erste Glocke dieses Namens als auch die zweite „Brema" sind im Laufe ihres Daseins gesprungen, die erste beim Läuten zum Buß- und Bettag des Jahres 1919, die zweite am 2. Weihnachtstag des Jahres 1972. Wie die Sachverständigen feststellten, rührte der ca. 1 m lange Riß der Glocke möglicherweise von einem zu schweren Klöppel her. Man hatte seinerzeit für die neugegossene „Brema" den Klöppel ihrer Vorgängerin weiterverwendet, der offenbar in seinen Ausmaßen nicht zum neuen Klangkörper paßte. Eine Reparatur an Ort und Stelle kam natürlich nicht infrage.

Nach längeren Verhandlungen über eventuelle Ersatzansprüche der Domgemeinde wurde die Glocke schließlich im Mai 1974 mit großem Aufwand vom Turm herabgelassen, auf einen Lastwagen bugsiert und zum Schweißen nach Bayern ins Glocken-Schweißwerk Hans Lachenmeyer, Nördlingen, gebracht. Wie sich dabei herausstellte, hatte die Glocke nicht nur im Glockenkörper einen Sprung, sondern war auch im Bereich der Krone und des Glockenbodens schadhaft. Die dadurch erforderlichen umfangreichen Reparaturarbeiten erstreckten sich über einen längeren Zeitraum, so daß die Glocke erst im Mai 1975 wieder im Südturm aufgehängt werden konnte. Um einem neuerlichen Schaden vorzubeugen, wurde der neue Klöppel etwas anders angebracht, so daß er nicht mehr einseitig gegen eine bestimmte Stelle des Glockenkörpers schlägt, sondern gleichmäßig schwingend. Dennoch empfahlen die Sachverständigen, die große Glocke niemals länger als 10 Minuten hintereinander läuten zu lassen. Die z. Zt. noch gültige, 1984 vom Kirchenvorstand beschlossene Läuteordnung der Domglocken zeugt von wohldurchdachtem Einsatz der verschiedenen Domglocken:

Zu allen Hauptgottesdiensten die drei Glocken vom Nordturm 15 Minuten vor Beginn.

Vor Motetten und kleineren Konzerten zwei Glocken fünf Minuten vor Beginn.

An folgenden Festtagen drei Glocken 15 Minuten und die Brema 10 Minuten vor Beginn: 1. Advent – Heiligabend – 1. Weihnachtstag – 2. Weihnachtstag – Silvester – Neujahr – Konfirmationen – 1. Ostertag – 2. Ostertag – Christi Himmelfahrt – 1. Pfingsttag – 2. Pfingsttag – Trinitatissonntag – Reformationstag.

Glocke „Brema",
Passieren des Domportals, April 1962
Foto: G. Ruempler, Bremen.

168

Täglich (außer Freitag und Sonnabend) drei Glocken um 11.55–12.00 und 17.55–18.00.
Freitags zu diesen Zeiten nur die „Brema".
Sonnabends drei Glocken 11.55–12.00, ab 17.45 drei, ab 17.50–18.00 zusätzlich die „Brema".
An folgenden Feiertagen nur die „Brema" 10 Minuten vor Beginn des Hauptgottesdienstes: Karfreitag – Buß- und Bettag – Volkstrauertag – Totensonntag.
An diesen Tagen läutet auch mittags und abends nur die „Brema", ebenso vor großen Konzerten an diesen Feiertagen 10 Minuten vor Beginn.
Am Karfreitag zusätzlich die „Brema" von 15.00–15.10.

Bis zum Jahre 1905 wurde das Glockenläuten noch mit Körperkraft durch Ziehen am Strang durchgeführt, wobei manchmal Hilfskräfte von der Straße hereingeholt wurden, „wo man sich mit geniert, in den Dom zu gehen," wie Glockenläuter JOHANN ELFERS in einem Bittbrief den Verwaltenden Bauherrn wissen ließ.[54] Ziel dieses Schreibens war die Anschaffung einer Läutemaschine, die denn auch 1906 bewilligt wurde, wodurch die acht Glockenläuter des Domes überflüssig wurden. Dank neuer elekronischer Hilfen ist das reguläre Läuten heutzutage per Computer gesteuert; den Viertelstundenschlag übernimmt die hohe „Felicitas", den Stundenschlag die alte „Maria Gloriosa"; dennoch bleibt dem Küster bei besonderen Ereignissen ein Umlegen des Schalters von Hand vorbehalten: bei Festgottesdiensten, Hochzeiten, Trauerfeiern, zu Neujahr und beim Vaterunser.

Um das Jahr 1970 wurde übrigens im Rahmen einer Modernisierung das Material der Glockenhalterung umgestellt. Während man die Joche früher aus Holz anfertigte, wurde jetzt Stahl dafür verwendet. Nach Einschätzung des Domküsters wirkt sich diese Änderung auch auf die Haltbarkeit der Anlage aus. Während sich früher die Läuteschwingungen im Holz totliefen, übertragen sie sich jetzt auf das Metall und bewirken dadurch ein stärkeres Arbeiten aller Teile. Dies führt dazu, daß sich manche Schrauben schneller als früher lockern und häufiger nachgezogen werden müssen. Die Wartung des gesamten Läutewerks einschließlich des Motors wird schon seit vielen Jahrzehnten von den Herforder Elektrizitätswerken durchgeführt.

Daß der Glockenbestand einer Kirche ständiger Überwachung bedarf, beweist ein Ereignis aus jüngerer Zeit: 1995 brach beim Läuten der Klöppel der alten Glocke „Maria Gloriosa" ab; ein neuer Klöppel wurde geschmiedet, der jedoch nach vier Wochen ein weiteres Mal abbrach. Inzwischen wurde ein dritter Klöppel angefertigt, der nun hoffentlich für die nächsten Jahr(hundert)e hält!

54 Vgl. Dietsch, S. 290.

Anhang

[55] unter Verwendung der Auflistung von B. Hellwig, S. 164/165.

[56] Vgl. Schreiben von Frau Käte Koch, Stephani-Gemeinde Bremen, mit Hinweis auf eine Messung der Tonhöhen durch Dr. Waack vom 24. 3. 1992; Domkanzlei, Akte „Glocken."

Technische Daten der Glocke „Maria Gloriosa":[55]

Material:	Bronze
Tonhöhe[56]:	h + 0
Ort:	Bremen St. Petri Dom, Nordturm
Gießer:	meister ghert klinghe
Name der Glocke:	gloriosa
Durchmesser:	176 cm
Höhe:	144 cm
Krone:	Ursprünglich sechs Bügel, mit Zopfmuster belegt; die beiden Bügel der Schmalseite durch zwei Eisenstäbe ersetzt.
Schriftband:	
Anordnung:	2zeilig (55 und 20mm), nach oben hin verbreitert durch einen Zierfries.
Anfangszeichen:	
(oben)	Majuskel – „Cum"
(unten)	Johanniterkreuze 20 mm Durchmesser
Trennungszeichen:	
(oben)	Paragraphenzeichen
(unten)	unregelmäßige Punkte
Ornamentaler und linearer Schmuck:	
Hängekante am Schriftband:	Blätter (70 mm)
Zierfries (am Hals):	kleinteilige Ranke (ca. 30 mm)
Wolm:	drei Stege
Schlagring:	zwei Stege
Wortlaut der Inschriften:	
(oben)	Cum structuarius. meynardus . no i e . dictus . hic. opus .ec ce . respexit . tractatus. amore . petri . clavigeri . vas . fecit . hoc fieri
(unten)	gloriosa . anno . domini . m . cccc . xxxiii . meister. ghert . klinghe . de . mi . gheghoten . hat . ghot . gheve . siner . sele . rad . in . de . ere . sunte . peters . kosme . unde . damian . ghot . late . se . langhe . to . eren . loev . ghan . iehesus . pc . maria
Figürlicher Flanken-Schmuck:	Vier Darstellungen in Ritzzeichnung: 1) Verkündigung an Maria (48:56 cm) 2) Kreuzigung Christi (Maria 38 cm; Christus 33 cm, Armspanne 31 cm;

	Johannes: 41 cm)
	3) Cosmas und Damian (44 und 45 cm)
	4) Petrus und Maria Magdalena (39 und 41,5 cm)
Zuschreibung:	Ghert Klinghe
Literatur:	A. Rauchheld, Glockenkunde Oldenburgs. In: Oldenburger Jahrbuch des Vereins für Landeskunde und Landesgeschichte, Bd. 29 (1925), S. 95 (Nr. 1); Focke (vgl. Anm. 21), S. 22 ff., Abb. 2–5; J. Focke, Die Heiligen Cosmas und Damian und ihr Reliquienschrein im Dom zu Bremen. Sonderdruck aus: Bremisches Jahrbuch Bd. XVII (1895), S. 139 f.

Technische Daten der Glocke „Hansa"[57]

Material:	Bronze
Tonhöhe:	d′ + 2
Ort:	Bremen, St. Petri Dom, Nordturm
Zeit:	1951
Gießort:	Bremen-Hemelingen
Gießer:	Fa. F. Otto
Dm.:	ca. 150 cm, Höhe ca. 125 cm
Krone:	4 Bügel
Schriftband:	Antiqua
Ornament und lin. Schmuck:	–
Wortlaut der Inschrift:	VERBUM DOMINI MANET IN AETERNUM – ANNO DOMINI MCMLI
Figürlicher Flankenschmuck:	–
Zuschreibung:	s.o.
Literatur:	Vgl. Dietsch, S. 291

[57] Maßangaben nach dem unveröffentlichten Inventarband des St. Petri Domes; Quelle für die Angabe der Tonhöhe siehe Anm. 56.

Technische Daten der Glocke „Felicitas"[58]

Material:	Bronze
Tonhöhe:	e′ + 2/16 Halbton
Ort:	Bremen, St. Petri Dom, Nordturm
Zeit:	1951
Gießort:	Bremen-Hemelingen
Gießer:	Fa. F. Otto
Dm.:	ca. 135 cm., Höhe ca. 120 cm
Krone:	4 Bügel
Schriftband:	Antiqua

[58] wie Anm. 57.

Ornament und lin. Schmuck:	–
Wortlaut der Inschrift:	DONA PACEM DOMINE DIEBUS NOSTRIS – ANNO DOMINI MCMLI
Figürlicher Flankenschmuck:	–
Zuschreibung:	s.o.
Literatur:	Dietsch, S. 291

59 wie Anm. 57.   Technische Daten der Glocke „Brema"[59]

Material:	Bronze
Tonhöhe:	g + 0
Ort:	Bremen, St. Petri Dom, Südturm
Zeit:	1962
Gießort:	Bremen-Hemelingen
Gießer:	Fa. F. Otto
Dm.:	214 cm, Höhe: 195 cm
Krone:	4 Bügel
Schriftband:	Unziale
Ornament und lin. Schmuck:	–
Wortlaut der Inschrift:	BREMA IN KRIEG UND NOT VERLOREN NEU ERSTANDEN OSTERN 1962 DIE TOTEN ZU EHREN DIE LEBENDEN ZU MAHNEN SEI GETREU BIS AN DEN TOD SO WILL ICH DIR DIE KRONE DES LEBENS GEBEN
Figürlicher Flankenschmuck:	–
Zuschreibung:	s.o.
Literatur:	Dietsch, S. 291

BILDNACHWEIS

Angaben in Seitenzahlen.
Die Abbildungen wurden mit freundlicher Genehmigung aufgenommen.

Bremen, Domgemeinde, Domarchiv 2, 10 oben, 12, 13, 19, 22, 24, 26, 29, 32, 33, 35, 36, 40, 42, 44, 45, 46, 62, 63, 68, 69 unten, 125 oben, 153, 156, 158, 160, 161, 162, 164
Bernd Fischer 87
Archiv Gustav Fock (Gustav Fock: Arp Schnitger und seine Schule, 1974, Abb. 23) 20
Focke-Museum, Bremen 50
Wolfram Hackel, Dresden 49, 57
Institut für Denkmalpflege Berlin, Meßbildarchiv 55
S. Kleemeyer, Bremen 152
Rainer Kitte, Görlitz 144
Lothar Klimek, Worpswede 74, 124, 128
Lars Lorisch, Bremen 76, 101, 110, 113, 117, 132, 135, 137, 138, 140, 146
Märkisches Museum, Berlin 56 unten
Archiv Uwe Pape, Berlin 48, 54, 64, 118, 125 unten, 129, 130, 143, 148, 150
Paulmann-Jungeblut, Berlin 56 oben
G. Rümpler, Bremen 167, 168
Archiv Christian Scheffler, Sieversdorf 65, 66, 69 oben, 72, 75, 78, 80, 82, 86, 90, 93, 94, 95, 97, 98, 103, 104, 107
Hartmut Schütz, Dresden 116
Rudolf Stickelmann, Bremen (Fritz Piersig, Richard Liesche: Die Orgeln im Bremer Dom, 1939, S. 37–40) 126, 127
Walter Supper (Karl Bormann: Die Gotische Orgel von Halberstadt, 1966, S. 17) 11
Winfried Topp, Langwedel 10 unten
Universitätsbibliothek Bremen 8, 15
Archiv Karl Ventzke, Düren 115
Archiv Kristian Wegscheider, Dresden 118, 121, 122, 123
Wirtschafts- und Verkehrsamt, Magdeburg (Die Orgel der Stadthalle Magdeburg, 1928) 145

Personenregister

Abkürzungen:
Ob = Orgelbauer
Org = Organist
Sv = Sachverständiger

Adalbert (Erzbischof) 111
Adaldag (Erzbischof) 157
Adam von Bremen 9
Adami, Anton 63
Ahrend, Jürgen (Ob) 120
Albrecht, George 166
Arezzo, Guido von 9
Aßmann, Hermann 164

Baake, Ferdinand (Sv) 52, 55, 59, 61
Bach, August Wilhelm (Sv) 56, 61
Bach, Johann Sebastian 111, 141
Bähr, Nicolaus 20, 23, 26
Bärmig, Gotthilf (Ob) 115
Bahnson, Karsten 75, 89, 90
Balcke, Jobst Hinrich 16
Balz, Martin 141
Bartrum, Henrich (Ob) 13, 14
Baumgratz, Wolfgang (Org) 75, 89, 90, 123, 151
Beck, Walter 145
von Beckerath, Rudolf (Ob) 125, 134
Berge, Hinrich von 10
Berger, Eduard (Ob) 115
Berliner Orgelbauwerkstatt Karl Schuke (Ob) 149
Beutler, B. Fr. (Musikdirektor) 40
Bielfeldt, Erasmus (Ob) 28, 30
Biesterfeldt, Otto (Ob) 33, 35-37, 39, 45
Böhme, Ulrich (Org) 90
Braun 153
Braunschweig, Herzog Christoph von 10
Bruckner, Anton 142, 144
Bormann, Karl 10
Buchholz, Carl August (Ob) 39, 56
Busch, Hermann J. (Sv) 90

Caspary, Reiner (Ob) 30, 32
Cuntius (Contius), Christoph (Ob) 57

Dähnert, Ulrich (Sv) 111-112, 114
Dahlberg, Erik 161

Dienel, Otto (Org) 144
Dietsch, Walter (Pastor) 159
Dinse, Gebr. (Ob) 144
Doneldey, Heinrich 154
Dwerhagen, Hermann 16

Elfers, Johann 169
Enckhausen, Heinrich (Sv) 43
Engelhardt, Andreas (Ob) 51
Erdmann, Gerd (Sv) 120
Ernsting, D. A. 162

Fidom, Hans (Sv) 65
Fischer, Johann Gottfried 112
Fitger, Arthur (Maler) 157, 163
Flade, Ernst (Sv) 111-112, 114
Fock, Gustav 20
Focke, Johann 157, 159
Focke, Johann Dietrich (Ob) 45
Förner, Christian (Ob) 57
Frach, Hilke (Restauratorin) 122-123
Friedrich (Erzbischof) 11
Friese, Theodor (Sv) 42-43, 44, 55, 60
Führer, Alfred (Ob) 119, 120, 135, 139
Furtwängler, Philipp 48
Furtwängler & Hammer, P. (Ob) 45, 48, 50, 139

Georg (Bischof) 11
Gerner-Beuerle, Maurus (Pastor) 167
Gurk, Raimund von (Erzbischof) 10
Gloger, Dietrich Christoph (Ob) 30
Götzel, Nikolaus Heinrich Julius 45
Gräbner, Johann Friedrich (Ob) 31
Grave, Carsten 30, 31
Grelle, Borchard (Erzbischof) 154
Greß, Frank Harald (Sv) 112, 114

Hackel, Wolfram (Sv) 114-115
Hackfeld, M. 65
Hackmann, Jacobus 12
Händel, Georg Friedrich 135
Hagemann, Otto 11
Hanslick, Eduard 142
Harmes, Hermann 30
Hauer 61
Haupt, August (Org) 61, 144
Heinrich III (Erzbischof) 11
Heintze, Hans (Org) 73, 119, 129

175

Helbig, Wolfgang (Org) 75, 88–91
Hellwig, Barbara 157–158, 160
Heuss, Otto (Ob) 102
Hildebrandt, Johann Gottfried (Ob) 40, 51, 61
 -, Zacharias (Ob) 51
Hill (Ob) 141, 143
Hillebrand, Gebr. (Ob) 48
Hiller, Ferdinand 142
Hogenberg 153
Huss, Berendt (Ob) 25

Ibach (Ob) 142

Jacobs, Familie 138
Jäger, Thomas 94
Jahn, Johannes (Ob) 116
Jehmlich, Gebr. (Ob) 58, 120
Jehmlich, Johann Gotthold 59
Jimmerthal, Hermann (Sv) 44

Karl der Große 9, 161
Kemper & Sohn, Emanuel (Ob) 49, 133
Kirchdorff, Albino (Org) 11
Kirchdorff d.Ä., Steffen (Org) 11
Klinghe, Ghert 155–159, 162 165
Klop, Gerrit (Ob) 135, 136
Knütel (Knütelio), Johann 16, 19
Koch, Anna Elisabeth 27
Koch, Gerhard (Org) 27
Konstantin (Kaiser) 9
Kramer (Ob) 145
Kück, Johann Christian (Ob) 43
Kuhn AG, Th. (Ob) 75

Lachenmeyer, Hans 168
Ladegast, Friedrich (Ob) 142
Laukhuff, August (Ob) 93, 96
Liesche, Richard (Org) 70, 111–112, 117, 125, 127, 129, 133
Liszt, Franz 145
Lochner, Jacob Hieronymus 16, 19, 23
Löhr 159
Löwe, Carl (Sv) 41
Lübeck, Vincent (Sv) 23, 24
Lüdemann, Daniel 13
Mandelsloh, Andreas von 12
Martins, Johann Christoph (Ob) 32

Mende, Johann Gottlob (Ob) 57
Mendelssohn-Bartholdy, Felix 141–142
Mentz, Johann 20
Meyer, Albert 16
 -, Gerhard 154–157, 159–160
Müller, Christian Wilhelm 32
 -, Hermann Alexander 157
 -, Werner (Sv) 111–112
Myselius, Andreas 11

Nieter (Nieder), Heinrich Ludwig Gustav (Pastor) 39, 41, 51, 61
Nössler, Eduard (Org) 63, 68, 85, 148
Nutzhorn, Johann 160

Oehme, Fritz (Sv) 114
Oetken, Hermann (Maler) 120
Osburg, Johann Valentin (Ob) 45
Osterhold (Org) 60
Ott, Paul (Ob) 134
Otto, F. (Gießerei) 162, 165–166
 -, Meister 155
Overbeck 89

Petersen, Marcus Hinrich (Ob) 31
Petershagen, Meinard 155
Petri, Anton Heinrich (Sv) 36–37
Pfützner, Gotthelf (Ob) 115
Piersig, Fritz 127
Praetorius, Michael (Org) 145

Reger, Max 145
Rehn, Wolfgang (Ob) 75
Renner, Caspar Friedrich 30
 -, Johann 154
Rhoruff, Otten 11
Richter, Christian Gotthelf (Ob) 114–115
Riedel, Hans (Restaurator) 123
Riem, Wilhelm Friedrich (Org) 33, 36, 60
Rinesberch 154
Rode, Johann (Erzbischof) 10
Rode, Johann jun. 16
Rohdenburg, Johann Hinrich (Ob) 45
Rüde, Marianne 114
Rühlmann, Wilhelm (Ob) 57
Rupp, Emile 150
Ruther, Karl (Ob) 125

Salzmann, Max (Baumeister) 47, 63, 111
Sarninghausen, Daniel 13, 16, 18-19, 23
Sauer, Wilhelm (Ob) 47, 49, 57, 62-63, 65, 68, 70, 77-81, 83, 89, 91-92, 100, 118, 125, 133, 143-144, 146-148, 150
Sbach, Georg 145
Schabbehard, C. 39, 41, 51
Schäbitz, Reinhard 123, 138
Scheele, Johann (Org) 12-14, 23-24, 28
Scheffler, Christian (Ob) 75, 77, 88-89, 91, 94
Schene 154
Scherf, Henning 90
Scherer (Ob) 27
Schiller, Friedrich 153
Schlag & Söhne (Ob) 144
Schnakenburg, Daniel 166
Schneider, Johann (Sv) 59
Schneider, Peter 151
Schnitger, Arp (Ob) 14-16, 18-21, 23-27, 30-32, 35-37, 39, 45
Schnitger, Johann Georg (Ob) 30
Schreiber, Matthias (Ob) 31
Schröder, Hinrich 16
Schütte, Franz 45, 161
Schuke Orgelbau, VEB (Ob) 57
Schulze, Andreas (Ob) 40
 -, Edmund (Ob) 47
 -, Eduard (Ob) 47
 -, Johann Friedrich (Ob) 37, 39-48, 51, 54-61, 63, 78, 142, 144
 -, Oskar (Ob) 47
Schulze Söhne, J. F. (Ob) 47-49
Schweitzer, Albert 150
Siborch, Johannes (Ob) 12
Sieben, Tönnes 27
Silbermann, Gottfried (Ob) 41, 51, 58-59, 61, 111-112, 115-122, 133-134, 145
Sittard, Alfred (Org) 145
Slegel, Gebr. (Ob) 10
von Soest, Konrad 158
Stein, Johann Georg (Ob) 31
Steinhäuser, G. (Bildschnitzer) 44
Steinmeyer & Co. G. F. (Ob) 49-50
Storck, Adam 161
Straube, Karl (Org) 144
Strömer (Strömern) Cajus Wilhadus 16
Strube, Christian Heinrich (Strowe) (Org) 59

Struve, Gregorius (Ob) 25, 28

Tappe, Peter (Ob) 27
Taubert, Peter (Restaurator) 123
Tegeler, Henricus Günther 30
Töpfer, Johann Gottlob (Sv) 39-41, 51
Trampeli, Friedrich Wilhelm (Ob) 40
van Tricht, Käthe (Org) 88-89, 129
Truthmann, Jost (Ob) 88-89

Ullmann, Matthias (Ob) 88
Ulrich, Peter (Pastor) 90

Vater, Christian (Ob) 29-30
Ventzke, Karl 114
Venzky, Rudolph August (Ob) 114-115
Vermeulen, Gebr. (Ob) 129
Vicelinus 9
Vogel, Johann Jobst 16
Vogler, Abbé (Georg Joseph) (Sv) 32, 40, 56
van Vulpen, Gebr. (Ob) 129

Wäldner, Friedrich Wilhelm (Ob) 57
Wagner, Gebr. (Ob) 59
Wagner, Joachim (Ob) 56
Walcker, Eberhard Friedrich (Ob) 39-40
 -, Oskar (Ob) 125, 143, 147
 -, Paul (Ob) 144
Walcker & Cie., E. F. (Ob) 73, 85, 97-98, 144
Wangemann, Otto (Sv) 43
Wegscheider, Kristian (Ob) 88, 114, 120-122, 138
Weißenfels, Christoph Hinrich von 16, 19, 23, 29
Wenthin, Johann Friedrich (Ob) 31
Wetzel (Baumeister) 43, 45
Wichardt, Johann Henrich 23, 24
Wilhelm II 163
Wilhelmy, Georg Wilhelm (Ob) 32
Wilke, Friedrich (Sv) 55
Willehad (Bischof) 9
Witzmann, Johann Benjamin (Ob) 40
Witzmann, Johann Wolfgang (Ob) 32
Woehl, Gerald (Ob) 91
Wolf, Hans (Ob) 45
Wolfsteller, Johann Gottlieb (Ob) 51

Zuberbier, Johann Andreas (Ob) 31

Ortsregister

Aachen 9
Abbehausen 9, 27
Achim 25, 27
Altona 30
Arbergen 31

Barmen, Concordia 142
Bassum 36
Berlin 39, 51
 -, Dom 65, 91, 108
 -, Jacobikirche 55–56
 -, Kirche am Südstern 63
 -, Marienkirche 56
 -, Matthäuskirche 55
 -, Nicolaikirche 56–57
 -, Philharmonie 144
 -, Singakademie 144
Berlin-Charlottenburg siehe Charlottenburg
Birmingham (Groß Britannien), Town Hall 141, 143
Bonn, Klosterkirche der Karmeliter 135
Braunschweig 39, 51
 -, Dom 59–60
Bremen, Die Glocke 141, 143, 146-151
 -, Domkapelle, Osterdeich 134, 135
 -, Friedenskirche 49
 -, Lehrerseminar 139
 -, Liebfrauenkirche siehe Unser Lieben Frauen
 -, Maria-Magdalenen-Kapelle 159
 -, St. Ansgarii 25–26, 158
 -, St. Martini 25, 155
 -, St. Michaelis 50
 -, St. Pauli 25
 -, St. Petri Dom, Bach-Orgeln 124–131
 -, St. Petri Dom, Glocken 152–172
 -, St. Petri Dom, Klop-Orgel 136–137
 -, St. Petri Dom, Sauer-Orgel 62–109
 -, St. Petri Dom, Schnitger-Orgel 14–37
 -, St. Petri Dom, Schulze-Orgeln 38–47
 -, St. Petri Dom, Silbermann-Orgel 110–123
 -, St. Petri Dom, Wegscheider-Orgel 138–139
 -, St. Petri-Waisenhaus 26
 -, St. Remberti 25, 49
 -, St. Sephani 20, 25
 -, Unser Lieben Frauen 11, 25, 29, 49, 50

Bremen-Arbergen siehe Arbergen
Bremen-Burg siehe Burg
Bremen-Wasserhorst siehe Wasserhorst
Bremerhaven-Geestemünde siehe Geestendorf
Bremervörde 11
Bücken, Dom 10
Burg bei Bremen 158–159, 162

Charlottenburg, Akademie für Kirchen- und Schulmusik 145

Dedesdorf 25, 28
Dörverden 48
Dresden 39–40, 51
 -, Frauenkirche 58–59
 -, Haus Marianne Rüde 116
 -, Hofkirche 58
 -, Institut für Denkmalpflege 112
 -, Kreuzkirche 58–59
Düsseldorf, Konzertsaal 142

Elberfeld, Casino 142, 149
Emmen (Niederlande) 158
Etzdorf 111–112, 114–115

Frankfurt/Oder 123
Frauenstein, Silbermann-Museum 112, 123
Freiberg, Dom 114, 120
Freiburg, Praetorius-Orgel 145

Ganderkesee 28
Geestendorf, Marienkirche 42, 47
Glückstadt 31
Görlitz, Musikhalle (Stadthalle) 144, 149
Grasberg 28
Groningen (Niederlande) 25
Grönning-Land (Groningen, Niederlande) 21
Güldendorf 123

Halberstadt, 9, 10, 39, 51
 -, Dom 41, 53, 55, 59
 -, Liebfrauenkirche 59
 -, St. Martini 55
Halle 39, 51
 -, Marktkirche 57
 -, Moritzkirche 57
 -, Rob.-Franz-Singakademie 133

Halle, Ulrichskirche 47
 -, Unser Lieben Frauen 57
Hambergen 48, 158
Hamburg 9, 16, 20, 21, 23, 27, 39, 51, 54
 -, Michaeliskirche 40, 51–52, 58, 145
Hamburg-Altona siehe Altona
Hannover 10, 29

Köln 9
 -, Dom 111
 -, Privat 136

Langula 54
Leipzig 39, 51
 -, Neukirche 58
 -, Paulinerkirche 57–58
 -, St. Michaelis 88–89, 108
 -, St. Nikolai 88–89
 -, St. Thomas 75, 88–89, 91, 98, 108
Lilienthal 15
Lübeck 158
 -, Marienkirche 44
Lüneburg 31, 158
 -, St. Johannis 145
Lunsen 27, 31

Magdeburg 9, 10, 25
 -, St. Johannis 20
 -, Stadthalle 145, 149–150
Magdeburg („Mägde Pfad") 21
Mainz, Dom 111
Melle 30
Metz 9
Milbitz 40
Mühlhausen 40
 -, Marienkirche 108

Oldenburg 23
Osterholz 15
Osterholz-Scharmbeck siehe Osterholz und
  Scharmbeck
Otterstedt 31
Oyten 49

Paulinzella 37, 40

Recklinghausen, Konzertsaal 144
Ringethal 114, 122
Ritterhude 27

St. Jürgen 158
Scharmbeck 25
Segeberg 158
Sieversdorf 90
Speyer, Dom 111
Springe 14
Stade 12, 19, 23, 32
Stettin 25
 -, Schloßkirche 41

Thedinghausen 31
Traßdorf 40

Uthlede 31

Verden, Dom 37, 48
 -, St. Johannis 48

Wallroda 112, 115, 120, 122
Walsrode 158
Wasserhorst 158
Weimar, Stadtkirche 40
Wersabe 48–49
Wien, Konzerthaus 142
Wiesens 158
Wildeshausen 158
Wismar 39, 51
 -, Marienkirche 52–55
Worms, Dom 111
Wuppertal-Elberfeld siehe Elberfeld
Wybelsum 158

Zwolle (Niederlande) 30